전과목

단원평가 총정리

4·2

꿈을 향해 달려 보아요.
그러나
목표를 알고 있어야겠지요?
그래야
목표를 향해 달리는 길이
더욱 쉽고
또 좋은 결과를 얻는
길이 될 테니까요.
자, 지금부터
풍선처럼 부푼 꿈속으로
신나는 여행을 떠나 보아요.

구성과 특징

단원평가

1 개념 확인

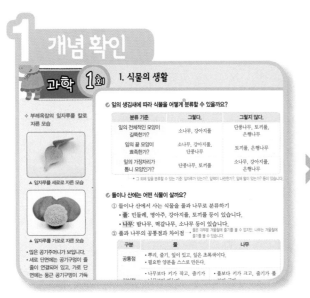

단원에서 꼭 알아야 할 핵심 개념을 한눈에 볼 수 있도록 정리하여 기본을 튼튼하게 다질 수 있습니다.

2 단원 확인 평가

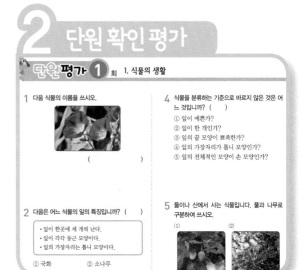

실제 학교 시험에서 꼭 나오는 문제, 잘 틀리는 문제가 무엇인지 알고 익히면서 단원 평가를 완벽하게 대비합니다.

3 플러스 학습

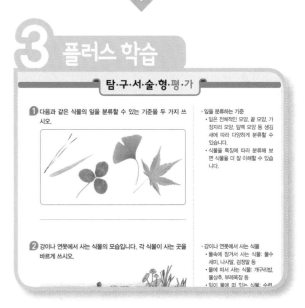

과목별로 다양한 보충·심화 문제를 풀어 시험에 대한 자신감을 높이고 실력을 끌어올립니다.

*국어–국어 활동 확인 / 수학, 과학–탐구 서술형 평가 / 사회–서술형 평가

단원 평가와
마무리 평가로
학교 시험을 완벽하게
대비하세요.

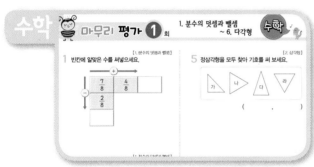

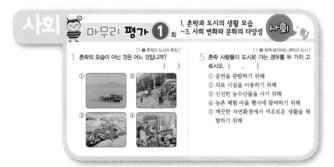

총4회(320 문항)의 마무리 평가를 통해 다양한 유형의 문제를 풀고 익히면 어떠한 시험에도 철저하게 대비할 수 있습니다.

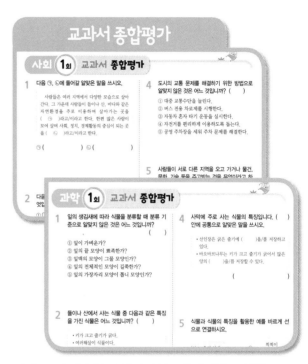

검정 교과서(수학 10종 / 사회 11종 / 과학 7종)를 완벽 분석하여 문제를 출제하였습니다.

정답과 풀이

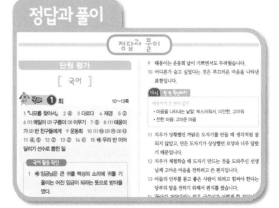

스스로 틀린 문제를 점검하고, '다시 한 번 확인해요!'를 통해 핵심 개념을 더욱 자세하게 기억할 수 있습니다.

차례 ④-2

단원평가

마무리 평가

출제 예상 문제 분석 국어

단원명	주요 출제 내용	출제 빈도	공부한 날
1. 이어질 장면을 생각해요	• 영화를 감상하는 방법 알기 • 만화 영화를 감상하고 사건을 생각하며 이어질 내용 쓰기 • 만화 영화를 감상하고 이어질 내용을 역할극으로 나타내기	★★★★ ★★★★★ ★★★	월 일
2. 마음을 전하는 글을 써요	• 마음을 전하는 글의 특징 알기 • 마음을 전하는 글을 쓰는 방법 알기 • 마음을 전하는 글 쓰기 • 마음을 담아 붙임쪽지 쓰기	★★★★★ ★★★★★ ★★★★ ★★★★	월 일
3. 바르고 공손하게	• 대화 예절을 지키며 대화하는 방법 알기 • 예절을 지키며 회의하기 • 온라인 대화를 할 때 지녀야 할 예절 알기, 대화 예절을 표어로 만들기	★★★★★ ★★★★★ ★★★★★	월 일
4. 이야기 속 세상	• 인물, 사건, 배경에 대해 알기 • 인물의 성격을 짐작하며 이야기 읽기 • 사건의 흐름을 생각하며 이야기 읽기 • 이야기를 꾸며 책 만들기	★★★★★ ★★★★★ ★★★★ ★★★	월 일
5. 의견이 드러나게 글을 써요	• 문장의 짜임에 맞게 문장 쓰기 • 자신의 의견을 제시하는 글 쓰기 • 의견을 제시하는 글을 쓰고 친구들과 의견 나누기	★★★★ ★★★★★ ★★★	월 일

단원명	주요 출제 내용	출제 빈도	공부한 날
6. 본받고 싶은 인물을 찾아봐요	• 본받고 싶은 인물 소개하기	★★★★★	월 일
	• 인물의 가치관 파악하기	★★★★	
	• 전기문의 특성을 생각하며 읽기	★★★★★	
	• 인물이 한 일을 생각하며 읽기	★★★★	
	• 인물의 생각이나 행동 짐작하기	★★★★	
7. 독서 감상문을 써요	• 독서 감상문을 쓰는 방법 알기	★★★★★	월 일
	• 글을 읽고 감동받은 부분에 대한 생각이나 느낌 쓰기	★★★★	
	• 글을 읽고 독서 감상문 쓰기	★★★★	
8. 생각하며 읽어요	• 의견이 적절한지 판단해야 하는 까닭 알기, 글쓴이의 의견을 평가하는 방법 알기	★★★★★	월 일
	• 글을 읽고 글쓴이의 의견 평가하기	★★★★★	
	• 자신의 의견이 드러나게 글 쓰기	★★★	
9. 감동을 나누며 읽어요	• 시를 읽고 경험 말하기	★★★★	월 일
	• 시를 읽고 느낌 표현하기	★★★★★	
	• 이야기를 보고 생각 나누기	★★★★	
	• 생각이나 느낌을 시와 그림으로 표현해 전시회 하기	★★★	

재미있게 영화 감상하기 ⑩

- 나오는 인물의 표정 찾기
- 인상에 남는 인물의 행동이나 대사 따라 해 보기
- 나오는 소품과 배경 찾기
- 이어질 장면을 알아맞히기

역할극 준비하기

- 맡은 인물의 성격을 파악합니다.
- 인물에 어울리는 몸짓과 표정을 연구합니다.
- 필요한 소품을 만듭니다.

마음을 전하는 글의 특징

- 표현하고 싶은 마음이 드러납니다.
- 어떤 일이 일어났는지 씁니다.
- 일어난 일에 대한 생각이나 느낌을 씁니다.

마음을 담아 편지 쓰기

- 마음을 전할 떠올리기
- 전하려는 마음 정리하기
- 마음을 나타내는 표현을 사용해 편지 쓰기

낱말 풀이

❶ 예고편 영화나 텔레비전 프로그램 따위의 내용을 선전하기 위하여 그 내용의 일부를 뽑아 모은 것.

❷ 등장인물 연극, 영화, 소설 따위에 나오는 인물.

1. 이어질 장면을 생각해요

만화 영화나 영화를 본 경험 말하기

① 기억에 남는 만화 영화나 영화의 제목 알아맞히기 놀이를 해 봅니다.

⑩
친구 이름	제목의 첫 자음자	제목
김주원	ㅇㄴ ㅈㄷㅇ	안녕 자두야

② 기억에 남는 만화 영화나 영화의 제목을 쓰고 물음에 답해 봅니다.
③ 친구들과 함께 만화 영화나 영화를 본 경험 발표 놀이를 해 봅니다.

영화를 감상하는 방법 알기

① 제목, 광고지, ❶예고편 따위를 보고 내용을 미리 상상합니다.
② 기억에 남는 대사나 인상 깊은 장면을 생각합니다.
③ 영화 내용을 떠올려 보고 느낀 점을 글로 씁니다.

만화 영화 감상하기

① 광고지와 ❷등장인물을 보고 어떤 내용이 펼쳐질지 상상해 봅니다.
② 상상한 내용을 바탕으로 하여 영화를 감상합니다.
③ 각 장면을 보고 일이 일어난 차례를 생각하며 내용을 간추려 봅니다.
④ 만화 영화에 나오는 등장인물의 성격에 대해 이야기해 봅니다.
⑤ 등장인물의 행동 가운데에서 본받고 싶은 행동을 찾고, 본받고 싶은 까닭을 써 봅니다. → 인상 깊은 장면을 친구들과 이야기해 봅니다. 짧은 감상평을 써 봅니다.

만화 영화를 감상하고 사건을 생각하며 이어질 내용 쓰기

① 중심인물의 고민이 어떻게 해결되는지 살펴보면서 이어질 이야기를 상상해 봅니다. → 어떤 사건의 중심이 되는 인물입니다.
② 이어질 이야기에 새로운 인물이 등장해서 사건을 전개할 수도 있습니다.
③ 이어질 이야기를 대표할 만한 제목을 새로 지어 볼 수도 있습니다.

만화 영화를 감상하고 이어질 내용을 역할극으로 나타내기

① 역할극을 하기에 가장 적절한 것을 고릅니다.
② 역할극을 만들고 연습을 해 봅니다. → 자신이 맡은 역할을 충분히 이해하고 적절한 표정, 몸짓, 말투로 정성을 다해 연기해 봅니다.
③ 연습한 역할극을 친구들 앞에서 발표해 봅니다.
④ 친구들 앞에서 역할극을 한 뒤에 느낀 점을 말해 봅니다. → 친구들이 발표를 보고 난 뒤에 인상 깊은 대사나 연기 내용을 써 봅니다.

2. 마음을 전하는 글을 써요

🌀 마음을 드러내는 표현 찾기

① 마음을 전하고 싶은 일을 떠올려 봅니다. ➔ 누구와 어떤 일이 있었나요? 그때 어떤 마음이 들었나요?

② 상황에 알맞게 적절한 마음을 드러내는 표현을 찾아봅니다.
└➔ 예 고마워, 미안해, 쑥스러워서, 행복해

🌀 글쓴이가 전하려는 마음 알기

① 마음을 전하는 글을 읽어 본 경험을 말해 봅니다.

② 글쓴이의 마음을 생각하며 글을 읽어 봅니다.

③ 글을 읽고 글쓴이가 전하려는 마음을 알아봅니다.

　• 누가 누구에게 쓴 글인지, 무슨 일에 대해 썼는지, 글쓴이가 마음을 전하려고 사용한 표현은 무엇인지, 전하려는 마음은 무엇인지 파악합니다.

🌀 마음을 전하는 글을 쓰는 방법 알기

① 마음을 전하고 싶은 일을 떠올립니다.

② 글에서 전하려는 마음을 생각합니다.

③ 마음을 잘 나타낼 수 있는 표현을 사용합니다.

④ 읽는 사람의 마음이 어떠할지 짐작하며 씁니다.

🌀 마음을 전하는 글 쓰기

① 전하려는 마음을 떠올려 봅니다.

② 마음을 전하고 싶은 일을 말해 봅니다.

③ 마음을 전하는 글을 쓰는 데 필요한 내용을 정리해 봅니다.

　• 마음을 전할 사람, 전하려는 마음, 있었던 일, 마음을 나타내는 표현

④ 마음을 전하는 글을 써 봅니다. ➔ 전하려는 마음, 일어난 일, 그 일에 대한 생각이나 느낌을 씁니다.

⑤ 자신의 마음을 잘 표현했는지 점검해 봅니다.

🌀 마음을 담아 붙임쪽지 쓰기 ➔ 친구들이 관심을 보일 만한 내용을 소식으로 정하는 게 좋습니다.

교실 알림판 이용하기	학급 온라인 게시판 이용하기

국어

1. 이어질 장면을 생각해요

1 두 사람이 본 만화 영화 제목을 찾아 쓰시오.

( )

잘 틀려요

2 딸이 아버지를 만화 영화의 아빠 물고기 같다고 말한 까닭은 무엇입니까? ( )

① 외모가 많이 닮아서
② 아버지께서 수영을 잘하셔서
③ 말씀을 적게 하시는 점이 비슷해서
④ 사랑하기도 하지만 걱정이 많으셔서
⑤ 호기심 많은 물고기처럼 재미있어서

3 두 사람의 대화에 대한 설명으로 알맞은 말에 ○표를 하시오.

• 아빠 물고기에 대한 두 사람의 생각은 (같다 , 다르다).

4~5

❶ 체육 시간에 피구를 하려고 편을 가르는데 선은 맨 마지막까지 선택을 받지 못한다.
❷ 언제나 혼자인 외톨이 선은 여름 방학을 시작하는 날, 전학생인 지아를 만나 친구가 된다.
❸ 지아와 선은 봉숭아 꽃물을 들이며 여름 방학을 함께 보내고 순식간에 세상 누구보다 친한 사이가 된다.
❹ 개학을 하고 학교에서 선을 만난 지아는 선을 따돌리는 보라 편에 서서 선을 외면한다.
❺ 선은 지아와 예전처럼 친해지려고 노력했지만 결국 크게 싸우고 만다.
❻ 선은 지아가 금을 밟지 않았다고 용기를 내어 친구들에게 말한다.

4 장면 ❶에서 선의 마음이 어떠했을지 바르게 말한 친구의 이름을 쓰시오.

( )

5 장면 ❹를 통해 알 수 있는 등장인물 지아의 성격은 어떠합니까? ( )

① 정직하다.
② 비겁하다.
③ 친절하다.
④ 겁이 없다.
⑤ 생각이 깊다.

점수 / 15

2. 마음을 전하는 글을 써요

국어

6~7

❶ 오늘이, 야야, 여의주가 원천강에서 행복하게 산다.

❷ 수상한 뱃사람들이 야야 몰래 오늘이를 데려가다 가 화살로 야야를 쏜 뒤에 원천강이 얼어붙는다.

❸ 오늘이는 원천강으로 돌아가는 길에 행복을 찾겠 다며 책만 읽는 매일이를 만난다.

❹ 꽃봉오리를 많이 가졌지만 꽃이 한 송이밖에 피지 않는 연꽃나무를 만난다.

❺ 오늘이는 사막에서 비와 구름을 벗어나고 싶어 하 는 구름이를 만난다.

❻ 여의주를 많이 가지고도 용이 되지 못한 이무기를 만난다.

❼ 이무기는 갈라진 얼음 사이로 떨어지는 오늘이를 구해 마침내 용이 되고, 용이 불을 뿜어 원천강이 빛을 되찾는다.

❽ 구름이는 연꽃을 꺾어서 매일이에게 주고, 둘은 행복한 시간을 보낸다.

❾ 야야와 다시 만난 오늘이는 행복하게 산다.

6 다음 등장인물의 특징을 보고 [보기]에서 이 름을 찾아 쓰시오.

[보기]

매일이   이무기   구름이

(1) 행복을 찾겠다고 책만 읽는다.

(   )

(2) 사막에서 비와 구름을 벗어나고 싶다.

(   )

(3) 여의주를 많이 가지고도 용이 되지 못했다.

(   )

[잘 틀려요]

7 다시 원천강으로 돌아간 오늘이의 성격은 어떠 하겠습니까? (   )

① 조심스럽다.   ② 퉁명스럽다.

③ 욕심이 많다.   ④ 질투가 많다.

⑤ 포기하지 않는다.

8~10

우리 반 친구들에게

친구들아, 안녕?

나 태웅이야. 오늘 운동회에서 있었던 일을 생각하 면 아직도 가슴이 두근거려. 그때 그 고마운 마음을 직접 말로 전하고 싶었지만 쑥스러워서 이렇게 편지 를 쓰게 되었어.

운동회 날이 되면 나는 기쁘면서도 두려웠어. 달리 기 경기를 하는 게 늘 걱정이 되었거든. ㉠달리기를 할 때면 나는 어디론가 숨고 싶었어. 잔뜩 긴장해서 달리다가 오늘도 그만 넘어지고 말았지. 그런데 그때 너희가 달리다가 돌아와서 나를 일으켜 주었지. 내 손을 꼭 잡은 너희의 따뜻한 마음이 느껴져서 눈물이 날 것 같았어. ㉡힘껏 달리고 싶었을 텐데 나 때문에 참았을 것 같아서 미안한 마음이 들어.

고마워, 친구들아!

㉢같이 달려 주고 응원해 준 너희의 따뜻한 마음 잊지 않을게.

8 누가 누구에게 쓴 편지인지 쓰시오.

(1) 누가: (   )

(2) 누구에게: (   )

9 글쓴이에게 기쁘면서도 두려운 날은 언제인지 찾아 쓰시오.

(   ) 날

[중요]

10 편지에 드러난 마음에 맞게 선으로 이으시오.

(1) ㉠ •   • ㉮ 미안한 마음

(2) ㉡ •   • ㉯ 고마운 마음

(3) ㉢ •   • ㉰ 부끄러운 마음

국어 **11**

11~12

존경하는 김하영 선생님께

선생님, 안녕하세요? 저는 전지우입니다. 그동안 잘 지내셨습니까? 선생님께 고마운 마음을 전하려고 이렇게 글을 쓰게 되었습니다.

지난 체험학습에서 도자기를 만들 때였습니다. 저는 진흙 반죽을 물레 위에 놓고 그릇 모양을 만들려고 했습니다. 그런데 생각처럼 잘되지 않았습니다. 만들고 나니 상상했던 모양과 너무 달라서 당황스러웠습니다.

제가 속상해서 어찌할 바를 모를 때 선생님께서 오셨습니다. 그리고 어떻게 모양을 내는지 시범을 보여 주셨습니다. 저는 선생님을 따라서 다시 해 보았습니다. 그랬더니 신기하게도 그릇 모양이 잘 만들어졌습니다.

그날 만든 그릇은 지금도 제 책상 위에 놓여 있습니다. 이 그릇을 보면 친절하게 가르쳐 주시던 선생님 모습이 생각납니다.

선생님, 제 마음에 드는 그릇을 만들도록 도와주셔서 [㉠]. 안녕히 계세요.

11 지난 체험학습 때 지우가 당황했던 까닭을 두 가지 고르시오. (,)

① 길을 잃어버려서
② 선생님께 꾸중을 들어서
③ 물레 위에 놓아 둔 진흙 반죽이 없어져서
④ 도자기를 만들 때 생각처럼 잘되지 않아서
⑤ 만든 도자기가 상상했던 모양과 너무 달라서

중요

12 ㉠ 안에 들어갈 글쓴이가 전하려는 마음이 담긴 알맞은 말은 무엇입니까? ( )

① 슬픕니다   ② 고맙습니다
③ 속상합니다   ④ 죄송합니다
⑤ 화가 납니다

13~14

사랑하는 아들 필립

어머니의 편지를 받아 보았다. 네가 넘어져 팔을 다쳤다는 소식이 들어 있어 매우 ㉠걱정되는구나. 팔이 낫거들랑 내게 바로 알려라. 한 학년 올라가게 된 것을 ㉡축하한다. 아버지는 무척 기쁘구나. 나는 이곳에 편안히 잘 있다. 미국 국회 의원들이 동양에 온다고 해 홍콩으로 왔다만 그들이 이곳에 들르지 않아 만나지는 못했단다. 나는 곧 상하이로 ㉢돌아갈 거란다.

내 아들 필립아. 키가 크고 몸이 커지는 만큼 스스로 좋은 사람이 되려고 ㉣힘써야 한단다. 네가 어리고 몸이 작았을 때보다 더욱더 힘써야 하지. 스스로 좋은 사람이 되려고 노력하는 네 모습을 내 눈으로 직접 보고 싶구나. 너는 워낙 남을 속이지 않는 진실한 사람이라 좋은 사람이 되기도 쉬울 거란다.

「안창호 선생이 아들에게 쓴 편지」

13 편지를 쓴 목적은 무엇입니까? ( )

① 고마운 마음을 전하려고
② 안부를 묻고 당부할 말을 전하려고
③ 공부하는 방법을 자세히 알려 주려고
④ 그날그날 겪은 일이나 생각을 정리하려고
⑤ 여행하면서 보고, 듣고, 느낀 것을 전하려고

14 ㉠~㉣ 가운데 글쓴이가 마음을 전하려고 사용한 표현이 아닌 것의 기호를 쓰시오.

( )

15 학급 친구들에게 전할 소식을 떠올려 쓰시오.

_____

_____

국·어·활·동·확·인

국어

1 「임금님 귀는 당나귀 귀」의 사건을 생각하며 이어질 내용은 무엇일지 그림을 참고하여 쓰시오.

> 임금님이 자고 일어났더니 귀가 커져 있었다. 그래서 임금님은 의관을 만드는 노인에게 귀를 감출 수 있는 큰 왕관을 만들게 했다. ➡ 노인은 임금님의 귀가 길어졌다는 것을 말하지 못하고 끙끙 앓다가 병이 들고, 마침내 죽기 전에 아무도 없는 대나무 숲에 가서 "임금님 귀는 당나귀 귀."라고 말했다. ➡ 대나무 숲에서 "임금님 귀는 당나귀 귀."라는 소리가 들리자 임금님은 대나무를 모두 베어 버렸다. ➡ ＿＿＿＿＿＿＿＿
> ＿＿＿＿＿＿＿＿＿＿＿＿＿＿＿

＿＿＿＿＿＿＿＿＿＿＿＿＿
＿＿＿＿＿＿＿＿＿＿＿＿＿
＿＿＿＿＿＿＿＿＿＿＿＿＿
＿＿＿＿＿＿＿＿＿＿＿＿＿

- **이어질 내용을 글로 쓸 때 주의할 점**
- 이야기에 등장하는 인물을 생각해야 합니다.
- 이야기에 나타난 배경을 생각해야 합니다.
- 이야기에서 벌어지는 사건을 생각해야 합니다.

2 다음 편지에서 글쓴이가 전하려는 마음을 물음에 맞게 쓰시오.

> 우리 딸들의 깔깔대는 웃음소리를 들을 때마다 엄마는 힘이 솟고 행복감을 느낀단다. 엄마에게 너희는 세상 무엇과도 바꿀 수 없는 소중한 보물이야. 엄마는 너희가 건강하고 훌륭하게 자랄 수 있도록 도울게. 언제나 사랑한다.
> 20○○년 9월 3일
> 엄마가

(1) 누가 누구에게 쓴 편지인가요?

＿＿＿＿＿＿＿＿＿＿＿＿＿＿＿

(2) 어떤 마음을 전하려 했나요?

＿＿＿＿＿＿＿＿＿＿＿＿＿＿＿

- **자신의 마음을 잘 표현했는지 점검하기**
- 글에 들어갈 내용을 자세히 썼는지 살핍니다.
- 마음을 잘 드러낼 수 있는 표현을 사용했는지 점검합니다.
- 읽는 사람의 마음을 잘 고려해서 썼는지 점검합니다.
- 다시 한번 부족한 부분이 있으면 고쳐 써 봅니다.

3. 바르고 공손하게

◆ 대화를 할 때 지켜야 할 예절
- 바르게 인사합니다.
- 이름을 따뜻하게 불러 줍니다.
- 알맞은 높임말을 사용합니다.

◆ 학급 회의가 잘 이루어지게 하는 방법
- 다른 사람의 의견을 귀담아 들어야 합니다.
- 근거가 충분한 의견을 제시해야 합니다.
- 자신과 다른 의견도 존중합니다.
- 상대를 비난하지 않습니다.

◆ 이야기의 구성 요소를 알고 이야기를 읽으면 좋은 점
- 이야기가 어떻게 짜여 있는지 잘 이해할 수 있습니다.
- 이야기의 줄거리나 주제를 아는 데 도움이 됩니다.
- 이야기의 구성 요소를 중심으로 쉽게 간추릴 수 있습니다.

낱말 풀이
❶ **경청** 귀를 기울여 들음.
❷ **그림말** 컴퓨터나 휴대 전화의 문자와 기호, 숫자 등을 조합하여 만든 그림 문자. 감정이나 느낌을 전달할 때 사용함. '이모티콘'이라고도 함.
❸ **예측** 미리 헤아려 짐작함.

✎ 대화 예절의 중요성 알기

바우야, 쇠고기 한 근만 줘라.

박 서방, 쇠고기 한 근만 주게.

→ 똑같은 이야기라도 말하는 사람의 말투에 따라 듣는 사람의 태도가 달라질 수 있습니다.

✎ 대화 예절을 지키며 대화하는 방법 알기
① 인사할 때에는 눈을 마주치며 인사를 해야 합니다.
② 친구 앞에서는 귓속말을 하지 않아야 합니다.

✎ 예절을 지키며 회의하기
① 다른 사람이 발표할 때 끼어들지 않습니다.
② 회의와 같은 공식적인 상황에서는 높임말을 사용합니다.
③ 의견을 말할 때에는 손을 들어 말할 기회를 얻고 발표합니다.
④ 다른 사람의 의견을 ❶경청합니다. → 남의 의견을 비난하지 않습니다.

✎ 온라인 대화를 할 때 지켜야 할 예절 알기
① 바른 말을 사용해야 합니다.
② 상대가 보이지 않더라도 대화 전에 인사를 하고 끝날 때에도 인사합니다.
③ 얼굴이 보이지 않는다고 해서 함부로 말하지 않습니다.
④ 상대를 존중하고 예의를 지킵니다. → 적절한 대화명을 사용하고 반갑게 인사합니다.
⑤ ❷그림말을 지나치게 사용하지 않습니다. → 너무 많이 사용하면 장난스러운 대화가 될 수 있습니다.

✎ 대화 예절을 표어로 만들기
다른 사람이 쓴 자료를 활용할 때에는 출처를 정확하게 밝힙니다. →
① 대화할 때 지켜야 할 예절을 여러 방법으로 알아봅니다.
② 조사한 것을 정리해 대화 예절과 관련 있는 표어를 만들어 봅니다.

4. 이야기 속 세상

이야기를 읽어 본 경험 말하기

① 기억에 남는 이야기를 떠올려 봅니다.

② 이야기에서 인상 깊은 장면을 정리해 봅니다.

• 이야기 제목, 인상 깊은 장면, 장면에 대한 생각이나 느낌

┌• 이야기의 구성 요소라고 합니다.

인물, 사건, 배경을 생각하며 이야기 읽기

인물		이야기에서 어떤 일을 겪는 사람이나 사물
사건		이야기에서 일어나는 일
배경		이야기가 펼쳐지는 시간과 장소
	시간적 배경	'언제'에 해당하는 것
	공간적 배경	'어디에서'에 해당하는 것

인물의 성격을 짐작하며 이야기 읽기

① 인물이 한 말이나 행동을 살펴봅니다.

② 인물의 성격을 알 수 있는 말이나 행동을 찾아 성격을 짐작해 봅니다.

예 「우진이는 정말 멋져!」에서 인물의 성격 짐작하기

인물	말이나 행동	인물의 성격
우진	자를 들고 와 사물함 밑을 더듬거려 공기 알을 빼냈다. "여기 공기 알, 그리고 이 핀 가질래?"	적극적이고 다정다감하다.

사건의 흐름을 생각하며 이야기 읽기

① 사건이 일어난 차례를 살펴봅니다.

② 인물의 성격에 따라 인물의 행동이 어떻게 달라지는지 살펴봅니다.

③ 인물의 행동에 따라 이어질 이야기가 어떻게 달라질지[3] 예측하며 읽습니다.

이야기를 꾸며 책 만들기 → 꾸며 쓸 이야기, 성격을 바꾸고 싶은 인물, 인물의 원래 성격, 인물의 새로운 성격 등을 정해 봅니다.

① 실제로 있는 일같이 생각하도록 이야기를 자연스럽게 꾸며 씁니다.

② 이야기를 바꿀 때에는 인물, 사건, 배경이 서로 어울리게 바꿔야 합니다.

③ 꾸며 만든 이야기책 제목을 원래 책 제목과 다르게 정할 수도 있습니다.

④ 친구들 관심을 끌 수 있게 표지를 꾸며 봅니다.

바로바로 체크

1 회의와 같은 공식적인 상황에서는 □□□을 사용합니다.

2 온라인 대화를 할 때에는 얼굴이 보이지 않는다고 해서 함부로 말하지 않으며, 상대를 □□하고 예의를 지킵니다.

3 이야기의 구성 요소에 해당하는 세 가지를 쓰시오.

(,   ,   )

4 다음 빈칸에 들어갈 알맞은 말을 차례대로 쓰시오.

> 인물의 성격을 짐작하려면 인물이 한 □이나 □□을 살펴본다.

(,   )

정답

1. 높임말　　　2. 존중

3. 인물, 사건, 배경

4. 말, 행동

3. 바르고 공손하게

1~2

해설: 옛날, 어느 마을에 고기 파는 일을 하던 '박바우'라는 노인이 있었다. 어느 날, 젊은 양반 두 사람이 거의 같은 시간에 고기를 사러 왔다. 윗마을 양반은 박 노인에게 이렇게 말했다.

윗마을 양반: 바우야, 쇠고기 한 근만 줘라.

박 노인: (건성으로 대답하며) 알겠습니다.

해설: 이번에는 아랫마을 양반이 고기를 주문했다.

아랫마을 양반: (깍듯이 부탁하는 말투로) 박 서방, 쇠고기 한 근만 ㉠ .

박 노인: (웃으면서 대답하며) 아이고, 네, 조금만 기다리시지요.

해설: 박 노인은 젊은 양반들에게 각각 고기를 주는데 둘의 크기가 한눈에 봐도 다르게 보였다. 윗마을 양반이 가만히 보니 자기가 받은 고기보다 아랫마을 양반이 받은 고기가 더 좋아 보이고 양도 훨씬 많아 보였다.

윗마을 양반: 야, 바우야! 똑같은 한 근인데, 어째서 이렇게 다르게 주느냐?

박 노인: (태연하게) ㉡그러니까 손님 것은 바우 놈이 자른 것이고, 이분 것은 박 서방이 자른 것이기 때문이랍니다.

1 ㉠ 안에 들어갈 알맞은 말은 무엇입니까?

( )

① 줘. ② 주게. ③ 줘라.
④ 줘 봐. ⑤ 내 놔.

잘 틀려요

2 ㉡에 담겨 있는 의미로 알맞은 것은 어느 것입니까? ( )

① 고기를 파는 사람 마음이다.
② 고기를 자른 사람이 각각 다르다.
③ 내가 아니라 바우에게 화를 내야 한다.
④ 친한 사람에게 좋은 고기를 주는 게 맞다.
⑤ 손님은 나를 존중해 주지 않았기 때문이다.

3~5

사회자: 친구들과 사이좋게 지내려면 실천해야 할 일이 무엇인지 발표해 주십시오. 박태영 친구가 의견을 발표해 주십시오.

박태영: 제 의견은 "듣기 싫은 별명으로 부르지 말자."입니다. 기분이 나빠지면 서로 사이좋게 지내기가 어려워지기 때문입니다.

사회자: 좋은 의견입니다. 다른 의견이 더 있습니까? 이희정 친구가 의견을 발표해 주십시오.

이희정: 저는 고운 말을……

강찬우: (끼어들며) 잠깐만. "심한 장난을 하지 말자."가 좋겠습니다. 왜냐하면 장난이 심해져서 싸우는 경우가 많기 때문입니다.

사회자: 강찬우 친구, 좋은 의견 감사합니다. 하지만 다른 사람이 의견을 발표할 때 끼어드는 것은 잘못입니다. 다음부터는 꼭 ㉠ 발표해 주시기 바랍니다.

3 학급 회의 주제로 알맞은 것에 ○표를 하시오.

(1) 교실을 깨끗이 사용하자. ( )
(2) 친구들과 사이좋게 지내자. ( )

4 찬우가 잘못한 점은 무엇인지 쓰시오.

( )

중요

5 ㉠ 안에 들어갈 알맞은 말은 무엇입니까?

( )

① 높임말을 사용해
② 자신 있게 큰 목소리로
③ 다른 의견에 맞장구치며
④ 의견에 어울리는 까닭을 들어
⑤ 손을 들어 말할 기회를 얻고 나서

4. 이야기 속 세상

6~7

현영

지혜야, 내일 발표 자료 준비 잘해! ^^
@.@
발표 잘할 거야.

지혜

넌 누구야?

@.@
나 영철이야.

지혜

영철이구나. 나 원래 발표 잘하잖아. ㅇㅈ?

@.@
ㅇㅈ? 이게 뭐야? 연주?

지혜

그것도 모르니? ㅋㅋㅋ

@.@
😮😮😮😮😮😮 ㅇㅈ?

현영

어휴, 정신없네. 너희 지금 장난하니? 😠😠😠😠😠

6 영철이가 쓴 대화명은 무엇인지 쓰시오.

( )

중요

7 이와 같은 온라인 대화에서 줄임 말이나 그림말을 지나치게 쓰면 일어날 일로 알맞지 <u>않은</u> 것은 무엇입니까? ( )

① 대화가 잘 안될 것이다.
② 무슨 뜻인지 몰라서 오해가 생길 것이다.
③ 항상 새로운 말의 뜻을 배워야 할 것이다.
④ 생각을 정확하게 표현할 수 있게 될 것이다.
⑤ 대화 예절을 지키며 이야기하기가 어려워질 것이다.

8~10

한 백인 아주머니께서 물으셨습니다.
"왜 그리 두리번거리니, 꼬마야?"
"뭐 특별한 게 있는지 알아보고 싶어서요."
아주머니께서 말씀하셨습니다.
"네 자리로 돌아가는 게 좋겠구나."
모두가 사라를 쳐다보았습니다.
사라는 계속 나아갔습니다. 앞쪽 끝까지 가서 운전사 옆자리에 앉았습니다. 사라는 운전사가 기어를 바꾸고 두 손으로 커다란 핸들을 돌리는 것을 지켜보았습니다. ㉠운전사가 성난 얼굴로 사라를 쏘아보았습니다.
"꼬마 아가씨, 뒤로 가서 앉아라. 너도 알다시피 늘 그래 왔잖니?"
사라는 그대로 앉은 채 마음속으로 말했습니다.
'뒷자리로 돌아갈 아무런 이유가 없어!'
「사라, 버스를 타다」, 윌리엄 밀러

8 일이 일어난 장소는 어디입니까? ( )

① 경찰서　　　　② 학교 앞
③ 버스 안　　　　④ 사라의 방 안
⑤ 버스 정류장 앞

9 ㉠의 까닭은 무엇입니까? ( )

① 사라가 떠들어서
② 사라가 버스 앞자리에 앉아서
③ 사라가 안전띠를 매지 않아서
④ 사라가 버스 요금을 내지 않아서
⑤ 사라와 같은 흑인은 버스를 타면 안 되서

10 사라가 버스 뒷자리로 돌아가지 않은 까닭은 무엇인지 쓰시오.

_____

_____

11~12

윤아와 나는 교실 바닥에 앞드려 사물함 밑을 들여다봤지만, 사물함 밑은 너무 깜깜해서 아무것도 보이지 않았어요.

"손을 넣어 볼까?"

㉠"싫어. 그러다가 벌레라도 손에 닿으면 어떡해?"

㉡나는 윤아 입에서 '벌레'라는 말이 나오자마자 사물함 밑으로 반쯤 넣었던 손을 얼른 뺐어요.

윤아와 나는 서로 울상이 되어 마주 보았어요.

"이걸로 꺼내 보자."

우진이는 어디서 가져왔는지 기다란 자를 들고 나타났어요. 그러고는 바닥에 납작 엎드려 자로 사물함 밑을 더듬거렸어요. 사물함 밑에서 자가 빠져나올 때마다 먼지 뭉치가 잔뜩 붙은 10원짜리 동전, 연필, 지우개 들이 따라 나왔어요. 자가 다섯 번째쯤 사물함 밑을 더듬거리다가 나왔을 때에야 윤아와 내가 손뼉치며 소리쳤어요.

"어! 나왔다!"

자 끝에는 분홍색 꽃 모양의 작은 공기 알이 살짝 걸려 있었어요.

「우진이는 정말 멋져!」, 강정연

11 ㉠과 ㉡에서 알 수 있는 윤아와 '나'의 성격은 어떠한지 보기 에서 찾아 쓰시오.

보기
소심하다.　조심성이 많다.　다정다감하다.

(1) 윤아 ㉠: (　　　　　　　　)
(2) '나' ㉡: (　　　　　　　　)

중요

12 이와 같은 이야기에서 인물의 성격은 무엇무엇을 통해 파악할 수 있습니까? (　　,　　)

① 인물의 말　　　② 인물의 나이
③ 인물의 행동　　④ 이야기의 배경
⑤ 이야기의 주제

13~14

결국 우진이도 웃는 바람에 손에 힘이 풀려 창훈이를 놓아주었어요. 창훈이는 기다렸다는 듯이 엉덩춤을 실룩실룩 추더니 휭 하고 자리를 떴어요. 그러고는 또다시 친구들이랑 어울려 장난치며 놀기 시작했지요.

우진이는 우리를 돌아보고 씩 웃고는 자리로 가 앉았어요. 윤아와 나도 자리로 돌아와 앉았고요.

나는 아까 우진이가 주려고 했던 머리핀이 자꾸만 생각났어요.

'우진이는 나한테 주고 싶었을까, 윤아한테 주고 싶었을까? 윤아만 아니면 내가 그냥 가졌을 텐데……'

우진이는 생각하면 할수록 참 멋진 아이예요. 이런 우진이를 어떻게 안 좋아할 수 있겠어요? 이런 우진이와 어떻게 짝이 되고 싶지 않을 수 있겠어요?

13 등장인물 가운데 장난스러운 인물은 누구인지 쓰시오.

(　　　　　　　　)

14 '나'는 우진이에게 어떤 마음을 가지고 있습니까? (　　)

① 괘씸한 마음　　② 좋아하는 마음
③ 질투하는 마음　④ 미워하는 마음
⑤ 귀찮아하는 마음

잘 틀려요

15 인물의 성격을 바꾸어 이야기책을 만드는 방법으로 알맞은 것은 무엇입니까? (　　)

① 실제로 있는 일같이 꾸미면 안 된다.
② 원래 책 제목과 다르게 정하면 안 된다.
③ 친구들 관심을 끌 수 있게 표지를 꾸민다.
④ 인물, 사건, 배경이 어울리지 않게 바꾼다.
⑤ 인물의 원래 성격을 그대로 살려 꾸며 쓴다.

1 다른 사람의 말을 들을 때 지켜야 할 예절을 모두 골라 ○표를 하시오.

(1)

다른 사람이 말할 때 끼어들지 않는다.

( )

(2)

다른 사람이 하는 말을 끝까지 듣는다.

( )

(3)

자신에게 관심이 없는 이야기이면 듣지 않는다.

( )

▪ 다른 사람의 말을 들을 때 지켜야 할 예절
• 다른 사람이 말할 때 끼어들지 않습니다.
• 다른 사람이 하는 말을 끝까지 듣습니다.
• 적절히 반응하며 듣습니다.

2 만화를 보고 예절에 맞게 말할 내용을 쓰시오.

• 그림 ❹ : _____

▪ 다른 사람에게 말할 때 지켜야 할 예절
• 상대를 바라보며 말합니다.
• 고운 말, 바른 말을 씁니다.
• 시간, 장소에 맞게 말합니다.
• 듣는 사람의 기분을 고려하며 말합니다.

3 다음 이야기의 배경은 어디입니까? ( )

"아주머니, 세상에서 제일 곱게 지어 주시라요. 태어나서 처음으로 오마니한테 드리는 선물이야요."
한복 짓는 아주머니는 금방 할아버지의 말씀을 알아듣는 눈치였습니다.
"그러지요. 얼마나 기쁘시겠어요? 오십 년 만에 꿈에 그리던 어머니를 뵙게 되었으니. 이렇게 길이 열릴 줄 누가 알았겠어요?"

「주인 잃은 옷」, 원유순

① 그릇 파는 집
② 나무 울타리 밑
③ 한복 만드는 집
④ 할머니의 몸 위
⑤ 할아버지 집 장롱 안

▪ 인물, 사건, 배경에 대해 알기
• 인물은 이야기에서 어떤 일을 겪는 사람이나 사물을 말합니다.
• 사건은 이야기에서 일어나는 일을 말합니다.
• 배경은 이야기에서 일이 일어나는 시간과 장소를 말합니다.

5. 의견이 드러나게 글을 써요

📚 문장의 짜임에 맞게 말하기

① '누가/무엇이+어찌하다'에서 '어찌하다'는 '달리다, 먹는다'와 같이 움직임을 나타냅니다.

② '누가/무엇이+어떠하다'에서 '어떠하다'는 '누가/무엇이'의 성질이나 상태를 나타내는데 '빨갛다, 둥글다' 따위가 이에 해당합니다.

③ 글을 쓸 때에는 '누가/무엇이' 부분과 뒷부분이 자연스럽게 연결되는지 생각하며 글을 써야 합니다.→ • 문장을 두 부분으로 나눠서 앞뒤 연결이 자연스러운지 생각합니다.

④ 글을 읽을 때에는 문장을 두 부분으로 끊어 읽으면 이해하기 좀 더 쉽습니다.

📚 문장의 짜임을 생각하며 의견 표현하기

예

목화 장수들이 고양이를 샀다.	
목화 장수들이	고양이를 샀다.
누가	어찌하다

📚 자신의 의견을❶ 제시하는 글 쓰기

① 문제 상황을 제시합니다.

② 문제를 해결하기 위한 자신의 의견을 씁니다.

③ 그렇게 생각한 까닭은 무엇인지 씁니다.

④ 읽는 사람을 생각하며 예의 바르게 씁니다.→ 읽는 사람이 들어줄 수 있는 의견인지도 생각해 봐야 합니다.

⑤ 문장의 짜임을 살피며 글을 씁니다.

📚 의견을 제시하는 글을 쓰고 친구들과 의견 나누기

① 학급 신문에 의견을 제시하는 글을 써 봅니다.

> 학급 신문의 주제를 정한다. ➡ 학급 신문의 이름을 정한다. ➡ 자신의 의견을 뒷받침할 자료를 찾는다. ➡ 자신의 의견과 의견을 뒷받침하는 까닭을 종이에 적는다. ➡ 각자가 적은 종이를 모둠별로 학급 신문에 붙인다. ➡ 모둠별 학급 신문을 완성한다.

② 학급 신문을 교실 알림판에 전시해 봅니다.

✤ 문장의 짜임을 알면 좋은 점

• 문장을 두 부분으로 끊어 읽으면 이해하기가 쉽습니다.

• 문장을 두 부분으로 나눠서 앞뒤 연결이 자연스러운지 생각하면서 글을 쓸 수 있습니다.

• 문장의 뒷부분을 살피면서 앞부분을 보면 어색한 문장을 자연스럽게 고칠 수 있습니다.

✤ 의견을 바르게 제시하기

• 문제 상황과 어울리는 의견을 말합니다.

• 의견을 뒷받침하는 근거를 바르게 제시합니다.

• 많은 사람이 받아들일 수 있는 의견과 근거를 말합니다.

✤ 인물의 가치관을 짐작하는 방법

• 전기문을 읽을 때에 시대 상황과 인물의 삶의 관계를 파악하며 읽습니다.

• 인물의 업적을 파악하며 인물의 가치관을 알아봅니다.

• 인물의 가치관이 나에게 어떤 의미가 있는지 생각합니다.

낱말 풀이

❶ 제시 어떠한 의사를 말이나 글로 나타내어 보임.

❷ 가치관 사람이 어떤 행동이나 일을 선택하고 실천하는 데 바탕이 되는 생각.

6. 본받고 싶은 인물을 찾아봐요

본받고 싶은 인물 소개하기

① 전기문을 읽은 경험을 떠올려 봅니다. → 전기문에는 인물이 살았던 시대 상황, 인물이 한 일 따위가 사실에 근거해 기록되어 있습니다.

② 전기문을 읽고 본받고 싶은 인물을 소개하는 방법을 알아봅니다.

 • 본받고 싶은 인물을 소개할 때에는 본받고 싶은 까닭, 인물이 살았던 시대 상황, 인물이 한 일을 중심으로 말하면 좋습니다.

예)

세종 대왕은 한자가 너무 어려워 많은 백성이 글로 자신의 생각을 표현하지 못하는 것을 안타깝게 여겨 훈민정음을 만들었다.

전기문의 특성 알기

① 전기문은 인물의 삶을 사실에 근거해 쓴 글입니다.

② 전기문에는 인물이 살았던 시대 상황이 나타납니다.

③ 전기문에는 인물의 한 일과 인물의 ❷가치관이 나타납니다.

예)「김만덕」에서 인물의 말과 행동으로 인물의 가치관 알아보기

		인물의 가치관
말	"풍년에는 흉년을 생각하여 더욱 절약해야 돼. 그리고 편안히 사는 사람은 어렵게 사는 사람을 생각하여……"	자신이 가진 것을 나누고 베푸는 삶
행동	김만덕은 전 재산을 들여 곡식을 사 오게 하였다.	

전기문의 특성을 생각하며 읽기

① 인물이 살았던 시대 상황을 생각하며 읽습니다.

② 인물이 한 일을 생각하며 읽습니다. → 인물이 언제 어떤 일을 했는지 파악하며 읽으면 좋습니다.

③ 인물의 가치관을 짐작하며 읽습니다.
 └ 인물의 생각, 인물이 한 일에서 인물의 가치관을 짐작하면 좋습니다.

인물의 본받을 점을 생각하며 전기문 읽기

① 글을 읽고 인물의 생각을 짐작해 봅니다.

② 인물에게서 본받을 점을 찾아봅니다.

5. 의견이 드러나게 글을 써요

1 '누가/무엇이＋어찌하다'에서 '어찌하다'에 해당하지 <u>않는</u> 말은 어느 것입니까? (　　)

① 달리다　　② 먹는다
③ 웃는다　　④ 빨갛다
⑤ 말하다

2 '누가/무엇이＋무엇이다'로 된 문장은 어느 것입니까? (　　)

① 날씨가＋덥다.
② 개미는＋곤충이다.
③ 동생은＋씩씩하다.
④ 게임이＋재미있다.
⑤ 농부가＋황소를 끌고 간다.

3 [보기]와 같은 형식의 문장은 어느 것입니까?
(　　)

[보기]
> 누가 ＋ 어떠하다

①	김예지는	내 친구입니다.
②	내 친구 예지는	친절합니다.
③	친절한 예지는	친구들을 잘 도와줍니다.
④	부지런한 예지는	열심히 공부를 합니다.
⑤	과학자를 꿈꾸는 김예지는	바로 제 친구입니다.

[4~5]

　옛날 어느 마을에 목화 장수 네 사람이 살았다. 그들은 싼 목화가 있으면 함께 사서 큰 광 속에 보관해 두었다가 값이 오르면 팔았다. 그런데 그 광에는 쥐가 많아 목화를 어지럽히기도 하고 오줌을 싸기도 했다. 목화 장수들은 궁리 끝에 광에 고양이를 기르기로 하고 똑같이 돈을 내어 고양이를 샀다. 그러고는 공동 책임을 지려고 고양이 다리 하나씩을 각자 몫으로 정하고 고양이를 보살피기로 했다.

　어느 날, 고양이가 다리 하나를 다쳤다. 그 다리를 맡은 목화 장수는 고양이 다리에 산초기름을 발라 주었다. 그런데 마침 추운 겨울철이라, 아궁이 곁에서 불을 쬐던 고양이의 다리에 불이 붙고 말았다. 고양이는 얼른 시원한 광 속으로 도망을 쳐서 목화 더미 위에서 굴렀다. 순식간에 목화 더미에 불이 번져 광 속의 목화가 몽땅 타 버리고 말았다.

　목화 장수 네 명은 뜻하지 않게 큰 손해를 보게 되었다.

4 목화 장수 네 사람이 고양이를 산 까닭은 무엇입니까? (　　)

① 광이 비어 있어서
② 고양이를 좋아해서
③ 쥐가 심심할까 봐서
④ 목홧값을 마련하기 위해서
⑤ 목화를 보관한 광에 쥐가 많아서

〔서술형〕

5 이야기의 흐름을 생각하며 내용을 요약하려고 합니다. 다음 문장의 뒷부분을 쓰시오.

> 목화 장수들이 고양이를 샀다.
>
> ⬇
>
> 목화 장수들은 고양이 때문에 ＿＿＿＿＿＿
> ＿＿＿＿＿＿＿＿＿＿＿＿＿＿＿＿＿＿

6~7

숲에는 천연기념물인 황조롱이, 까막딱따구리 같은 새들과 하늘다람쥐가 삽니다. 그리고 만강에는 쉬리나 배가사리, 금강모치 같은 우리나라의 토종 물고기가 많이 삽니다.

그런데 어제 만강에 댐을 건설할 수 있는지 알아보려고 담당자들께서 우리 마을을 방문하셨습니다. 담당자들께서는 작년에 비가 많이 와서 만강 하류에 있는 도시에 물난리가 났다고 말씀하셨습니다. 그래서 홍수를 막으려면 우리 마을에 댐을 건설해야 한다고 하셨습니다.

하지만 저는 ___㉠___ 우리 상수리에 댐을 건설하면 숲에 사는 동물들이 살 곳을 잃고, 우리는 만강의 물고기들을 다시는 볼 수 없게 될 것입니다. 그리고 마을 어른들께서는 평생 살아온 고향을 떠나야 한다고 말씀하십니다. 우리 마을에 댐을 건설하기로 한 계획을 취소해 주시기를 부탁합니다.

6 어제 댐 건설 기관 담당자들이 상수리 마을을 방문한 까닭은 무엇입니까? (   )

① 댐 건설 계획을 취소하려고
② 상수리 생태계를 조사하려고
③ 홍수로 인한 피해를 복구하려고
④ 상수리에 사는 동물들을 보호하려고
⑤ 만강에 댐을 건설할 수 있는지 알아보려고

잘 틀려요

7 ㉠ 안에 들어갈 글쓴이의 의견으로 알맞은 것은 무엇입니까? (   )

① 댐을 건설해야 합니다.
② 댐을 건설하는 것에 반대합니다.
③ 댐을 건설하는 이유를 알고 싶습니다.
④ 댐을 건설하지 않으면 어떻게 될까요?
⑤ 댐을 건설하면 좋은 점은 무엇입니까?

8~10

배가 침몰하였다는 소식을 들은 제주도 사람들은 이제는 굶어 죽을 수밖에 없다며 절망에 빠졌다. 이것을 보고 김만덕은 생각하였다.

'제주도 사람들을 굶어 죽게 내버려 둘 수는 없다. 내가 나서서 그들을 살려야겠다.'

김만덕은 전 재산을 들여 육지에서 곡식을 사 오게 하였다. 그 곡식은 총 오백여 석이었다.

"제가 전 재산을 들여 육지에서 사들인 곡식입니다. 굶주린 사람들에게 나누어 주십시오."

제주 목사는 김만덕의 말을 듣고 깜짝 놀랐다.

'양반도 아닌 상인이 피땀 흘려 모은 재산을 제주도 사람들을 구하겠다고 모두 내놓다니 정말 어진 사람이구나.'

관청 마당에는 곡식이 산더미같이 쌓여 있었다.

「김만덕」, 신현배

8 김만덕은 어떤 신분이었습니까? (   )

① 양반   ② 관리
③ 상인   ④ 원님
⑤ 노비

서술형

9 김만덕이 한 일은 무엇인지 쓰시오.

> 제주도에 흉년이 들어 사람들이 굶어 죽을 위기에 처했을 때

중요

10 문제 9의 답과 같은 행동으로 보아 김만덕이 가치 있게 생각한 것은 무엇입니까? (   )

① 재물   ② 명예
③ 노력   ④ 나눔
⑤ 배움

11~12

가 열다섯 살 때, 아버지를 따라 한양으로 간 정약용은 많은 사람을 만나 학문을 배우고 익혔어요. 훗날 정약용에게 큰 영향을 준 이익의 책을 처음 본 것도 이즈음이었지요. 그때까지 정약용은 사람이 바르게 사는 도리를 따지는 성리학을 주로 공부했어요. 그런데 이익이 사물에 폭넓게 관심을 두고 해박한 지식을 쌓은 것을 보면서 정약용의 생각도 조금씩 달라졌어요. 백성이 잘 사는 데 도움이 되는 실학에 관심을 갖게 된 거예요.

나 정약용이 생각하기에 성을 쌓을 때 가장 큰 문제는 돌을 옮기는 일이었어요. 힘을 덜 들이고 크고 무거운 돌을 옮길 방법을 찾던 정약용은 서른한 살이 되던 해, 마침내 거중기를 만들었어요.

다 서른세 살 때, 정약용은 정조의 비밀 명령을 받고 암행어사가 되었어요.

라 정약용은 쉰일곱 살이 되던 1818년, 이런 생각들을 자세히 담은 『목민심서』라는 책을 펴냈어요.
「정약용」, 김은미

11 정약용이 살아온 과정에 맞게 차례대로 번호를 쓰시오.

> ❶ 암행어사가 되었음.
> ❷ 거중기를 만들었음.
> ❸ 『목민심서』라는 책을 펴냈음.
> ❹ 아버지를 따라 한양으로 가서 학문을 익힘.

(   ) ➔ (   ) ➔ (   ) ➔ (   )

중요

12 글을 읽고 짐작할 수 있는 정약용의 가치관으로 알맞은 것에 ○표를 하시오.

(1) 유명해지고 싶어 한다. (   )
(2) 성리학을 배우고 싶어 한다. (   )
(3) 백성에게 도움이 되고 싶어 한다. (   )

13~15

가 시대 상황: 1919년 3월 1일. 유관순은 일본의 침략에서 벗어나고자 사람들과 함께 독립 만세 운동을 함.

나 어려움: 1919년 3월 10일. 일본은 만세 운동을 하는 사람들에게 총칼을 휘두르고, 강제로 학교 문을 닫게 함.

다 어려움을 이겨 내려는 노력: 고향에 돌아와서 태극기를 만들고, 아우내 장터에 모인 사람들과 독립 만세를 외침.

라 본받고 싶은 것: 백여 년이 지난 지금까지도 우리에게 나라를 사랑하는 마음을 일깨워 줌.

13 이와 같은 내용으로 쓴 글의 특성이 <u>아닌</u> 것은 어느 것입니까? (   )

① 인물의 업적이 나타난다.
② 훌륭한 인물의 삶을 다룬다.
③ 작가의 상상력으로 꾸며 만든다.
④ 인물의 가치관이나 신념이 나타난다.
⑤ 인물이 살았던 당시의 시대 상황이 나타난다.

14 유관순이 어려움을 이겨 내려고 노력한 일을 두 가지 고르시오. (,   )

① 일본의 침략을 전 세계에 알림.
② 고향에 돌아와서 태극기를 만듦.
③ 총칼을 휘두르는 일본 세력을 억압함.
④ 일본이 강제로 문을 닫게 한 학교를 지킴.
⑤ 아우내 장터에 모인 사람들과 독립 만세를 외침.

서술형

15 유관순이 한 일을 보며 본받고 싶은 점은 무엇인지 쓰시오.

1 다음 글을 읽고 글쓴이의 의견은 무엇인지 쓰시오.

> 우리의 마음속에 진정한 선진국이 된 한국은 어떤 모습일까요?
> 물론 가장 먼저 경제적으로 지금보다 더 발전한 나라를 꿈꾸
> 겠지요. 하지만 선진국이란 단순히 제품 생산이나 무역을 많이
> 하고 국민들의 소득이 높은 나라가 아니에요. 그런 것은 선진
> 국이 되기 위한 조건 중 하나일 뿐이지요. 진짜 선진국이 되려
> 면 겉모습뿐만 아니라 내면도 성숙해야 한답니다. 그 나라가
> 얼마나 건강하고 성숙한지 알 수 있는 방법은 무엇일까요? 그
> 나라가 사회의 하층민, 가난하고 소외된 사람들을 어떻게 대하
> 는지 보면 알 수 있어요.
> 「함께 사는 다문화, 왜 중요할까요?」, 홍명진

• **의견을 바르게 제시하는 방법**
• 문제 상황과 어울리는 의견을 말
  합니다.
• 의견을 뒷받침하는 근거를 바르게
  제시합니다.
• 많은 사람이 받아들일 수 있는 의
  견과 근거를 말합니다.

▶ 다음 글을 읽고 물음에 답하시오. [**2**~**3**]

> 가 책벌레 스승 유희춘을 만난 뒤 선조는 180도 달라졌습니다.
> "스승님, 어제 들려주신 『사기』를 더 읽어 주십시오."
> "항우와 유방 이야기 말씀이시지요? 어디까지 했더라……."
> 유희춘은 수많은 책 속에서 읽은 광활한 역사와 훌륭한 임금들
> 의 이야기를 들려주었습니다.
> 선조는 그때부터 책의 재미를 깨닫고 스승을 따라 어딜 가나
> 책을 쥐고 다니게 되었습니다.
> 나 선조는 유희춘에게 하고 싶은 일이 있는지 물었습니다. 긴 유배
> 생활로 퀭한 유희춘의 얼굴에 한 줄기 빛이 들었습니다.
> "그동안 많은 책 속에서 여러 오류를 발견하였습니다. 소신에
> 게 시간을 주신다면 그 책을 바로잡아 새로 편찬하고 싶습니다."
> 이후 유희춘은 선조의 전폭적인 지원 아래 이미 편찬된 책들의
> 오류를 바로잡고 새로이 찍어 냈습니다.
> 「임금님을 공부시킨 책벌레」, 마술연필

• **전기문의 특성을 생각하며 전기
  문 읽기**
• 인물이 살아온 환경과 사회적 배
  경을 생각하며 읽습니다.
• 일이 일어난 차례를 생각하며 읽
  습니다.
• 인물의 업적을 알아봅니다.
• 각 장면에서 일어난 일의 때와 장
  소를 알아봅니다.
• 본받을 점이 무엇인지 생각하며
  읽습니다.

2 유희춘의 업적을 괄호 안에 알맞게 쓰시오.

• 선조에게 ((1)⎵⎵⎵⎵⎵)의 재미를 깨닫게 했으며, 이미 편찬
  된 책들의 ((2)⎵⎵⎵⎵⎵)를 바로잡고 새로이 찍어 냈다.

3 유희춘에게 본받을 점을 알맞게 말한 것에 ○표를 하시오.

(1) 얼굴이 퀭할 정도로 긴 유배 생활을 한 점이 멋있어. (　　　)

(2) 나도 책을 많이 읽고 다른 사람에게 도움이 되어야지.(　　　)

7. 독서 감상문을 써요

❖독서 감상문에 들어갈 내용
- 책을 읽은 동기
- 책 내용
- 책을 읽고 생각하거나 느낀 점

❖독서 감상문을 쓰면 좋은 점
- 감명 깊게 읽은 부분이나 인상 깊은 장면을 기억할 수 있습니다.
- 읽은 책의 내용을 다시 한번 생각할 수 있습니다.
- 글을 읽고 느낀 재미나 감동을 다른 사람과 함께 나눌 수 있습니다.

❖의견을 제시하는 방법
- 문제 상황과 어울리는 의견을 말합니다.
- 의견을 뒷받침하는 근거를 바르게 제시합니다.
- 많은 사람이 받아들일 수 있는 의견과 근거를 말합니다.

❖의견에 근거를 드는 방법
- 문제 상황을 파악합니다.
- 의견에 어울리는 근거인지 파악합니다.
- 근거가 충분히 받아들일 만한 것인지 확인합니다.

낱말 풀이
❶ **목록** 어떤 물품의 이름이나 책 제목 따위를 일정한 순서로 적은 것.
❷ **출처** 사물이나 말 따위가 생기거나 나온 근거.

🖋 읽은 책에 대한 생각이나 느낌 말하기
① 자신이 재미있게 읽은 책을 떠올려 봅니다.
② 재미있게 읽은 책의 ❶목록을 정리해 봅니다.
③ 재미있게 읽은 책에 대한 생각이나 느낌을 정리해 봅니다.

🖋 독서 감상문을 쓰는 방법 알기
→•책이나 글 따위를 읽고 난 뒤의 느낌을 적은 글입니다.

독서 감상문을 쓸 책을 정할 때	• 읽으면서 여러 가지 생각을 한 책을 고른다. • 새롭게 안 내용이 많은 책을 고른다.
책 내용을 정리할 때	• 인상 깊은 부분을 떠올린다. • 생각이나 느낌을 나타낼 수 있는 부분을 간략하게 쓴다.
생각이나 느낌을 쓸 때	• 새롭게 알거나 생각한 점, 책을 읽고 느낀 점을 쓴다. • 생각이나 느낌에 대한 까닭을 함께 쓴다.
독서 감상문을 고쳐 쓸 때	• 제목이 잘 어울리는지 확인한다. • 생각이나 느낌이 책 내용과 잘 어울리는지 확인한다.

🖋 글을 읽고 감동받은 부분에 대한 생각이나 느낌 쓰기
① 글을 읽고 감동받은 부분을 찾아봅니다.
- 감동받은 부분을 찾을 때에는 일어난 일, 인물의 행동, 인물의 마음 따위에서 자신이 인상 깊게 느끼는 부분이 있는지 생각해 봅니다.
② 감동받은 부분에 대한 생각이나 느낌이 잘 드러나게 글을 써 봅니다.

🖋 글을 읽고 독서 감상문 쓰기
① 독서 감상문을 쓸 책에 대하여 말해 봅니다. → •독서 감상문을 쓸 책이 같더라도 책을 고른 까닭은 다를 수 있습니다.
② 독서 감상문에 쓸 내용을 자유롭게 떠올려 봅니다.
③ 떠올린 내용을 바탕으로 하여 독서 감상문을 써 봅니다.

🖋 글에 대한 생각이나 느낌을 여러 가지 형식으로 표현하기
① 표현할 생각이나 느낌을 떠올려 형식을 정합니다. →•시, 일기, 편지 등
② 같은 내용의 글을 다른 형식으로 표현할 수 있습니다.

8. 생각하며 읽어요

🍃 의견이 적절한지 판단해야 하는 까닭 알기

① 사람마다 생각이 다르기 때문입니다.

② 잘못된 판단을 할 수 있기 때문입니다.

③ 문제를 해결하지 못할 수 있기 때문입니다.

④ 뜻하지 않게 잘못된 결과가 나올 수 있기 때문입니다.

🍃 글쓴이의 의견을 평가하는 방법 알기

① 글쓴이의 의견이 주제와 관련 있는지 살펴봅니다. → 가장 먼저 살펴볼 점으로 주제와 관련 없는 의견은 뒷받침 내용이 믿을 만하다고 해도 적절하다고 볼 수 없습니다.

② 글쓴이의 의견과 뒷받침 내용이 관련 있는지 따져봅니다.

③ 뒷받침 내용이 사실이고, 믿을 만한지 확인합니다.

④ 글쓴이의 의견이 문제 상황을 해결할 수 있는지 살펴봅니다.

🍃 글을 읽고 글쓴이의 의견 평가하기 → 의견이 드러나는 글을 쓸 때에는 주제와의 관련성, 의견과 뒷받침 내용의 관련성, 뒷받침 내용의 사실 여부 따위를 확인해야 합니다.

① 의견이 명료하게 잘 드러났는지 살펴봅니다.

② 뒷받침하는 내용이 사실인지 살펴봅니다.

③ 뒷받침 내용의 ❷출처가 믿을 만한지 확인합니다.

🍃 자신의 의견이 드러나게 글 쓰기

① 경험이나 책에서 읽은 내용을 근거로 들어서 써야 합니다.

② 자신의 의견을 뒷받침할 수 있는 내용을 찾아봅니다.

 관련 있는 책 읽기  믿을 만한 누리집 찾아보기  전문가에게 물어보기

🍃 학교에서 일어난 일에 대한 의견 발표하기

① 자신이 생각하는 즐겁고 행복한 학교의 모습을 떠올려 봅니다.

② 우리 학교를 즐겁고 행복한 학교로 만들려고 할 때 우리가 할 수 있는 일을 써 봅니다. → 다양한 의견 가운데에서 가장 적절한 것을 고르는 것이 중요합니다.

③ 학급 누리집 게시판에 글을 써 봅니다. → 온라인에 글을 쓸 때 지켜야 할 예절을 떠올리며 댓글을 남겨야 합니다.

바로바로 체크

1 책이나 글 따위를 읽고 난 뒤의 느낌을 적은 글을 무엇이라고 하는지 쓰시오.

(   )

2 다음 내용으로 알맞은 것에 ○표를 하시오.

> 혹부리 할아버지는 도깨비 앞에서 노래를 불렀습니다.

⑴ 책 내용 (   )

⑵ 책을 읽은 동기 (   )

⑶ 책을 읽고 생각하거나 느낀 점 (   )

3 의견이 적절한지 ☐☐ 해야 하는 까닭은 사람마다 생각이 다르기 때문입니다.

4 글쓴이의 의견을 평가하는 방법으로 알맞지 <u>않은</u> 것에 ×표를 하시오.

⑴ 주제와 관련 있는가?

(   )

⑵ 문제 상황을 해결할 수 있는가? (   )

⑶ 뒷받침 내용이 재미있는가? (   )

▶ 정답

1. 독서 감상문 2. ⑴ ○

3. 판단 4. ⑶ ×

7. 독서 감상문을 써요

1~2

가 학교 도서관에서 책을 고르다가 『세시 풍속』이라는 책을 읽었습니다.

나 옛날 사람들은 병을 옮기는 나쁜 귀신이 팥을 싫어한다고 믿었답니다. 그래서 동지에 팥으로 죽을 만들어 귀신이 못 오게 집 앞에 뿌렸답니다. 이 일에서 동지에 팥죽 먹는 풍습이 생겼답니다.

다 『세시 풍속』을 읽고 나니 조상의 지혜를 더 잘 알 수 있었습니다. 계절의 변화 하나하나에 의미를 부여하고 삶을 즐겁게 보내려는 마음을 듬뿍 느꼈습니다.

1 글 가 ~ 다 의 내용으로 알맞은 것을 선으로 이으시오.

(1) 글 가 •　　　　• ① 책 내용

(2) 글 나 •　　　　• ② 책을 읽은 동기

(3) 글 다 •　　　　• ③ 책을 읽고 생각하거나 느낀 점

서술형

2 이 독서 감상문에 제목을 붙이는 방법을 이야기하고 있습니다. 그림 속 지우가 되어 쓰시오.

『세시 풍속』이라는 책 제목이 드러나게 제목을 붙이면 좋을 것 같아.

지우

3~5

"자, 여기서부터는 네가 가방을 들어라."

나는 어머니가 내가 학교에 가기 싫어하니 중간에 학교로 가지 않고 다른 길로 샐까 봐 신작로까지 데려다주는 것으로 생각했다.

"너는 뒤따라오너라."

거기에서부터는 이슬받이였다. 사람 하나 겨우 다닐 좁은 산길 양옆으로 풀잎이 우거져 길 한가운데로 늘어져 있었다. 아침이면 풀잎마다 이슬방울이 조롱조롱 매달려 있었다. 어머니는 내게 가방을 넘겨준 다음 내가 가야 할 산길의 이슬을 털어 내기 시작했다. 어머니의 일 바지 자락이 이내 아침 이슬에 흥건히 젖었다. 어머니는 발로 이슬을 털고, 지겟작대기로 이슬을 털었다.

「어머니의 이슬 털이」, 이순원

3 학교에 가는 '나'의 마음으로 알맞은 것은 무엇입니까? (　　)

① 행복하다.　　　　② 가기 싫다.
③ 설레고 신난다.　　④ 발걸음이 가볍다.
⑤ 빨리 가고 싶다.

4 어머니께서 지겟작대기로 하신 일은 무엇입니까 (　　)

① 지게를 졌다.　　　② 나를 때렸다.
③ 이슬을 털었다.　　④ 나무를 꺾었다.
⑤ 지팡이로 사용했다.

서술형

5 어머니가 앞장서서 이슬받이를 걸어가는 부분에서 감동받았다면 그 까닭은 무엇일지 쓰시오.

_____

_____

20○○년 11월 ○○일   날씨: 맑음

제목: 함께일 때 더 시원한 나무 그늘

나는 내 것이면 뭐든지 나 혼자 써도 된다고 생각했다. 그래서 나무 그늘도 혼자 쓰는 것이 당연하다고 여겼다. 내 것인데 다른 사람에게 왜 빌려주어야 한단 말인가? 하지만 지금 나는 그렇게 생각하지 않는다. 다른 사람들과 더불어 행복을 느끼는 일이 훨씬 더 가치 있고 소중한 것임을 알았다. 총각이 어리석은 나를 일깨워 주었기 때문이다. 총각에게 고마운 마음을 꼭 전하고 싶다.

나는 새로 이사 온 집의 나무 그늘에 이웃을 초대했고, 지금은 이웃들과 사이좋게 지낸다. 혼자 많은 것을 차지할 때보다 다른 사람들과 함께하는 내가 더 행복하다. 이제 나는 욕심쟁이가 아니라 가진 것을 이웃들과 나눌 줄 아는 사람이 되었다.

6 책을 읽고 생각이나 느낌을 어떤 형식으로 표현한 글입니까? (   )

① 시   ② 일기
③ 편지   ④ 만화
⑤ 광고

7 이 글에 대한 설명으로 알맞지 <u>않은</u> 것은 무엇입니까? (   )

① 읽는 사람이 정해져 있다.
② 인상 깊은 장면을 경험과 관련지어 썼다.
③ 날짜, 날씨, 제목, 생각이나 느낌을 썼다.
④ 이야기 속 총각에서 고마움을 전하고 있다.
⑤『나무 그늘을 산 총각』에서 욕심쟁이 영감이 되어 쓴 글이다.

햇볕이 내리쬐는 무척 더운 날이었어요. 아버지와 아이가 당나귀를 끌고 시장에 가고 있었어요. 아버지와 아이는 땀을 뻘뻘 흘렸어요. 그 모습을 본 농부가 비웃으며 말했어요.

"쯧쯧, 당나귀를 타고 가면 될 걸 저렇게 미련해서야……."

농부의 말을 듣고 보니 정말 그렇지 않겠어요?

'맞아, 당나귀는 원래 짐을 싣거나 사람을 태우는 동물이잖아.'

아버지는 당장 아이를 당나귀에 태웠어요.

그렇게 한참을 가는데 한 노인이 호통을 쳤어요.

"아버지는 걷게 하고 자기는 편하게 당나귀를 타고 가다니. 요즘 아이들이란 저렇게 버릇이 없단 말이지!"

노인의 말을 듣고 보니 정말 그렇지 않겠어요?

8 농부가 아버지와 아이를 비웃은 까닭은 무엇입니까? (   )

① 당나귀를 타고 가서
② 더운 날 시장에 가서
③ 당나귀에 짐을 싣고 가서
④ 땀을 뻘뻘 흘리며 뛰어가서
⑤ 당나귀를 타지 않고 끌고 가서

중요

9 노인의 의견은 무엇인지 쓰시오.

(   )

10 노인의 말을 듣고 아버지와 아이는 어떻게 했을지 쓰시오.

(   )

국어

국어   **29**

11~13

가 바람직한 독서 방법은 도서관의 편의 시설을 늘리는 것입니다. 휴게실을 많이 만들면 편안히 쉴 수 있습니다. 체육관이 생기면 운동을 자주 할 수 있습니다. 컴퓨터를 많이 설치하면 인터넷을 쉽게 이용할 수 있습니다. 이와 같이 올바른 독서 방법은 도서관의 편의 시설을 늘리는 것입니다.

나 바람직한 독서 방법은 여러 분야의 책을 읽는 것입니다. ㉠여러 분야의 책을 읽으면 배경지식이 풍부해집니다. 풍부한 배경지식은 학교 공부를 하는 데 도움을 줍니다. ㉡한 분야의 책만 읽으면 시력이 나빠집니다. 제가 여러 분야의 책을 읽었을 때는 시력이 좋아졌는데 한 분야의 책만 읽었을 때는 시력이 나빠졌습니다. 따라서 여러 분야의 책을 읽는 것은 좋은 독서 방법입니다.

11 글 가 와 나 의 공통된 주제는 무엇입니까?
( )

① 도서관 이용 방법 ② 체육관 이용 방법
③ 휴게실 이용 방법 ④ 책을 고르는 방법
⑤ 바람직한 독서 방법

12 다음은 글 가 를 평가한 것입니다. 빈칸에 들어갈 말은 무엇입니까? ( )

> 의견이 [ ]과/와 관련이 매우 적다.

① 재미   ② 주제   ③ 배경
④ 지식   ⑤ 경험

중요
13 글 나 의 ㉠과 ㉡ 가운데 의견과 뒷받침 내용이 밀접하게 관련 있는 것의 기호를 쓰시오.
( )

14~15

문화재를 개방해야 합니다. 문화재를 직접 관람하면 옛 조상이 살았던 때를 생생하게 느낄 수 있습니다. 저는 가족과 함께 고인돌 유적지를 보러 갔습니다. 거대한 고인돌이 생생하게 기억에 남습니다. 누리집에서 고인돌에 대한 정보를 찾아보았고, 학교 도서관에서 고인돌에 대한 책을 빌려 읽기도 했습니다.

또 문화재를 개방해야만 문화재 훼손을 막을 수 있습니다. 20○○년 7월 ○○일 신문 기사를 보니 고궁 가운데 한 곳인 ○○궁에 곰팡이가 번식했다는 내용이 있었습니다. 장마인데 문을 닫고만 있어서 바람이 통하지 않아 곰팡이가 궁궐 안으로 퍼진 것입니다. 사람들이 드나들면서 바람이 통하게 하면 이와 같은 문제는 해결될 것입니다.

14 이 글에 대해 바르게 말하지 **못한** 친구의 번호를 쓰시오.

① 글쓴이는 문화재를 개방해야 한다고 생각하는구나.
② 뒷받침 내용이 사실인지 출처를 쓰지 않았어.
③ 글쓴이의 의견을 뒷받침하는 내용이 제시되었어.

( )

잘 틀려요
15 글쓴이의 의견을 뒷받침하는 내용으로 알맞은 것에 모두 ○표를 하시오.

(1) 여름 장마철에 생기는 문화재 훼손을 막을 수 있다. ( )
(2) 옛 조상이 살았던 때를 생생하게 느낄 수 있다. ( )
(3) 책이나 누리집으로도 문화재를 충분히 관람할 수 있다. ( )

6~7

20○○년 11월 ○○일   날씨: 맑음

제목: 함께일 때 더 시원한 나무 그늘

나는 내 것이면 뭐든지 나 혼자 써도 된다고 생각했다. 그래서 나무 그늘도 혼자 쓰는 것이 당연하다고 여겼다. 내 것인데 다른 사람에게 왜 빌려주어야 한단 말인가? 하지만 지금 나는 그렇게 생각하지 않는다. 다른 사람들과 더불어 행복을 느끼는 일이 훨씬 더 가치 있고 소중한 것임을 알았다. 총각이 어리석은 나를 일깨워 주었기 때문이다. 총각에게 고마운 마음을 꼭 전하고 싶다.

나는 새로 이사 온 집의 나무 그늘에 이웃을 초대했고, 지금은 이웃들과 사이좋게 지낸다. 혼자 많은 것을 차지할 때보다 다른 사람들과 함께하는 내가 더 행복하다. 이제 나는 욕심쟁이가 아니라 가진 것을 이웃들과 나눌 줄 아는 사람이 되었다.

6 책을 읽고 생각이나 느낌을 어떤 형식으로 표현한 글입니까? (   )

① 시
② 일기
③ 편지
④ 만화
⑤ 광고

7 이 글에 대한 설명으로 알맞지 <u>않은</u> 것은 무엇입니까? (   )

① 읽는 사람이 정해져 있다.
② 인상 깊은 장면을 경험과 관련지어 썼다.
③ 날짜, 날씨, 제목, 생각이나 느낌을 썼다.
④ 이야기 속 총각에서 고마움을 전하고 있다.
⑤ 『나무 그늘을 산 총각』에서 욕심쟁이 영감이 되어 쓴 글이다.

8~10

햇볕이 내리쬐는 무척 더운 날이었어요. 아버지와 아이가 당나귀를 끌고 시장에 가고 있었어요. 아버지와 아이는 땀을 뻘뻘 흘렸어요. 그 모습을 본 농부가 비웃으며 말했어요.

"쯧쯧, 당나귀를 타고 가면 될 걸 저렇게 미련해서야……."

농부의 말을 듣고 보니 정말 그렇지 않겠어요?

'맞아, 당나귀는 원래 짐을 싣거나 사람을 태우는 동물이잖아.'

아버지는 당장 아이를 당나귀에 태웠어요.

그렇게 한참을 가는데 한 노인이 호통을 쳤어요.

"아버지는 걷게 하고 자기는 편하게 당나귀를 타고 가다니. 요즘 아이들이란 저렇게 버릇이 없단 말이지!"

노인의 말을 듣고 보니 정말 그렇지 않겠어요?

8 농부가 아버지와 아이를 비웃은 까닭은 무엇입니까? (   )

① 당나귀를 타고 가서
② 더운 날 시장에 가서
③ 당나귀에 짐을 싣고 가서
④ 땀을 뻘뻘 흘리며 뛰어가서
⑤ 당나귀를 타지 않고 끌고 가서

중요
9 노인의 의견은 무엇인지 쓰시오.

(   )

10 노인의 말을 듣고 아버지와 아이는 어떻게 했을지 쓰시오.

(   )

11~13

가 바람직한 독서 방법은 도서관의 편의 시설을 늘리는 것입니다. 휴게실을 많이 만들면 편안히 쉴 수 있습니다. 체육관이 생기면 운동을 자주 할 수 있습니다. 컴퓨터를 많이 설치하면 인터넷을 쉽게 이용할 수 있습니다. 이와 같이 올바른 독서 방법은 도서관의 편의 시설을 늘리는 것입니다.

나 바람직한 독서 방법은 여러 분야의 책을 읽는 것입니다. ㉠여러 분야의 책을 읽으면 배경지식이 풍부해집니다. 풍부한 배경지식은 학교 공부를 하는 데 도움을 줍니다. ㉡한 분야의 책만 읽으면 시력이 나빠집니다. 제가 여러 분야의 책을 읽었을 때는 시력이 좋아졌는데 한 분야의 책만 읽었을 때는 시력이 나빠졌습니다. 따라서 여러 분야의 책을 읽는 것은 좋은 독서 방법입니다.

11 글 **가**와 **나**의 공통된 주제는 무엇입니까?

( )

① 도서관 이용 방법   ② 체육관 이용 방법
③ 휴게실 이용 방법   ④ 책을 고르는 방법
⑤ 바람직한 독서 방법

12 다음은 글 **가**를 평가한 것입니다. 빈칸에 들어갈 말은 무엇입니까? ( )

> 의견이 □□과/와 관련이 매우 적다.

① 재미   ② 주제   ③ 배경
④ 지식   ⑤ 경험

★중요★

13 글 **나**의 ㉠과 ㉡ 가운데 의견과 뒷받침 내용이 밀접하게 관련 있는 것의 기호를 쓰시오.

( )

14~15

문화재를 개방해야 합니다. 문화재를 직접 관람하면 옛 조상이 살았던 때를 생생하게 느낄 수 있습니다. 저는 가족과 함께 고인돌 유적지를 보러 갔습니다. 거대한 고인돌이 생생하게 기억에 남습니다. 누리집에서 고인돌에 대한 정보를 찾아보았고, 학교 도서관에서 고인돌에 대한 책을 빌려 읽기도 했습니다.

또 문화재를 개방해야만 문화재 훼손을 막을 수 있습니다. 20○○년 7월 ○○일 신문 기사를 보니 고궁 가운데 한 곳인 ○○궁에 곰팡이가 번식했다는 내용이 있었습니다. 장마인데 문을 닫고만 있어서 바람이 통하지 않아 곰팡이가 궁궐 안으로 퍼진 것입니다. 사람들이 드나들면서 바람이 통하게 하면 이와 같은 문제는 해결될 것입니다.

14 이 글에 대해 바르게 말하지 **못한** 친구의 번호를 쓰시오.

① 글쓴이는 문화재를 개방해야 한다고 생각하는구나.

② 뒷받침 내용이 사실인지 출처를 쓰지 않았어.

③ 글쓴이의 의견을 뒷받침하는 내용이 제시되었어.

( )

★잘 틀려요★

15 글쓴이의 의견을 뒷받침하는 내용으로 알맞은 것에 모두 ○표를 하시오.

⑴ 여름 장마철에 생기는 문화재 훼손을 막을 수 있다. ( )

⑵ 옛 조상이 살았던 때를 생생하게 느낄 수 있다. ( )

⑶ 책이나 누리집으로도 문화재를 충분히 관람할 수 있다. ( )

국·어·활·동·확·인

1 글 **가**~**라**의 내용으로 알맞은 것을 선으로 이으시오.

> **가** 학교에서 자신의 꿈이 무엇인지 발표했다. 나연이가 『꿈의 다이어리』라는 책을 읽고, 자신도 꿈에 대해 깊이 생각해 볼 수 있었다며 이 책을 적극 추천했다.
>
> **나** 이 책의 주인공인 하은이는 꿈이 많은 아이이다. 가수, 우주 비행사, 요리사와 같이 날마다 꿈이 바뀐다. 하지만 하은이는 꿈의 다이어리를 받고 난 뒤, 꿈을 이루려면 노력해야 한다는 사실을 깨닫게 된다.
>
> **다** 나는 사실 내 꿈이 무엇인지 모른다. 예전에는 과학자였지만 지금은 연예인이 되고 싶기도 하다. 하은이처럼 내 꿈은 계속 바뀌고 나는 한 번도 꿈에 대해 진지하게 생각한 적이 없다.
>
> **라** 하지만 이 책을 읽고 꿈은 내가 살아가면서 목표를 두고 노력해야 하는 것이라는 사실을 깨달았다. 앞으로는 내가 좋아하고 즐길 수 있는 것을 발견해서 그것을 이루려고 더 노력해야겠다.

(1) **가** •　　• ① 　책을 읽고 생각한 앞으로의 다짐을 썼다.

(2) **나** •　　• ② 　친구가 추천해서 책을 읽었다는 동기를 잘 드러냈다.

(3) **다** •　　• ③ 　글쓴이가 관심 있었던 내용을 중심으로 책 내용을 정리했다.

(4) **라** •　　• ④ 　책 내용과 관련해 자신을 되돌아보는 내용을 썼다.

▪ 독서 감상문에 들어갈 내용
- 책을 읽은 동기
- 책 내용
- 책을 읽고 생각하거나 느낀 점

 새롭게 알게 된 점 책을 읽고 느낀 점

2 다음 글을 읽고, 글쓴이의 의견은 무엇인지 쓰시오.

> 사람들은 숲에서 생활에 필요한 여러 가지 물건을 얻습니다. 이로 말미암아 숲이 파괴되고 생물들의 보금자리가 사라집니다. 우리는 이런 숲을 보호하고 생물들의 보금자리를 지켜 주어야 합니다. 그렇게 하려면 어떻게 해야 할까요?
>
> 첫째, 자원의 낭비를 막아야 합니다. 우리가 물건을 아껴 쓰고, 버리는 물건을 재활용하면 숲이 파괴되는 것을 줄일 수 있습니다.
>
> 둘째, 나무를 베어 낸 숲은 다시 가꾸어야 합니다.

▪ 의견이 드러나는 글을 쓰는 과정
- 문제 상황 또는 자신이 글을 쓰는 목적에 대하여 생각해 봅니다.
- 누구에게 어떤 의견을 말할 것인지 생각하여 봅니다.
- 그러한 의견을 내세운 까닭을 생각해 봅니다.
- 문제, 의견, 근거가 잘 드러나게 글을 씁니다.

9. 감동을 나누며 읽어요

❖ **자신의 경험과 생각을 살려 시 바꾸어 쓰기**

- 시의 내용을 파악합니다.
- 내용과 관련된 경험이나 생각을 떠올립니다.
- 자신의 경험과 생각을 반영하여 시를 바꿀 내용을 정합니다.

❖ **이야기에 대한 생각과 느낌을 글로 쓰면 좋은 점**

- 이야기에 대해 다시 한번 생각해 볼 수 있습니다.
- 내 생각과 느낌을 분명하게 정리할 수 있습니다.
- 이야기를 오래 기억할 수도 있습니다.
- 이야기에 대한 생각을 다른 사람과 나눌 수 있습니다.

❖ **친구들에게 시나 이야기를 소개할 때 주의할 점**

- 자신의 생각이나 느낌을 말합니다.
- 다른 친구의 생각이나 느낌에 관심을 가집니다.
- 자신과 다른 생각이나 느낌을 듣고 의견을 나눕니다.

낱말 풀이

❶ **경험** 자신이 실제로 해 보거나 겪어 봄. 또는 거기서 얻은 지식이나 기능.

❷ **조종하는** 비행기나 선박, 자동차 따위의 기계를 다루어 부리는.

✍ 시를 읽고 ❶경험 말하기

① 경험을 떠올리며 시를 읽어 봅니다.

② 시에서 말하는 이와 비슷한 자신의 경험을 말해 봅니다. → 자신이 관심을 기울이는 일을 떠올려 봅니다.

㉔ 「온통 비행기」의 장면 떠올리기

- 말하는 이의 머릿속에 비행기가 떠다니는 장면
- 비행기를 ❷조종하는 인물의 모습

✍ 시를 읽고 느낌 표현하기

① 경험을 떠올리며 시를 읽고 내용을 파악해 봅니다.

② 시를 읽고 묻고 답하는 활동을 해 봅니다.

③ 시를 읽고 느낌을 떠올리는 방법을 이야기해 봅니다.

㉔ 「지하 주차장」을 읽고 느낌을 떠올리는 방법

시의 장면을 떠올리며 시를 낭독해 보면 느낌이 잘 살아날 것 같아.

아버지와 아이가 되어 역할놀이를 해 보면 그 마음이 잘 느껴질 거야.

시 속의 인물과 면담해 보면 느낌을 잘 떠올릴 수 있어.

④ 시에 대한 느낌을 여러 가지 방법으로 표현해 봅니다.

- 낭독하기, 노랫말 만들기, 역할극하기, 장면을 이야기로 들려주기

㉔ 시 속 인물과 면담하며 느낌을 떠올리기

1	누구와 면담할지 정하기	시 속 인물 가운데에서 면담하고 싶은 사람을 골라요.
2	물음 만들기	시 속 인물의 마음을 알아볼 수 있는 물음을 만들면 좋아요.
3	면담하기	자신이 예상했던 답변과 어떻게 다른지 생각해 봐요.

🫧 이야기를 보고 내용에 대한 생각 나누기

① 일어난 일을 생각하며 이야기를 봅니다.

② 이야기에서 어떤 일이 일어났는지 살펴보고 자신의 생각을 써 봅니다.

③ 이야기를 다시 보고 자신의 생각을 말해 봅니다.

⑩「김밥」을 보고 인물의 행동을 어떻게 생각하는지 말하기

> 김밥을 먹고 싶어서 선생님께 도시락을 싸가겠다고 한 동숙이의 마음을 조금은 이해할 수 있을 것 같아.

> 딸이 원하는 음식을 만들어 주지 못한 엄마께서도 많이 속상했을 것 같아.

④ 이야기를 보고 인물의 행동에 대한 자신의 생각을 글로 써 봅니다.

🫧 이야기를 읽고 다른 사람에게 들려주기

① 이야기에 나오는 인물의 특성을 알아봅니다.

② 상황과 인물의 특성에 알맞은 말을 해 봅니다.

③ 이야기를 읽고 다른 사람에게 실감 나게 들려줍니다.

들려줄 사람을 정해 본다.	→	이야기에서 강조하고 싶은 부분이 어디인지 정한다.	→	이야기를 실감 나게 표현해 본다.

🫧 생각이나 느낌을 시와 그림으로 표현해 전시회 하기

① 시를 골라 그림과 함께 꾸미기

· 지금까지 읽었던 시 가운데에서 자신이 좋아하는 시를 정합니다.

· 시의 내용과 어울리게 그림을 그립니다. 그리고 생각이나 느낌이 잘 드러나게 꾸밉니다. →시의 장면을 떠올려 생각이나 느낌을 써 봅니다.

② 시를 써서 그림과 함께 꾸미기

· 겪은 일이나 대상을 정해 느낌을 떠올려 봅니다.

· 장면이나 느낌을 생생하게 표현합니다.

· 시를 쓸 때의 느낌이 잘 드러나게 꾸밉니다.

1~4

내 스케치북에는 비행기가 날아.

필통에도
지우개에도
비행기가 날아.

조종석에는 언제나
내가 앉아 있어.

조수석에는 엄마도 앉고
동생도 앉고
송이도 앉아.
오늘은 우리 집 개가 앉았어.

난 비행기가 좋아.
비행기를 구경하는 것도
비행기를 그리는 것도
비행기를 생각하는 것도.

㉠ 커서 뭐가 되고 싶으냐고 묻지 마.
내 마음에는 비행기가 날아.

「온통 비행기」, 김개미

1 말하는 이가 좋아하는 것은 무엇과 관련된 것인지 번호를 쓰시오.

① ② ③ ④

( )

서술형

2 ㉠과 같이 말한 까닭은 무엇일지 쓰시오.

_____

3 이 시에서 말하는 이는 어떤 상상을 하였습니까? ( )

① 장난감 비행기를 만드는 상상
② 친구들과 함께 여행하는 상상
③ 비행기 조종석에 앉아 있는 상상
④ 우리 집 개가 하늘을 날아다니는 상상
⑤ 동생과 함께 종이비행기를 날리는 상상

4 시에서 말하는 이와 비슷한 자신의 경험을 말한 친구는 누구인지 번호를 쓰시오.

① 자동차에 관심이 있어서 자동차 박람회를 구경해 본 경험이 떠올라.

② 운동회 날 달리기 경기를 하다가 넘어졌던 일이 떠올라.

③ 미술 시간에 가위질이 쉽지 않아서 어찌할 바를 모를 때 선생님께서 도와주셨던 것이 떠올라.

( )

중요

5 시의 느낌을 생생하게 떠올리기 위한 방법을 두 가지 고르시오. (,)

① 시에 나오는 장면을 떠올려 본다.
② 인물과 비슷한 경험을 떠올려 본다.
③ 시를 읽은 친구의 감상을 따라 쓴다.
④ 글쓴이가 주장하는 내용을 찾아본다.
⑤ 글쓴이를 면담해 보고 예상 답을 써 본다.

국어

6~8

지하 주차장으로
차 가지러 내려간 아빠
한참 만에
차 몰고 나와 한다는 말이

내려가고 내려가고 또 내려갔는데 글쎄, 계속 지하로 계단이 있는 거야! 그러다 아이쿠, 발을 헛디뎠는데 아아아…… 이상한 나라의 앨리스처럼 깊은 동굴 속으로 끝없이 떨어지지 않겠니? 정신을 차려 보니까 호빗이 사는 마을이었어. 호박처럼 생긴 집들이 미로처럼 뒤엉켜 있는데 갑자기 흰머리 간달프가 나타나 말하더구나. 이 새 자동차가 네 자동차냐? 내가 말했지. 아닙니다. 제 자동차는 10년 다 된 고물 자동차입니다. 오호, 정직한 사람이구나. 이 새 자동차를…….

에이, 아빠!
차 어디에 세워 놨는지 몰라서 그랬죠?
차 찾느라
온 지하 주차장 헤매고 다닌 거
다 알아요.
피이!

「지하 주차장」, 김현욱

6 차를 가지러 지하 주차장에 간 아빠에게 어떤 일이 일어났을지 쓰시오.

_____

_____

잘 틀려요

7 시 속의 인물을 면담할 때에 아빠는 어떠어떠한 마음을 표현할 수 있겠습니까? (,   )
① 다급한 마음   ② 황당한 마음
③ 귀찮은 마음   ④ 흐뭇한 마음
⑤ 여유로운 마음

8 이 시를 읽고 생각하거나 느낀 점을 표현한 방법으로 알맞은 것은 어느 것입니까? (   )

① 낭독하기   ② 역할극하기
③ 노랫말 만들기   ④ 경험 떠올리기
⑤ 그림으로 나타내기

9 다음 장면에서 동숙이의 마음은 어떠하겠습니까? (   )

동숙이가 넘어져서 달걀이 깨지는 바람에 그토록 먹고 싶었던 달걀이 들어간 김밥을 먹지 못했다.

① 흥겹다.   ② 즐겁다.
③ 고맙다.   ④ 억울하다.
⑤ 신이 난다.

서술형

10 다음 장면을 보고 어떤 생각이 들었는지 쓰시오.

김밥을 먹지 못한 동숙이에게 친구가 김밥을 건네는 장면

_____

_____

11~13

옛날 동쪽 바다에 멸치 대왕이 살고 있었어. 그런데 어느 날 아주 ⊙이상한 꿈을 꾸었지. 꿈속에서 멸치 대왕이 하늘을 오르락내리락, 구름 속을 왔다갔다, 그러다가 갑자기 흰 눈이 펄펄 내리더니 추웠다가 더웠다가 하는 거야. 멸치 대왕은 무슨 꿈인지 몹시 궁금했어. 그래서 멸치 대왕은 넓적 가자미한테 꿈풀이를 잘한다는 ⓒ망둥 할멈을 데려오라고 했지.

넓적 가자미는 너무너무 졸려서 정말 가기 싫었지만 대왕님의 명령이라 어쩔 수 없었지. 넓적 가자미는 하루, 이틀, 사흘, 나흘 여러 날이 걸려서 망둥 할멈이 살고 있는 서쪽 바다에 도착했어. 넓적 가자미는 망둥 할멈을 데리고 또다시 하루, 이틀, 사흘, 나흘 그렁저렁 여러 날이 걸려 동쪽 바다로 돌아왔단다.

「멸치 대왕의 꿈」, 천미진

11 ⊙의 내용으로 알맞지 않은 것을 찾아 번호를 쓰시오.

❶ 구름 속을 왔다갔다 하였다.
❷ 하늘을 오르락내리락 하였다.
❸ 여러 날을 기다려서 망둥 할멈을 만났다.
❹ 흰 눈이 펄펄 내리더니 추웠다가 더웠다가 하였다.

(   )

12 멸치 대왕이 ⓒ처럼 망둥 할멈을 데려오라고 한 까닭은 무엇인지 알맞은 말을 써넣으시오.

• 망둥 할멈이 (   )를 잘하기 때문이다.

잘 틀려요

13 멸치 대왕의 명령을 받은 넓적 가자미의 마음은 어떠했겠는지 쓰시오.

(   )

14~15

멸치 대왕이 망둥 할멈에게 꿈 이야기를 해 주자 망둥 할멈은 벌떡 일어나 절을 하면서 "대왕마마, 용이 될 꿈입니다."라고 말했어. 그러면서 하늘을 오르락내리락 구름 속을 왔다 갔다가 하는 것은 용이 되어서 하늘을 날아다니는 것이고, 흰 눈이 내리면서 추웠다가 더웠다가 하는 것은 용이 되어 날씨를 마음대로 다스리게 되는 것이라고 풀이해 주었어. 망둥 할멈의 꿈풀이에 멸치 대왕은 기분이 좋아 덩실덩실 춤을 추었지.

하지만 넓적 가자미는 멸치 대왕한테 용이 되는 꿈이 아니라 큰 변을 당하게 될, 아주 나쁜 꿈이라고 말했어. 그러면서 하늘을 오르락내리락한다는 것은 낚싯대에 걸린 것이고, 구름은 모락모락 숯불 연기이고, 또 흰 눈은 소금이고, 추웠다 더웠다가 한다는 것은 잘 익으라고 뒤집었다 엎었다 하는 것이라고 멸치 대왕의 꿈을 풀이했어.

넓적 가자미의 꿈풀이를 듣던 멸치 대왕은 화가 나 얼굴이 점점 붉어졌어. 꿈풀이를 다 듣고 난 뒤 멸치 대왕은 너무나도 화가 나서 넓적 가자미의 뺨을 때렸는데 어찌나 세게 때렸던지 넓적 가자미의 눈이 한쪽으로 찍 몰려가 붙어 버리고 말았던 거야.

14 넓적 가자미는 멸치 대왕의 꿈을 어떻게 풀이하였는지 알맞은 말에 ○표를 하시오.

• 꿈은 아주 (좋은 , 나쁜) 꿈이라고 하였다.

중요

15 이 글에 나타난 멸치 대왕의 성격에 대해 바르게 말한 것은 무엇입니까? (   )

① 화를 참지 못해.
② 너그럽고 속이 깊어.
③ 장난기가 배어 있어.
④ 윗사람에게 아부를 잘해.
⑤ 사람의 말을 귀담아 들어.

국어

▶ 다음 시를 읽고 물음에 답하시오. [❶~❷]

제기를 찬다.
책상 앞에 묶였던
빈 마음들
훌훌
골목으로 몰려,
한 다발
하얀
바람을 차올린다.

한 발 차기
두 발 차기
신이 난 제기.

한껏 부푼
골목엔
터질 듯한 아우성.

제기가 숫숫 발을 끌어올리면
아이들 온 바람은
하늘까지 치솟는다.

제기가 오른다.
얼어붙은 골목 가득 숫숫대며
지금도
아이들 하얀
바람이 솟구친다.

「제기차기」, 김형경

• 시를 읽고 자신의 생각이나 느낌 정리하기

• 시를 읽고 떠올린 자신의 경험이나 시에서 인상적인 부분이 잘 드러나게 자신의 생각이나 느낌을 정리합니다.
• 그림으로 그리기, 몸짓으로 표현하기, 말로 표현하기 등 여러 가지 방법으로 생각을 표현합니다.

❶ 이 시를 읽고 떠오르는 장면은 무엇입니까? (　　)

① 아이들이 축구 경기를 보는 모습
② 아이들이 책상에 앉아 공부를 하는 모습
③ 아이들이 교실에서 숨바꼭질을 하는 모습
④ 아이들이 골목에서 제기를 차고 있는 모습
⑤ 아이들이 운동장에서 농구를 하고 있는 모습

❷ 이 시에 대한 느낌으로 알맞은 것을 두 가지 고르시오.
(　　,　　)

① 신난다.　　② 심심하다.　　③ 쓸쓸하다.
④ 재미없다.　　⑤ 즐거움이 느껴진다.

• 글을 읽고 인상 깊은 부분을 다른 사람에게 들려주기

• 이야기에서 인상 깊은 장면을 상상해 봅니다.
• 인물의 마음이 잘 드러나도록 실감 나게 이야기를 읽어 봅니다.

❸ 글을 읽고 인상 깊은 부분을 다른 사람에게 들려줄 때에 확인할 점은 무엇인지 알맞은 것에 모두 ○표를 하시오.

⑴ 인물의 특성을 살려 표현했는가? (　　)
⑵ 이야기의 내용이 잘 전달되었는가? (　　)
⑶ 읽는 이의 현재 마음을 잘 표현했는가? (　　)

출제 예상 문제 분석 수학

단원명	주요 출제 내용	출제 빈도	공부한 날
1. 분수의 덧셈과 뺄셈	• (진분수)+(진분수) 계산하기	★★★	월 일
	• (진분수)−(진분수) 계산하기	★★★★	
	• (대분수)+(대분수), (대분수)+(가분수) 계산하기	★★★★★	
	• (대분수)−(대분수), (대분수)−(가분수) 계산하기	★★★★★	
	• (자연수)−(분수) 계산하기	★★★★★	
2. 삼각형	• 삼각형을 분류해 보기(1)	★★★	월 일
	• 이등변삼각형의 성질 알아보기	★★★★★	
	• 정삼각형의 성질 알아보기	★★★★★	
	• 삼각형을 분류해 보기(2)	★★★★	
	• 삼각형을 두 가지 기준으로 분류해 보기	★★★★	
3. 소수의 덧셈과 뺄셈	• 소수 두 자리 수 알아보기	★★★	월 일
	• 소수 세 자리 수 알아보기	★★★★	
	• 소수의 크기 비교해 보기	★★★★★	
	• 소수 사이의 관계 알아보기	★★★★★	
	• 소수 한 자리 수의 덧셈과 뺄셈 계산하기	★★★★★	
	• 소수 두 자리 수의 덧셈과 뺄셈 계산하기	★★★★★	

단원명	주요 출제 내용	출제 빈도	공부한 날
4. 사각형	• 수직과 평행 알아보기	★★★	월 일
	• 평행선 사이의 거리 알아보기	★★★★	
	• 사다리꼴 알아보기	★★★★★	
	• 평행사변형 알아보기	★★★★★	
	• 마름모 알아보기	★★★★★	
	• 여러 가지 사각형의 성질 알아보기	★★★★★	
5. 꺾은선그래프	• 꺾은선그래프 알아보기	★★★	월 일
	• 꺾은선그래프를 보고 내용 알아보기	★★★★	
	• 꺾은선그래프로 나타내기	★★★★★	
	• 자료를 조사하여 꺾은선그래프로 나타내기	★★★★★	
	• 꺾은선그래프를 보고 해석하기	★★★★★	
6. 다각형	• 다각형의 뜻과 이름 알아보기	★★★★★	월 일
	• 변의 길이와 각의 크기가 모두 같은 다각형 알아보기	★★★★★	
	• 대각선의 뜻과 성질 알아보기	★★★★	
	• 모양 조각으로 모양 만들기	★★★★★	
	• 모양 조각으로 모양 채우기	★★★	

1. 분수의 덧셈과 뺄셈

❖ **분모가 같은 진분수끼리의 덧셈**

① 분모는 그대로 두고 분자끼리 더합니다.

② 계산한 결과가 가분수이면 대분수로 바꾸어 나타냅니다.

✎ **분수의 덧셈을 해 볼까요**(1)

· $\dfrac{1}{4}+\dfrac{2}{4}$의 계산

$$\dfrac{1}{4}+\dfrac{2}{4}=\dfrac{1+2}{4}=\dfrac{3}{4}$$

└ 분자끼리만 더합니다.

· $\dfrac{4}{7}+\dfrac{5}{7}$의 계산

$$\dfrac{4}{7}+\dfrac{5}{7}=\dfrac{4+5}{7}=\dfrac{9}{7}=1\dfrac{2}{7}$$

가분수이면 대분수로 바꿉니다.

❖ **분모가 같은 진분수끼리의 뺄셈**

분모는 그대로 두고 분자끼리 뺍니다.

✎ **분수의 뺄셈을 해 볼까요**(1)

· $\dfrac{4}{8}-\dfrac{2}{8}$의 계산

$$\dfrac{4}{8}-\dfrac{2}{8}=\dfrac{4-2}{8}=\dfrac{2}{8}$$

└ 분자끼리만 뺍니다.

· $1-\dfrac{2}{9}$의 계산

$$1-\dfrac{2}{9}=\dfrac{9}{9}-\dfrac{2}{9}=\dfrac{9-2}{9}=\dfrac{7}{9}$$

└ 1만큼을 가분수로 만듭니다.

❖ **자연수와 진분수의 뺄셈**

자연수에서 1만큼을 가분수로 만들어 분자 부분끼리 뺄셈을 합니다.

✎ **분수의 덧셈을 해 볼까요**(2)

· $1\dfrac{2}{4}+2\dfrac{1}{4}$의 계산

$$1\dfrac{2}{4}+2\dfrac{1}{4}=(1+2)+\left(\dfrac{2}{4}+\dfrac{1}{4}\right)=3+\dfrac{3}{4}=3\dfrac{3}{4}$$

· $1\dfrac{4}{5}+2\dfrac{3}{5}$의 계산

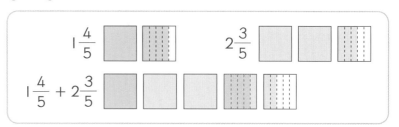

❖ **분모가 같은 대분수끼리의 덧셈**

① 분수 부분의 합이 진분수인 경우: 자연수는 자연수끼리, 진분수는 진분수끼리 더합니다.

② 분수 부분의 합이 가분수인 경우

[방법1] 대분수를 자연수와 진분수로 나누어 계산합니다.

[방법2] 대분수를 가분수로 바꾸어 계산합니다.

[방법1] 대분수를 자연수와 진분수로 나누어 계산합니다.

$$1\dfrac{4}{5}+2\dfrac{3}{5}=(1+2)+\left(\dfrac{4}{5}+\dfrac{3}{5}\right)=3+\dfrac{7}{5}=3+1\dfrac{2}{5}=4\dfrac{2}{5}$$

[방법2] 대분수를 가분수로 바꾸어 계산합니다.

$$1\dfrac{4}{5}+2\dfrac{3}{5}=\dfrac{9}{5}+\dfrac{13}{5}=\dfrac{22}{5}=4\dfrac{2}{5}$$

✏ 분수의 뺄셈을 해 볼까요(2)

- $4\frac{4}{6}-1\frac{2}{6}$ 의 계산 → 분모가 같은 대분수끼리의 뺄셈

방법 1 대분수를 자연수와 진분수로 나누어 계산합니다.

$$4\frac{4}{6}-1\frac{2}{6}=(4-1)+\left(\frac{4}{6}-\frac{2}{6}\right)=3+\frac{2}{6}=3\frac{2}{6}$$

방법 2 대분수를 가분수로 바꾸어 계산합니다.

$$4\frac{4}{6}-1\frac{2}{6}=\frac{28}{6}-\frac{8}{6}=\frac{20}{6}=3\frac{2}{6}$$

✏ 분수의 뺄셈을 해 볼까요(3)

- $5-2\frac{2}{5}$ 의 계산 → 자연수와 대분수의 뺄셈

방법 1 자연수에서 1만큼을 가분수로 만들어 계산합니다.

$$5-2\frac{2}{5}=4\frac{5}{5}-2\frac{2}{5}=(4-2)+\left(\frac{5}{5}-\frac{2}{5}\right)=2+\frac{3}{5}=2\frac{3}{5}$$

방법 2 자연수와 대분수를 모두 가분수로 바꾸어 계산합니다.

$$5-2\frac{2}{5}=\frac{25}{5}-\frac{12}{5}=\frac{13}{5}=2\frac{3}{5}$$

✏ 분수의 뺄셈을 해 볼까요(4)

- $5\frac{1}{7}-1\frac{5}{7}$ 의 계산 → 분수 부분끼리 뺄 수 없는 분모가 같은 대분수끼리의 뺄셈

방법 1 빼어지는 분수의 자연수에서 1만큼을 가분수로 만들어 계산합니다.

$$5\frac{1}{7}-1\frac{5}{7}=4\frac{8}{7}-1\frac{5}{7}=(4-1)+\left(\frac{8}{7}-\frac{5}{7}\right)=3+\frac{3}{7}=3\frac{3}{7}$$

방법 2 대분수를 가분수로 바꾸어 계산합니다.

$$5\frac{1}{7}-1\frac{5}{7}=\frac{36}{7}-\frac{12}{7}=\frac{24}{7}=3\frac{3}{7}$$

바로바로 체크

1 계산해 보세요.

(1) $\frac{5}{7}+\frac{4}{7}$

(2) $1-\frac{2}{6}$

(3) $3\frac{3}{5}-\frac{7}{5}$

2 ☐ 안에 알맞은 수를 써넣으세요.

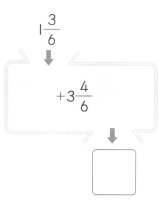

3 가로가 $\frac{3}{7}$ m, 세로가 $\frac{2}{7}$ m 인 직사각형의 네 변의 길이의 합은 몇 m인가요?

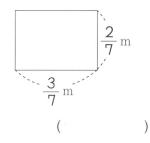

(   )

▶ 정답

1. (1) $1\frac{2}{7}$ (2) $\frac{4}{6}$ (3) $2\frac{1}{5}$

2. $5\frac{1}{6}$ 3. $1\frac{3}{7}$ m

1 □ 안에 알맞은 수를 써넣으세요.

(1) $\dfrac{2}{7} + \dfrac{3}{7} = \dfrac{\boxed{}}{7}$

(2) $\dfrac{7}{9} + \dfrac{6}{9} = \dfrac{\boxed{}}{9} = \boxed{}\dfrac{\boxed{}}{9}$

★중요

2 효주는 매일 책을 읽습니다. 어제는 $\dfrac{4}{6}$ 시간, 오늘은 $\dfrac{5}{6}$ 시간 동안 읽었습니다. 효주가 어제와 오늘 책을 읽은 시간은 모두 몇 시간인가요?

(   )

잘 틀려요

3 다음 덧셈의 계산 결과는 진분수입니다. □ 안에 들어갈 수 있는 자연수를 모두 구해 보세요.

$$\dfrac{7}{13} + \dfrac{\boxed{}}{13}$$

(   )

4 계산 결과가 큰 것부터 ( ) 안에 번호를 써넣으세요.

$1 - \dfrac{5}{12}$	$\dfrac{3}{12} + \dfrac{2}{12}$	$\dfrac{11}{12} - \dfrac{3}{12}$
( )	( )	( )

5 두 수의 합보다 $\dfrac{4}{12}$ 더 작은 수를 구해 보세요.

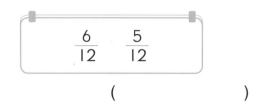

$$\dfrac{6}{12} \qquad \dfrac{5}{12}$$

(   )

서술형

6 어떤 수에서 $\dfrac{4}{9}$ 를 빼야 할 것을 잘못하여 더했더니 1이 되었습니다. 바르게 계산한 값과 잘못 계산한 값의 차는 얼마인지 풀이 과정을 쓰고 답을 구하세요.

_____

_____

_____

(   )

7 빈칸에 알맞은 수를 써넣으세요.

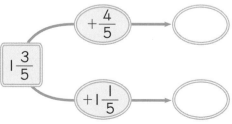

8 수직선을 보고 알맞은 덧셈식을 써 보세요.

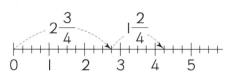

9 계산해 보세요.

(1) $3\frac{2}{7}+5\frac{3}{7}$

(2) $4\frac{7}{10}+3\frac{6}{10}$

10 집에서 약국을 거쳐 병원까지 가는 거리는 집에서 곧바로 병원까지 가는 거리보다 몇 km 더 먼지 풀이 과정을 쓰고 답을 구해 보세요.

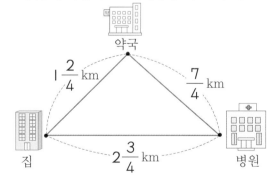

_____

_____

_____

_____

(   )

11 어떤 수보다 $1\frac{2}{5}$ 큰 수는 $3\frac{1}{5}$입니다. 어떤 수보다 $1\frac{1}{5}$ 작은 수를 구해 보세요.

(   )

12 어머니가 아기의 몸무게를 재기 위해 아기를 안고 저울에 올라갔더니 60 kg이었습니다. 어머니의 몸무게가 $56\frac{7}{10}$ kg이라면 아기의 몸무게는 몇 kg인가요?

(   )

13 2장의 수 카드에 적힌 수의 합이 5가 되게 하려고 합니다. 처음에 $3\frac{5}{7}$가 적힌 수 카드를 뽑았다면 다음에는 어떤 수 카드를 뽑아야 하나요?

| $2\frac{2}{7}$ | $\frac{12}{7}$ | $1\frac{2}{7}$ | $\frac{22}{7}$ |

(   )

14 ☐ 안에 알맞은 수를 써넣으세요.

$$5\frac{3}{6}-1\frac{5}{6}=4\frac{\boxed{}}{6}-1\frac{5}{6}$$

$$=(4-1)+\left(\frac{\boxed{}}{6}-\frac{5}{6}\right)$$

$$=\boxed{}+\frac{\boxed{}}{6}=\boxed{}\frac{\boxed{}}{6}$$

15 보기 와 같이 계산해 보세요.

보기

$$3\frac{1}{3}-1\frac{2}{3}=2\frac{4}{3}-1\frac{2}{3}=1\frac{2}{3}$$

$6\frac{2}{6}-3\frac{5}{6}$ _____

16 계산이 잘못된 곳을 찾아 바르게 계산해 보세요.

$$5\frac{4}{9}-2\frac{7}{9}=(5-2)+(\frac{13}{9}-\frac{7}{9})$$
$$=3+\frac{6}{9}=3\frac{6}{9}$$

$5\frac{4}{9}-2\frac{7}{9}$ _____

_____

17 계산한 결과가 <u>다른</u> 것은 어느 것인가요?

( )

① $1\frac{7}{8}+1\frac{4}{8}$ ② $2\frac{2}{8}+1\frac{1}{8}$

③ $4\frac{5}{8}-1\frac{2}{8}$ ④ $\frac{46}{8}-2\frac{3}{8}$

⑤ $6\frac{7}{8}-\frac{20}{8}$

18 길이가 $15\frac{2}{8}$ cm인 양초에 불을 붙였더니 $7\frac{5}{8}$ cm가 타고 불이 꺼졌습니다. 타고 남은 양초의 길이는 몇 cm인가요?

( )

19 길이가 $1\frac{1}{5}$ m, $\frac{4}{5}$ m인 색 테이프를 그림과 같이 겹쳐지게 이어 붙였습니다. 겹쳐진 부분의 길이는 몇 m인가요?

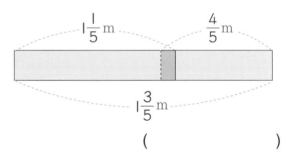

( )

잘 틀려요

20 다음 식의 계산 결과가 가장 큰 수가 되도록 수 카드를 한 번씩만 사용하여 □ 안에 써넣고, 계산 결과를 구해 보세요.

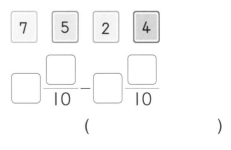

( )

1 ㉠에서 ㉢까지의 거리는 몇 km인지 풀이 과정을 쓰고 답을 구해 보세요.

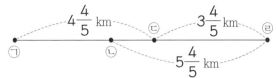

_____

_____

_____

_____

답 _____

① ㉠에서 ㉣까지의 거리를 구합니다.

② ㉠에서 ㉢까지의 거리를 구하는 식을 세웁니다.

③ ㉠에서 ㉢까지의 거리를 구합니다.

2 다음 직사각형의 네 변의 길이의 합은 $15\frac{2}{4}$ cm입니다. 가로가 $3\frac{3}{4}$ cm일 때 가로와 세로 중 어느 쪽이 몇 cm 더 긴지 풀이 과정을 쓰고 답을 구해 보세요.

$3\frac{3}{4}$ cm

풀이

_____

_____

_____

_____

답 _____

① 직사각형의 세로를 □ cm라고 하고 네 변의 길이의 합을 구하는 식을 세웁니다.

② 직사각형의 세로를 구합니다.

③ 가로와 세로 중 어느 쪽이 몇 cm 더 긴지 구합니다.

2. 삼각형

❖ 정삼각형은 세 변의 길이가 같으므로 모든 정삼각형은 이등변삼각형이라고 할 수 있습니다.

이등변삼각형
정삼각형

❖ 삼각형의 세 각의 크기의 합은 180°이므로, 정삼각형의 세 각의 크기는 모두 60°입니다.
 └ (정삼각형 한 각의 크기)
  =180°÷3=60°

❖삼각형의 종류에 따른 각의 개수

구분	예각삼각형	직각삼각형	둔각삼각형
예각의 수	3	2	2
직각의 수	0	1	0
둔각의 수	0	0	1

❖정삼각형
 정삼각형의 세 각의 크기는 모두 60°이기 때문에 예각삼각형입니다.

삼각형을 분류해 볼까요(1)

- 삼각형을 변의 길이에 따라 분류하기
① 이등변삼각형: 두 변의 길이가 같은 삼각형을 이등변삼각형이라고 합니다.

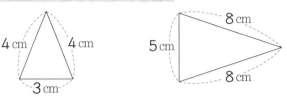

② 정삼각형: 세 변의 길이가 같은 삼각형을 정삼각형이라고 합니다.

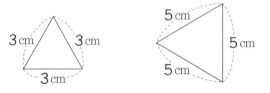

이등변삼각형의 성질을 알아볼까요

- 이등변삼각형의 성질: 두 변의 길이가 같은 삼각형을 그리면 두 변과 함께 하는 두 각의 크기가 같은 이등변삼각형이 만들어집니다.

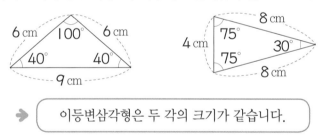

➡ 이등변삼각형은 두 각의 크기가 같습니다.

정삼각형의 성질을 알아볼까요

- 정삼각형의 성질: 세 변의 길이가 같은 삼각형을 그리면 세 각의 크기가 같은 정삼각형이 만들어집니다.

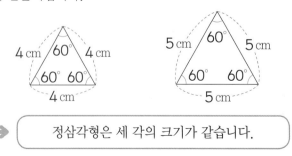

➡ 정삼각형은 세 각의 크기가 같습니다.

💧 삼각형을 분류해 볼까요(2)

• 삼각형을 각의 크기에 따라 분류하기

예각삼각형	직각삼각형	둔각삼각형
세 각이 모두 예각인 삼각형	한 각이 직각인 삼각형	한 각이 둔각인 삼각형
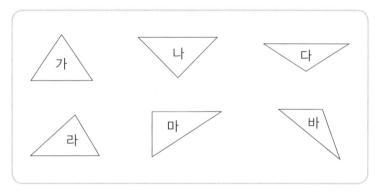	• 나머지 두 각은 예각입니다.	• 나머지 두 각은 예각입니다.

💧 삼각형을 두 가지 기준으로 분류해 볼까요

• 삼각형을 두 가지 기준으로 분류하기

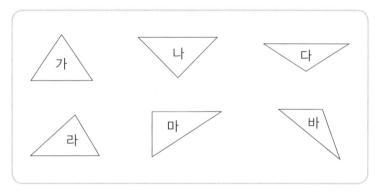

① 변의 길이에 따라 삼각형을 분류하기

이등변삼각형	가, 나, 다
세 변의 길이가 모두 다른 삼각형	라, 마, 바

② 각의 크기에 따라 삼각형을 분류하기

예각삼각형	직각삼각형	둔각삼각형
가, 라	나, 마	다, 바

③ 변의 길이와 각의 크기에 따라 삼각형을 분류하기

구분	예각삼각형	직각삼각형	둔각삼각형
이등변삼각형	가	나	다
세 변의 길이가 모두 다른 삼각형	라	마	바

바로바로 체크

1 이등변삼각형입니다. ☐ 안에 알맞은 수를 써넣으세요.

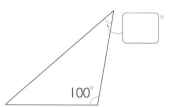

2 정삼각형입니다. ☐ 안에 알맞은 수를 써넣으세요.

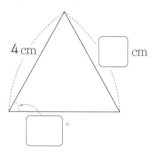

3 다음 삼각형은 예각삼각형, 직각삼각형, 둔각삼각형 중 어떤 삼각형인가요?

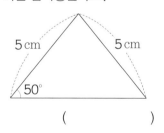

( )

▶ 정답

1. 40

2. (위에서부터) 4, 60

3. 예각삼각형

수학 **47**

1 자를 사용하여 이등변삼각형을 모두 찾아 기호를 써 보세요.

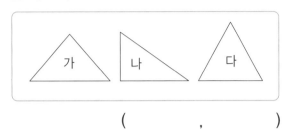

(,)

2 □ 안에 알맞은 수를 써넣으세요.

(1) 이등변삼각형   (2) 정삼각형

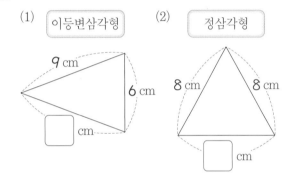

중요

3 정삼각형 가와 이등변삼각형 나의 세 변의 길이의 합이 서로 같습니다. □ 안에 알맞은 수를 써넣으세요.

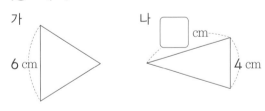

4 세 변의 길이의 합이 24 cm인 이등변삼각형에서 길이가 다른 한 변의 길이가 10 cm일 때 길이가 같은 두 변 중 한 변의 길이는 몇 cm인가요?

( )

5 정삼각형 3개를 이어 붙여 만든 사각형입니다. 사각형 ㄱㄴㄹㅁ의 네 변의 길이의 합이 45 cm일 때 삼각형 ㄱㄷㅁ의 세 변의 길이의 합은 몇 cm인지 풀이 과정을 쓰고 답을 구해 보세요.

_____

_____

_____

_____

( )

6 주어진 선분을 한 변으로 하는 이등변삼각형을 그려 보세요.

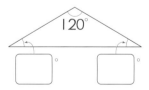

7 이등변삼각형입니다. □ 안에 알맞은 수를 써넣으세요.

8 도형에서 ㉠과 ㉡의 차를 구해 보세요.

( )

잘 틀려요

9 점선으로 그려진 원의 반지름을 두 변으로 하는 이등변삼각형을 그리려고 합니다. 이등변삼각형의 크기가 같은 두 각 중 한 각의 크기가 15°인 삼각형을 그려 보세요.

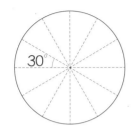

10 오른쪽 삼각형에 대한 설명으로 **잘못된** 것은 어느 것인가요? ( )

① 정삼각형입니다.

② 세 변의 길이가 모두 같습니다.

③ 세 각의 크기가 모두 60°입니다.

④ 세 변의 길이의 합은 18 cm입니다.

⑤ 이등변삼각형이라고 할 수 없습니다.

11 주어진 선분의 양 끝에 각각 60°인 각을 그리고, 두 각의 변이 만나는 점을 찾아 삼각형을 완성하고, 변의 길이를 재어 어떤 삼각형인지 말해 보세요.

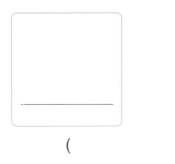

( )

12 삼각형 ㄱㄴㄷ은 정삼각형입니다 ㉠의 크기는 몇 도인가요?

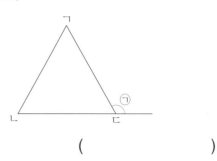

( )

서술형

13 정삼각형과 이등변삼각형을 겹치지 않게 이어 붙인 것입니다. ㉠의 크기는 몇 도인지 풀이 과정을 쓰고 답을 구해 보세요.

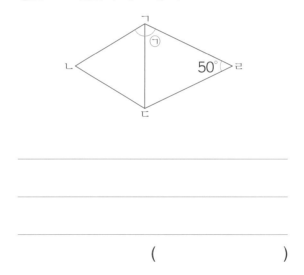

_____

_____

_____

( )

14 예각삼각형을 모두 찾아 기호를 써 보세요.

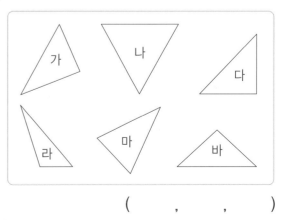

(, ,)

수
학

15 직사각형 모양의 종이를 선을 따라 오렸습니다. 예각삼각형은 모두 몇 개인가요?

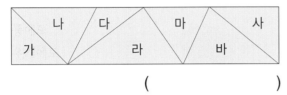

( )

16 보기 에서 설명하는 도형을 그려 보세요.

보기
- 두 변의 길이가 같습니다.
- 예각삼각형입니다.

 틀려요

17 길이가 같은 막대 3개를 변으로 하여 만들 수 있는 삼각형의 이름으로 알맞은 것을 모두 찾아 기호를 써 보세요.

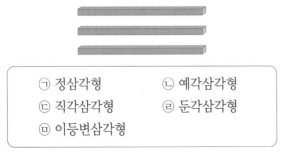

ㄱ 정삼각형   ㄴ 예각삼각형
ㄷ 직각삼각형   ㄹ 둔각삼각형
ㅁ 이등변삼각형

(, ,)

18 설명이 잘못된 것을 모두 고르세요.

(,)

① 정삼각형은 예각삼각형입니다.
② 이등변삼각형은 정삼각형입니다.
③ 정삼각형은 이등변삼각형입니다.
④ 이등변삼각형은 둔각삼각형입니다.
⑤ 정삼각형의 한 각의 크기는 60°입니다.

19 삼각형의 세 각 중에서 두 각의 크기를 나타낸 것입니다. 둔각삼각형을 찾아 기호를 써 보세요.

ㄱ 15°, 75°   ㄴ 40°, 25°
ㄷ 85°, 45°   ㄹ 65°, 40°

( )

중요

20 삼각형의 일부가 지워졌습니다. 이 삼각형의 이름이 될 수 있는 것을 모두 고르세요.

(,)

① 정삼각형   ② 예각삼각형
③ 직각삼각형   ④ 둔각삼각형
⑤ 이등변삼각형

1 이등변삼각형과 정삼각형을 겹치지 않게 이은 것입니다. 사각형 ㄱㄴㄷㄹ의 네 변의 길이의 합이 26 cm일 때 삼각형 ㄴㄷㄹ의 세 변의 길이의 합은 몇 cm인지 풀이 과정을 쓰고 답을 구해 보세요.

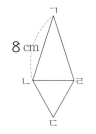

① 변 ㄱㄹ의 길이를 구합니다.
② 정삼각형의 한 변인 변 ㄴㄷ의 길이를 구합니다.
③ 정삼각형의 세 변의 길이의 합을 구합니다.

풀이 _____

_____

_____

_____

_____

답 _____

2 삼각형 ㄱㄴㄷ과 삼각형 ㄱㄷㄹ은 모두 이등변삼각형입니다. 각 ㉠의 크기는 몇 도인지 풀이 과정을 쓰고 답을 구해 보세요.

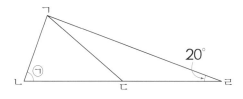

① 각 ㄱㄷㄹ의 크기를 구합니다.
② 각 ㄱㄷㄴ의 크기를 구합니다.
③ 각 ㉠의 크기를 구합니다.

풀이 _____

_____

_____

_____

답 _____

수학 3회   3. 소수의 덧셈과 뺄셈

소수 두 자리 수를 알아볼까요

• 0.01: 영 점 영일이라고 읽습니다. ➡ $\dfrac{1}{100} = 0.01$

• 1.24: 분수 $1\dfrac{24}{100}$ 는 소수로 1.24라고 쓰고, 일 점 이사라고 읽습니다.

➡ 1.24는 1이 1개, 0.1이 2개, 0.01이 4개

소수 세 자리 수를 알아볼까요

• 0.001: 영 점 영영일이라고 읽습니다. ➡ $\dfrac{1}{1000} = 0.001$

• 1.357: 분수 $1\dfrac{357}{1000}$ 은 소수로 1.357이라고 쓰고, 일 점 삼오칠이라고 읽습니다.

➡ 1.357은 1이 1개, 0.1이 3개, 0.01이 5개, 0.001이 7개

소수의 크기를 비교해 볼까요

① 자연수 부분의 크기를 비교합니다. 예 4.5 > 3.2

② 자연수 부분이 같으면 소수 첫째 자리 수부터 차례대로 비교합니다.

예 4.7 > 4.6, 4.75 > 4.74, 4.756 > 4.754
└ 가장 높은 자리부터 같은 자리의 수끼리 비교합니다.

소수 사이의 관계를 알아볼까요

• 1, 0.1, 0.01, 0.001 사이의 관계

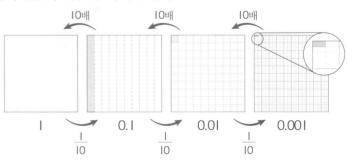

❖ 0.01

• 100칸 중의 1칸입니다.

❖ 전체 크기가 1인 모눈종이에서 0.1, 0.01, 0.001을 알아보기

0.1 •
• 0.01
• 0.001

❖ 1.357

일의 자리		소수 첫째 자리	소수 둘째 자리	소수 셋째 자리
1	.			
0	.	3		
0	.	0	5	
0	.	0	0	7

❖ 0.5와 0.50

0.5와 0.50은 같은 수입니다. → 소수는 필요한 경우 오른쪽 끝자리에 0을 붙여서 나타낼 수 있습니다.

❖ 소수의 크기 변화

소수를 10배 하면 소수점을 기준으로 수가 왼쪽으로 한 자리씩 이동하고, 소수의 $\dfrac{1}{10}$ 을 구하면 소수점을 기준으로 수가 오른쪽으로 한 자리씩 이동합니다.

소수 한 자리 수의 덧셈을 해 볼까요

· 2.9+0.9의 계산

방법1 2.9는 0.1이 29개입니다. 0.9는 0.1이 9개입니다.
2.9+0.9는 0.1이 38개이므로 3.8입니다.

방법2 소수의 합을 세로로 계산하기

$$
\begin{array}{r} 2.9 \\ +\ 0.9 \\ \hline \end{array}
\quad\Rightarrow\quad
\begin{array}{r} \overset{1}{}\quad \\ 2.9 \\ +\ 0.9 \\ \hline 8 \end{array}
\quad\Rightarrow\quad
\begin{array}{r} \overset{1}{}\quad \\ 2.9 \\ +\ 0.9 \\ \hline 3.8 \end{array}
$$

소수 한 자리 수의 뺄셈을 해 볼까요

· 5.6−2.8의 계산

방법1 5.6은 0.1이 56개입니다. 2.8은 0.1이 28개입니다.
5.6−2.8은 0.1이 28개이므로 2.8입니다.

방법2 소수의 차를 세로로 계산하기

$$
\begin{array}{r} 5.6 \\ -\ 2.8 \\ \hline \end{array}
\quad\Rightarrow\quad
\begin{array}{r} \overset{4}{\cancel{5}}.\overset{10}{6} \\ -\ 2.8 \\ \hline 8 \end{array}
\quad\Rightarrow\quad
\begin{array}{r} \overset{4}{\cancel{5}}.\overset{10}{6} \\ -\ 2.8 \\ \hline 2.8 \end{array}
$$

소수 두 자리 수의 덧셈을 해 볼까요

· 3.78+1.3의 계산 → 소수점끼리 맞추어 세로로 쓰고 같은 자리 수끼리 더합니다.

$$
\begin{array}{r} 3.78 \\ +\ 1.30 \\ \hline 8 \end{array}
\quad\Rightarrow\quad
\begin{array}{r} \overset{1}{}\quad\ \\ 3.78 \\ +\ 1.30 \\ \hline 08 \end{array}
\quad\Rightarrow\quad
\begin{array}{r} \overset{1}{}\quad\ \\ 3.78 \\ +\ 1.30 \\ \hline 5.08 \end{array}
$$

소수 두 자리 수의 뺄셈을 해 볼까요

· 2.2−0.56의 계산 → 소수점끼리 맞추어 세로로 쓰고 같은 자리 수끼리 뺍니다.

$$
\begin{array}{r} \overset{1}{}\overset{10}{} \\ 2.20 \\ -\ 0.56 \\ \hline 4 \end{array}
\quad\Rightarrow\quad
\begin{array}{r} \overset{1}{}\overset{11}{}\overset{10}{} \\ 2.20 \\ -\ 0.56 \\ \hline 64 \end{array}
\quad\Rightarrow\quad
\begin{array}{r} \overset{1}{}\overset{11}{}\overset{10}{} \\ 2.20 \\ -\ 0.56 \\ \hline 1.64 \end{array}
$$

바로바로 체크

1 모눈종이 전체 크기가 1이라고 할 때 색칠한 부분의 크기를 소수로 나타내어 보세요.

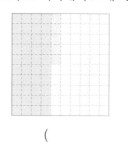

(   )

2 계산해 보세요.

(1)
$$
\begin{array}{r} 8.9 \\ +\ 0.6 \\ \hline \end{array}
$$

(2)
$$
\begin{array}{r} 15.4 \\ -\ \ \ 6.7 \\ \hline \end{array}
$$

3 계산해 보세요.

(1)
$$
\begin{array}{r} 15.46 \\ +\ \ 6.71 \\ \hline \end{array}
$$

(2)
$$
\begin{array}{r} 5.43 \\ -\ 2.88 \\ \hline \end{array}
$$

정답

1. 0.45

2. (1) 9.5 (2) 8.7

3. (1) 22.17 (2) 2.55

1 모눈종이 전체의 크기가 1이라고 할 때, 색칠한 부분의 크기를 소수로 쓰고 읽어 보세요.

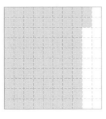

ㄱ 쓰기: (   )

ㄴ 읽기: (   )

2 혜성이는 선물을 포장하는 데 리본 73 cm를 사용하였습니다. 혜성이가 선물을 포장하는 데 사용한 리본은 몇 m인지 소수로 나타내어 보세요.

(   )

3 0.727을 수직선에 화살표(↑)로 나타내어 보세요.

중요

4 오른쪽 소수에 대하여 바르게 설명한 것은 어느 것인가요? (,   )

6.084

① 소수 세 자리 수입니다.

② 육 점 팔사라고 읽습니다.

③ 0.01 큰 수는 6.184입니다.

④ 숫자 8은 0.08을 나타냅니다.

⑤ 소수 셋째 자리 숫자는 8입니다.

5 □ 안에 알맞은 수를 써넣으세요.

1이 12개, 0.1이 8개, 0.001이 7개인 수는 [   ]입니다.

6 두 수의 크기를 비교하여 ○ 안에 >, =, <를 알맞게 써넣으세요.

⑴ 0.27 ◯ 0.28

⑵ 4.01 ◯ 4.009

7 도서관, 놀이터, 공원 중에서 예원이네 집에서 가장 가까운 곳은 어디인가요?

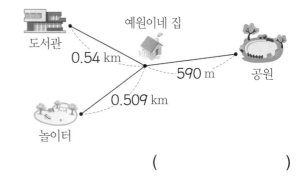

(   )

8 가장 작은 수는 어느 것인가요? (   )

① 0.36

② 63의 $\frac{1}{100}$인 수

③ 3.06의 $\frac{1}{10}$인 수

④ 0.06의 10배인 수

⑤ 0.0603의 10배인 수

9 금 한 돈의 무게는 3.75 g입니다. 금 100돈의 무게는 몇 kg인가요?

(   )

서술형

10 ㉠이 나타내는 수는 ㉡이 나타내는 수의 몇 배인지 풀이 과정을 쓰고 답을 구해 보세요

25.157
↑   ↑
㉠ ㉡

_____

_____

_____

_____

(   )

11 두 수의 합을 구해 보세요.

(1) | 0.8, 1.7 | (   )

(2) | 18.65, 3.16 | (   )

12 ㉠+㉡의 값을 구해 보세요.

㉠ 1.36을 10배 한 수

㉡ 13.6의 $\frac{1}{10}$인 수

(   )

중요

13 계산이 잘못된 곳을 찾아 바르게 계산해 보세요.

```
   0 . 9  5
+    0 . 4
---------
   0 . 9  9
```
➡
```
   +
---------
```

14 봉지에 들어 있는 밀가루 1.35 kg을 사용하여 빵을 만들었더니 0.75 kg이 남았습니다. 처음에 봉지에 들어 있던 밀가루는 몇 kg인가요?

(   )

15 □ 안에 알맞은 수를 써넣으세요.

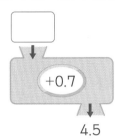

+0.7

4.5

16 가장 큰 수에서 나머지 두 수를 뺀 값을 구해 보세요.

| 3.58 | 7.56 | 0.42 |

( )

17 ㉠과 ㉡의 차를 구해 보세요.

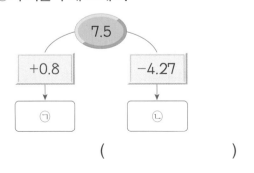

7.5

+0.8   −4.27

㉠   ㉡

( )

18 □ 안에 알맞은 숫자를 써넣으세요

```
    4 . 5 □
  − 2 . □ 6
  ─────────
    □ . 7 7
```

19 민성이가 키우는 강낭콩의 길이를 오늘 재어 보니 한 달 전에 잰 길이보다 0.54 m 더 자랐습니다. 오늘 잰 길이가 0.91 m일 때 한 달 전에 잰 강낭콩의 길이는 몇 m인가요?

( )

서술형

20 어떤 수에서 1.75를 빼야 할 것을 잘못하여 더했더니 5.02가 되었습니다. 바르게 계산한 값은 얼마인지 풀이 과정을 쓰고 답을 구해 보세요.

_____

_____

_____

_____

( )

1 효주네 집에서는 강아지, 고양이, 토끼를 한 마리씩 기릅니다. 강아지는 토끼보다 0.25 kg 더 무겁고, 토끼는 고양이보다 0.32 kg 더 가볍습니다. 가장 무거운 동물의 무게가 3.1 kg 일 때, 가장 가벼운 동물의 무게는 몇 kg인지 풀이 과정을 쓰고 답을 구해 보세요.

① 가장 무거운 동물과 가장 가벼운 동물을 구합니다.
② 가장 가벼운 동물의 무게를 구합니다.

풀이 _____

_____

_____

_____

답 _____

2 5장의 카드를 모두 사용하여 만들 수 있는 가장 큰 소수 두 자리 수와 가장 작은 소수 두 자리 수의 차는 얼마인지 풀이 과정을 쓰고 답을 구해 보세요.(단 소수점 아래 끝자리에는 0이 오지 않습니다.)

① 만들 수 있는 가장 큰 소수 두 자리 수를 구합니다.
② 만들 수 있는 가장 작은 소수 두 자리 수를 구합니다.
③ ①과 ②의 차를 구합니다.

풀이 _____

_____

_____

_____

답 _____

수 학

4. 사각형

🖉 수직을 알아볼까요

• **수직**: 두 직선이 만나서 이루는 각이 직각일 때, 두 직선은 서로 수직이라고 합니다.
┌ 직선 가에 수직인 직선은 직선 나입니다.
• **수선**: 두 직선이 서로 수직으로 만나면, 한 직선을 다른 직선에 대한 수선이라고 합니다.
└ 직선 나는 직선 가에 대한 수선입니다.

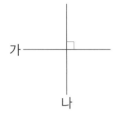

🖉 평행을 알아볼까요

• **평행**: 한 직선에 수직인 두 직선을 그었을 때, 그 두 직선은 서로 만나지 않습니다. 이와 같이 서로 만나지 않는 두 직선을 평행하다고 합니다.
• **평행선**: 평행한 두 직선을 평행선이라고 합니다.
└ 직선 나와 직선 다는 평행선입니다.

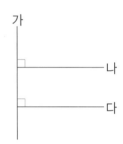

🖉 평행선 사이의 거리를 알아볼까요

• **평행선 사이의 거리**: 평행선의 한 직선에서 다른 직선에 수선을 긋습니다. 이때 이 수선의 길이를 평행선 사이의 거리라고 합니다.
└ 평행선 사이의 선분 중에서 수선의 길이가 가장 짧습니다.

🖉 사다리꼴을 알아볼까요

• **사다리꼴**: 평행한 변이 한 쌍이라도 있는 사각형을 사다리꼴이라고 합니다.
• **여러 가지 모양의 사다리꼴**: 직사각형 모양의 종이띠를 선을 따라 잘랐을 때 잘라 낸 도형들은 모두 사다리꼴입니다.

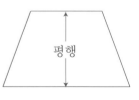

가	나	다	라	마

➡ 가, 나, 다, 라, 마는 모두 사다리꼴입니다.

✅ 평행사변형을 알아볼까요

• **평행사변형**: 마주 보는 두 쌍의 변이 서로 평행한 사각형을 평행사변형이라고 합니다.

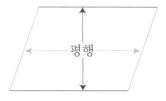

✅ 마름모를 알아볼까요

• **마름모**: 네 변의 길이가 모두 같은 사각형을 마름모라고 합니다.

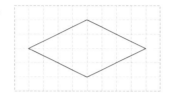

✅ 여러 가지 사각형을 알아볼까요

• 직사각형의 성질
① 직사각형은 마주 보는 두 변의 길이가 같습니다.
② 직사각형은 네 각이 모두 직각입니다.
• 정사각형의 성질
① 정사각형은 네 변의 길이가 모두 같습니다.
② 정사각형은 네 각이 모두 직각입니다.
• 여러 가지 사각형의 성질 이해하기

사다리꼴	평행한 변이 있습니다.	가, 나, 다, 라, 마
평행사변형	마주 보는 두 쌍의 변이 서로 평행합니다.	가, 나, 다, 마
마름모	네 변의 길이가 모두 같습니다.	가, 나
직사각형	네 각이 모두 직각입니다.	나, 마
정사각형	네 변의 길이가 모두 같고 네 각이 모두 직각입니다.	나

1 점 ㄱ에서 각 변에 수선을 그을 때 그을 수 있는 수선은 모두 몇 개인가요?

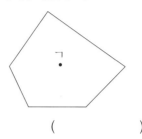

(   )

2 직선 가와 직선 나는 서로 평행합니다. 평행선 사이의 거리는 몇 cm인가요?

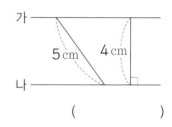

(   )

3 다음 도형의 이름이 될 수 있는 것을 모두 고르세요.

(,   ,   )

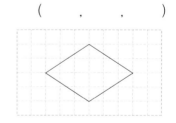

① 마름모　　② 직사각형
③ 정사각형　④ 사다리꼴
⑤ 평행사변형

▶ **정답**

1. 5개

2. 4 cm

3. ①, ④, ⑤

1 두 직선이 서로 수직인 것을 모두 고르세요.

(,)

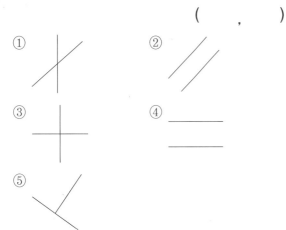

① ② ③ ④ ⑤

2 직선 가에 대한 수선을 그어 보세요.

가

3 직선 가와 나는 서로 수직입니다. ☐ 안에 알맞은 수를 써넣으세요.

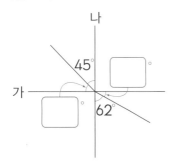

나

45°

가

62°

4 평행선에 대한 설명으로 잘못된 것을 찾아 기호를 써 보세요.

> ㉠ 평행한 두 직선을 평행선이라고 합니다.
> ㉡ 평행한 두 직선은 서로 만나지 않습니다.
> ㉢ 평행한 두 직선이 이루는 각은 직각입니다.
> ㉣ 평행선은 한 직선에 수직인 두 직선입니다.

( )

5 변 ㄱㄴ과 평행한 변을 모두 찾아 써 보세요.

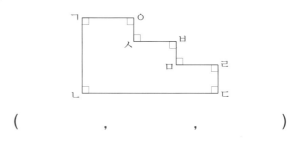

(, ,)

6 평행선 사이의 거리를 나타내는 선분은 모두 몇 개인가요?

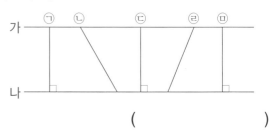

가

나

( )

7 점 ㄱ을 지나고 직선 ㄴㄷ에 평행한 직선을 긋고 그은 평행선 사이의 거리는 몇 cm인지 재어 보세요.

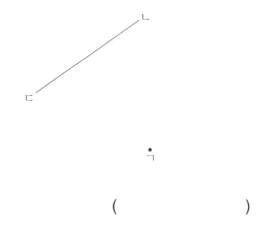

ㄴ

ㄷ

ㄱ

( )

8 사다리꼴이 아닌 도형은 어느 것인가요?

( )

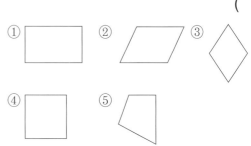

① ② ③ ④ ⑤

9 4개의 점 중에서 한 점과 연결하여 사다리꼴을 완성하려고 합니다. 알맞은 점을 모두 찾아 기호를 써 보세요.

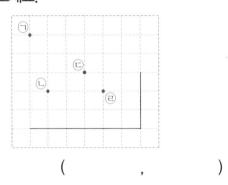

(,   )

10 평행사변형입니다. 각 ㉠, 각 ㉡의 각의 크기를 각각 구해 보세요.

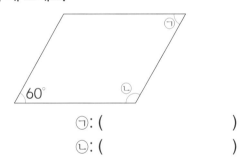

㉠: (   )
㉡: (   )

11 정사각형 가와 직사각형 나의 네 변의 길이의 합이 같을 때 ☐ 안에 알맞은 수를 써넣으세요.

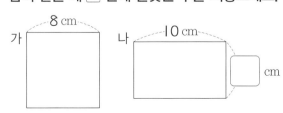

12 평행사변형을 보고 ☐ 안에 알맞은 수를 써넣으세요.

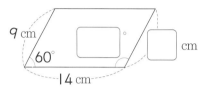

13 그림을 보고 해당되는 사각형을 모두 찾아 기호를 써 보세요.

사다리꼴	
평행사변형	
마름모	

14 사각형 ㄱㄴㄷㄹ은 마름모입니다. 잘못된 것을 모두 고르세요. (,   )

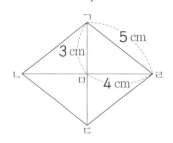

① (변 ㄱㄴ)=5 cm
② (각 ㄱㅁㄹ)=90°
③ (선분 ㄴㄹ)=8 cm
④ (선분 ㄴㅁ)=3 cm
⑤ (선분 ㄷㅁ)=4 cm

15 네 변의 길이의 합이 40 cm인 마름모의 한 변의 길이는 몇 cm인가요?

( )

서술형

16 사각형 ㄱㄴㄷㄹ은 마름모입니다. 각 ㉠의 크기는 몇 도인지 풀이 과정을 쓰고 답을 구해 보세요.

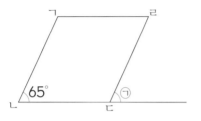

_____

_____

_____

( )

17 정사각형입니다. ☐ 안에 알맞은 수를 써넣으세요.

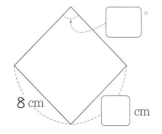

18 직사각형에 대한 설명입니다. 옳은 것을 모두 골라 기호를 써 보세요.

> ㉠ 직사각형은 마름모입니다.
> ㉡ 직사각형은 사다리꼴입니다.
> ㉢ 직사각형은 정사각형입니다.
> ㉣ 직사각형은 평행사변형입니다.

(,)

잘 틀려요

19 칠교판 조각으로 여러 가지 사각형을 만들려고 합니다. 다, 마, 바 3 조각을 가지고 만들 수 있는 것을 모두 고르세요.

(, ,)

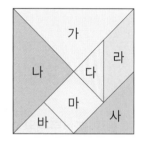

① 마름모 ② 직사각형
③ 정사각형 ④ 사다리꼴
⑤ 평행사변형

서술형

20 색종이를 왼쪽의 사다리꼴 모양으로 여러 장 오려서 오른쪽 모눈종이를 겹치지 않게 빈틈없이 덮으려면 사다리꼴 모양이 모두 몇 장 필요한지 풀이 과정을 쓰고 답을 구해 보세요.

_____

( )

1 평행사변형과 정사각형을 이어 붙인 도형입니다. 각 ㉠의 크기는 몇 도인지 풀이 과정을 쓰고 답을 구해 보세요.

① 각 ㄴㄷㅂ의 크기를 구합니다.
② 각 ㄹㄷㅂ의 크기를 구합니다.
③ 각 ㉠의 크기를 구합니다.

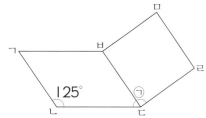

풀이 _____

_____

_____

_____

답 _____

2 수선도 있고 평행선도 있는 글자는 모두 몇 개인지 풀이 과정을 쓰고 답을 구해 보세요.

ㄱ ㄷ ㄹ ㅇ ㅊ ㅋ ㅍ ㅎ

① 수선이 있는 글자를 모두 찾습니다.
② 평행선이 있는 글자를 모두 찾습니다.
③ 수선도 있고 평행선도 있는 글자는 모두 몇 개인지 구합니다.

풀이 _____

_____

_____

_____

답 _____

수
학

5. 꺾은선그래프

✿ 꺾은선그래프를 살펴보는 방법

> 제목 살펴보기
>
> ↓
>
> 가로와 세로 살펴보기
>
> ↓
>
> 눈금의 크기 살펴보기

✿ 꺾은선그래프에서 물결선의 필요성

① 필요 없는 부분은 물결선으로 그리고 물결선 위로 시작할 수를 정합니다.

② 물결선을 사용하면 세로 눈금 칸이 넓어져서 다른 값들을 더 잘 알 수 있습니다.

✿ 꺾은선그래프로 나타내는 방법

① 가로와 세로 중 어느 쪽에 조사한 수를 나타낼 것인가를 정합니다.

② 눈금 한 칸의 크기를 정합니다.

③ 조사한 수 중에서 가장 큰 수를 나타낼 수 있도록 눈금의 수를 정합니다.

④ 가로 눈금과 세로 눈금이 만나는 자리에 점을 찍습니다.

⑤ 점들을 선분으로 잇습니다.

⑥ 꺾은선그래프에 제목을 붙입니다.

● 꺾은선그래프를 알아볼까요

• 꺾은선그래프: 수량을 점으로 표시하고, 그 점들을 선분으로 이어 그린 그래프를 꺾은선그래프라고 합니다.

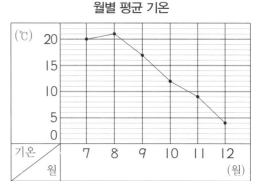

● 꺾은선그래프에서 무엇을 알 수 있을까요

예   동생의 몸무게

월(월)	3	4	5	6
몸무게(kg)	19.4	20.0	20.1	20.3

(가)   동생의 몸무게   (나)   동생의 몸무게

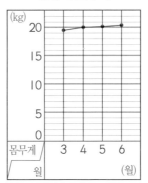   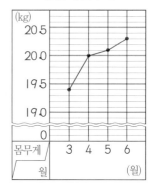

• (가) 그래프와 (나) 그래프의 같은 점

① 두 그래프는 동생의 몸무게를 매월 1일에 조사하여 나타낸 것입니다.

② 가로에는 월을 나타내고 세로에는 몸무게를 나타냈습니다.

• (가) 그래프와 (나) 그래프의 다른 점

① 세로 눈금 한 칸의 크기가 다릅니다. ➡ (가)는 1 kg, (나)는 0.1 kg입니다.

② (가)는 세로 눈금이 0부터 시작합니다.

③ (나)는 물결선이 있고 물결선 위로 19.0부터 시작합니다.

• (나) 그래프의 세로 눈금이 물결선 위로 19.0부터 시작하는 이유

① 19.0보다 작은 값이 없기 때문입니다.

② 가장 작은 값이 19.4이기 때문입니다.

③ 세로 눈금 칸이 넓어져서 변화하는 모습이 더 잘 나타납니다.

꺾은선그래프를 어떻게 그릴까요

진영이의 수영 기록

요일(요일)	일	월	화	수	목	금	토
기록(초)	24	23	20	20	19	18	16

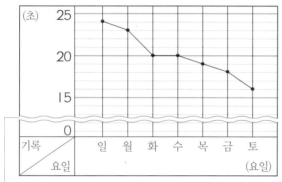

진영이의 수영 기록

• 물결선을 사용하면 세로 눈금 칸이 넓어져서 변화하는 모습이 더 잘 나타납니다.

자료를 조사하여 꺾은선그래프로 나타내어 볼까요

• 자료를 조사하여 꺾은선그래프로 나타내기
① 원하는 주제를 정합니다.
② 자료를 조사하고 정리합니다.
③ 제목과 함께 꺾은선그래프로 나타냅니다.
④ 꺾은선그래프로 알 수 있는 내용을 정리하여 씁니다.

꺾은선그래프는 어디에 쓰일까요

① 위 꺾은선그래프를 보고 알 수 있는 내용

예

• 전날에 비해 기록이 가장 많이 좋아진 날은 화요일입니다.
• 화요일의 기록은 월요일보다 3초 줄었습니다.
• 진영이의 수영 기록이 일요일에서 토요일로 갈수록 단축되고 있습니다.

② 위 꺾은선그래프를 보고 알 수 있는 내용을 통해 의사 결정하기

예

꺾은선그래프를 보면 진영이의 수영 기록이 점점 좋아지고 있습니다. 따라서 꾸준히 연습하면 더 기록을 단축시킬 수 있을 것입니다.

✿ 어느 마트의 월별 소고기 판매량을 나타낸 꺾은선그래프입니다. 물음에 답하세요.
[1~4]

소고기 판매량

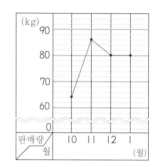

1 가로와 세로는 각각 무엇을 나타내나요?

㉠ 가로: (   )
㉡ 세로: (   )

2 꺾은선은 무엇을 나타내나요?

(   )

3 세로 눈금 한 칸은 몇 kg을 나타내나요?

(   )

4 소고기가 가장 많이 팔린 때는 몇 월인가요?

(   )

▶ 정답 ◀

1. ㉠ 월 ㉡ 판매량
2. 소고기 판매량의 변화
3. 2 kg   4. 11월

수학

✿ 식물의 키를 조사하여 두 그래프로 나타내었습니다. 물음에 답하세요. [1~2]

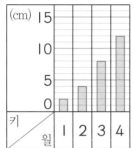

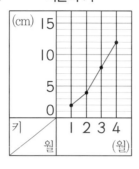

1 (가)와 (나) 그래프 중에서 꺾은선그래프는 어느 것인가요?

( )

2 (가)와 (나) 그래프의 같은 점과 다른 점을 한 가지씩 써 보세요.

같은점 _____

_____

다른점 _____

✿ 재호네 교실의 온도를 나타낸 꺾은선그래프입니다. 물음에 답하세요. [3~6]

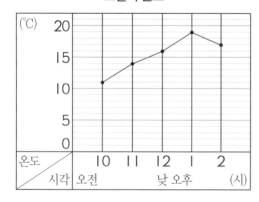

3 그래프에서 가로와 세로는 각각 무엇을 나타내나요?

㉠ 가로: ( )

㉡ 세로: ( )

4 세로 눈금 한 칸은 몇 ℃를 나타내나요?

( )

5 꺾은선은 무엇을 나타내나요?

( )

6 오후 1시 30분의 교실의 온도는 약 몇 ℃인가요?

( )

✿ 어느 과일 가게의 월별 사과와 배 판매량을 나타낸 꺾은선그래프입니다. 물음에 답하세요. [7~8]

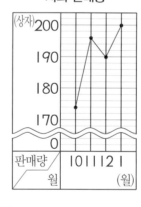

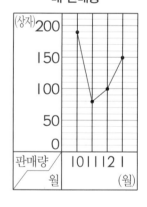

7 사과 판매량이 가장 많았던 때의 배 판매량은 몇 상자인가요?

( )

잘 틀려요

8 전월에 비해 사과 판매량이 가장 많이 늘어난 때의 배 판매량은 전월에 비해 어떻게 변했나요?

_____

수
학

❀ 길호가 감기에 걸린 동안 매일 잰 체온을 나타낸 표를 보고 물결선을 사용한 꺾은선그래프로 나타내려고 합니다. 물음에 답하세요. [9~12]

길호의 체온

요일(요일)	월	화	수	목	금
체온(℃)	37.6	37.9	38.3	38	36.6

9 가로와 세로에는 각각 무엇을 나타내어야 하나요?

㉠ 가로: (   )

㉡ 세로: (   )

10 세로 눈금 한 칸은 얼마로 하면 좋은가요?

(   )

① 0.1℃   ② 0.5℃
③ 1℃   ④ 5℃
⑤ 10℃

11 물결선은 어디와 어디 사이에 넣으면 좋은가요?
(   )

12 제목을 쓰고 꺾은선그래프로 나타내어 보세요.

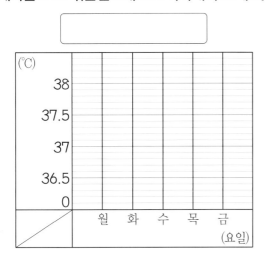

13 여러 나라의 9월 최고 기온을 나타낸 표를 보고 그래프로 나타내려고 합니다. 막대그래프와 꺾은선그래프 중 어느 그래프가 알맞은가요?

9월 최고 기온

나라	대한민국	일본	중국	러시아
기온(℃)	25.6	28.7	25.8	19.1

(   )

❀ 어느 지역의 월별 강수량의 변화를 조사한 표입니다. 물음에 답하세요. [14~15]

월별 강수량

월(월)	1	2	3	4	5
강수량(mm)	12	6	18	24	20

14 월별 강수량의 변화를 한눈에 알아보기 쉽게 나타내려면 막대그래프와 꺾은선그래프 중 어느 그래프가 알맞은가요?

(   )

⟐중요⟐

15 알맞은 그래프로 나타내어 보세요.

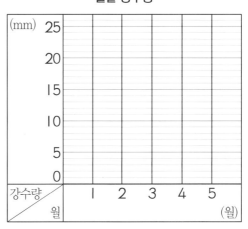

✿ 어느 문구점의 공책 판매량을 나타낸 표와 꺾은선 그래프입니다. 물음에 답하세요. [16~17]

공책 판매량

요일(요일)	월	화	수	목	금
판매량(권)	12	18			

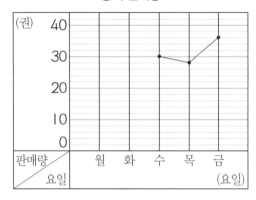
공책 판매량

16 표와 꺾은선그래프를 완성하세요.

✿ 어느 지역의 초등학생 수를 조사하여 나타낸 꺾은선그래프입니다. 물음에 답하세요. [18~19]

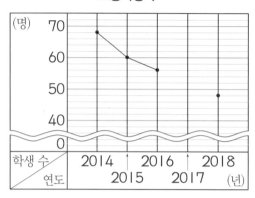
초등학생 수

18 2018년에는 2017년보다 학생 수가 4명 줄었습니다. 꺾은선그래프를 완성하세요.

19 2019년의 학생 수는 몇 명이 될지 예상해 보세요.

( )

서술형

17 공책 한 권의 가격이 600원일 때 월요일부터 금요일까지 판매한 공책의 판매 금액은 얼마인지 풀이 과정을 쓰고 답을 구해 보세요.

_____
_____
_____
_____
_____

( )

잘 틀려요

20 근후의 영어 점수와 수학 점수를 조사하여 나타낸 꺾은선그래프입니다. 영어 점수가 가장 높을 때의 영어 점수와 수학 점수의 차는 몇 점인가요?

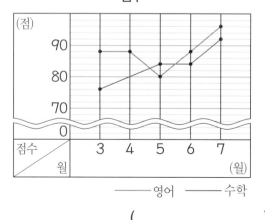
점수

━━━ 영어 ━━━ 수학

( )

1 10일의 기온이 전날보다 0.4℃ 더 높을 때 그래프를 완성하고, 기온이 가장 높은 날과 가장 낮은 날의 온도 차는 몇 ℃인지 풀이 과정을 쓰고 답을 구해 보세요.

① 표와 그래프를 완성합니다.
② 기온이 가장 높은 날과 가장 낮은 날을 찾습니다.
③ 기온이 가장 높은 날과 가장 낮은 날의 온도 차를 구합니다.

어느 도시의 최고 기온

날짜(일)	6	7	8	9	10
기온(℃)	20.8	22	22.6		21

어느 도시의 최고 기온

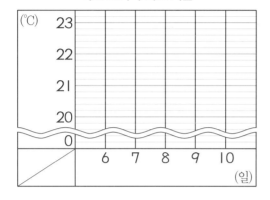

 풀이 _____

_____

답 _____

2 수현이가 1월부터 5월까지 읽은 책은 모두 44권이고, 4월과 5월에 읽은 책의 수는 같습니다. 수현이가 4월에 읽은 책은 몇 권인지 풀이 과정을 쓰고 답을 구해 보세요.

① 1~3월에 읽은 책은 모두 몇 권인지 구합니다.
② 4월과 5월에 읽은 책 수를 구합니다.
③ 4월에 읽은 책 수를 구합니다.

읽은 책 수

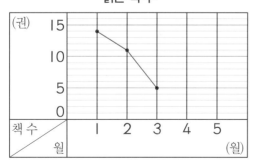

 풀이 _____

_____

_____

답 _____

6. 다각형

왼쪽 여백

❖ 다각형이 아닌 도형

① 선분으로 둘러싸여 있지 않고 열려 있는 도형

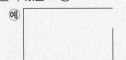

② 선분이 아닌 곡선이 있는 도형

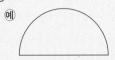

❖ 정다각형이 아닌 도형

① 각의 크기는 모두 같으나 변의 길이가 모두 같지 않습니다. ⓐ 직사각형

② 변의 길이와 각의 크기가 모두 같지 않습니다.
ⓐ 사다리꼴

❖ 여러 가지 다각형의 대각선

① 삼각형: 모든 꼭짓점이 이웃하고 있기 때문에 대각선을 그을 수 없습니다.

② 정사각형: 두 대각선의 길이가 같고 서로 수직으로 만납니다.

③ 오각형: 한 꼭짓점에서 그을 수 있는 대각선의 수가 2개이고 꼭짓점의 수가 5개입니다. 이때 한 꼭짓점에서 그은 대각선이 두 번씩 겹치므로 10개의 절반은 5개입니다.

④ 마름모: 두 대각선의 길이가 같지 않지만 서로 수직으로 만납니다.

본문

❤ 다각형을 알아볼까요

- 다각형: 선분으로만 둘러싸인 도형을 다각형이라고 합니다.
- 다각형의 이름: 변의 수에 따라 삼각형, 사각형, 오각형, 육각형, 칠각형, 팔각형 등으로 부릅니다.
- 도형마다 변의 수와 꼭짓점의 수가 같습니다.
- 다각형의 변의 수가 늘어날수록 점차 원에 가까운 모양이 됩니다.

다각형의 이름	삼각형	사각형	오각형
변의 수(개)	3	4	5
꼭짓점의 수(개)	3	4	5
다각형의 모양	△	□	⬠

다각형의 이름	육각형	칠각형	팔각형
변의 수(개)	6	7	8
꼭짓점의 수(개)	6	7	8
다각형의 모양	⬡	⬡	⯃

❤ 변의 길이와 각의 크기가 모두 같은 다각형을 알아볼까요

- 정다각형: 변의 길이가 모두 같고 각의 크기가 모두 같은 다각형을 정다각형이라고 합니다.
- 정다각형의 이름: 정다각형은 변의 수에 따라 정삼각형, 정사각형, 정오각형, 정육각형 등으로 부릅니다. ┌•도형마다 변의 수와 꼭짓점의 수가 같습니다.

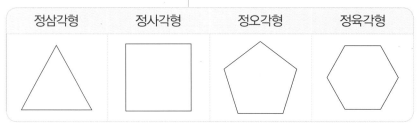

정삼각형	정사각형	정오각형	정육각형

- 마름모가 정다각형이 아닌 이유: 마름모는 변의 길이가 모두 같지만 각의 크기가 모두 같지 않으므로 정다각형이 아닙니다.

🗒 대각선을 알아볼까요

- **대각선**: 다각형에서 서로 이웃하지 않는 두 꼭짓점을 이은 선분을 대각선이라고 합니다.
- 여러 가지 다각형의 대각선

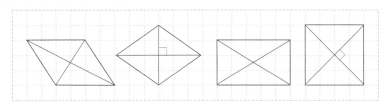

🗒 모양 만들기를 해 볼까요

- 여러 가지 모양 조각 알아보기

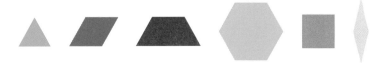

- 모양 조각으로 다각형 만들어 보기

예   삼각형   오각형   육각형

- 모양 조각으로 여러 모양을 만들어 꾸미기

예

🗒 모양 채우기를 해 볼까요

- 같은 모양(예 육각형)을 여러 가지 방법으로 채우기

예

1 다각형의 모양을 보고 빈칸에 알맞은 수를 써넣으세요.

다각형의 모양	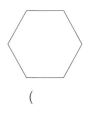
변의 수(개)	
꼭짓점의 수(개)	

2 다음 도형에서 그을 수 있는 대각선의 수를 구해 보세요.

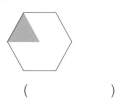

(   )

3 같은 모양 조각으로 다음 도형을 채우려면 모양 조각은 몇 개 필요한가요?

(   )

▶ 정답 ◀

1. 6, 6
2. 9개
3. 6개

1 다각형의 이름을 써 보세요.

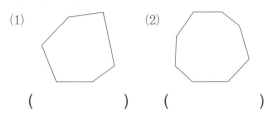

(1)   (2)

(   )   (   )

2 칠각형을 완성해 보세요.

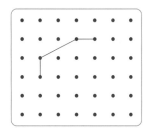

⭐중요

3 다각형에 대한 설명으로 잘못된 것은 어느 것인 가요? (   )

① 변의 길이가 모두 같습니다.

② 변의 수와 각의 수는 같습니다.

③ 선분으로만 둘러싸인 도형입니다.

④ 변의 수에 따라 이름이 정해집니다.

⑤ 변의 수가 가장 적은 다각형은 삼각형입니다.

4 다음 조건을 모두 만족하는 도형의 이름을 써 보세요.

> • 변의 길이가 모두 같습니다.
> • 각의 크기가 모두 같습니다.
> • 6개의 선분으로 둘러싸인 다각형입니다.

(   )

서술형

5 도형 중 정다각형이 <u>아닌</u> 것의 기호를 쓰고, 그 이유를 써 보세요.

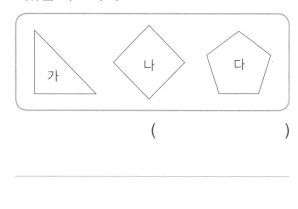

(   )

_____

_____

6 정다각형입니다. ☐ 안에 알맞은 수를 써넣으세요.

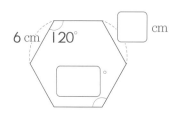

7 한 변의 길이가 7 cm이고 모든 변의 길이의 합이 63 cm인 정다각형의 이름을 써 보세요.

(   )

8 두 정다각형의 변의 길이의 합이 같을 때 도형 나의 한 변의 길이는 몇 cm인가요?

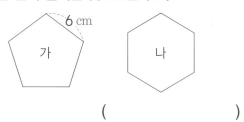

6 cm

(　　　　　　)

11 대각선을 그을 수 있는 정다각형 중에서 대각선의 수가 가장 적은 도형의 이름을 쓰고 대각선의 수를 구해 보세요.

(　　　　, 　　　　)

잘 틀려요

12 대각선이 9개인 정다각형의 모든 각의 크기의 합을 구해 보세요.

(　　　　　　)

중요

9 대각선이 아닌 것은 어느 것인가요? (　　)

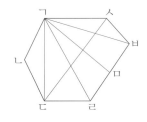

① 선분 ㄱㄷ　　　② 선분 ㄱㄹ
③ 선분 ㄱㅁ　　　④ 선분 ㄱㅂ
⑤ 선분 ㄷㅅ

13 두 대각선이 수직으로 만나는 사각형을 모두 골라 ○표 하세요.

사다리꼴　　　마름모　　　직사각형
정사각형　　　평행사변형

14 직사각형 모양의 종이를 점선을 따라 자르면 4개의 삼각형이 만들어집니다. 이때 만들어지는 삼각형은 어떤 삼각형인가요?

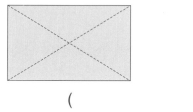

(　　　　　　)

10 두 다각형에 그을 수 있는 대각선 수의 차를 구해 보세요.

오각형　　　팔각형

(　　　　　　)

서술형

15 사각형 ㄱㄴㄷㄹ은 평행사변형입니다. 두 대각 선의 길이의 합이 30 cm일 때 선분 ㄴㅁ의 길 이는 몇 cm인지 풀이 과정을 쓰고 답을 구해 보세요.

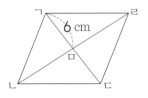

6 cm

( )

✿ 모양 조각을 보고 물음에 답하세요. [16~18]

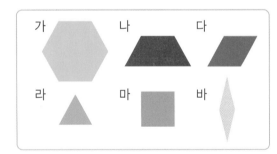

16 모양 조각 중에서 정다각형은 모두 몇 개인가 요?

( )

17 가 모양을 만들려면 다 모양 조각은 몇 개 필요 한가요?

( )

18 모양 조각을 모두 한 번씩 사용하여 다음 모양 을 채워 보세요.

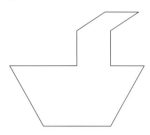

잘 틀려요

19 다각형 모양으로 된 타일로 바닥을 채우려고 합 니다. 바닥을 빈틈없이 채울 수 없는 타일 모양 은 어느 것인지 기호를 써 보세요.

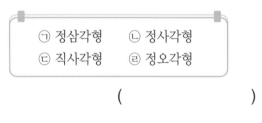

㉠ 정삼각형　　㉡ 정사각형
㉢ 직사각형　　㉣ 정오각형

( )

20 정오각형에 대각선 ㄴㅁ을 그었습니다. ㉠의 크기를 구해 보세요.

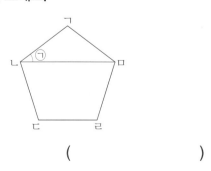

( )

1 사각형 ㄱㄴㄷㄹ은 직사각형입니다. 삼각형 ㄱㄴㅁ의 세 변의 길이의 합은 몇 cm인지 풀이 과정을 쓰고 답을 구해 보세요.

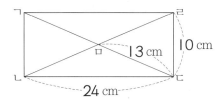

① 변 ㄱㄴ의 길이를 구합니다.
② 선분 ㄱㅁ, 선분 ㄴㅁ의 길이를 구합니다.
③ 삼각형 ㄱㄴㅁ의 세 변의 길이의 합을 구합니다.

풀이 _____

_____

_____

_____

답 _____

2 정팔각형과 정삼각형의 한 변을 겹치지 않게 이어 붙인 것입니다. 각 ㉠의 크기는 몇 도인지 풀이 과정을 쓰고 답을 구해 보세요.

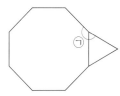

① 정팔각형의 한 각의 크기를 구합니다.
② 정삼각형의 한 각의 크기를 구합니다.
③ 각 ㉠의 크기는 몇 도인지 구합니다.

풀이 _____

_____

_____

_____

답 _____

수학

출제 예상 문제 분석

단원명	주요 출제 내용	출제 빈도	공부한 날
1. 촌락과 도시의 생활 모습	• 촌락의 종류와 특징, 도시의 특징 알아보기	★★★★★	월 일
	• 촌락과 도시의 공통점과 차이점 알아보기	★★★★★	
	• 촌락과 도시의 문제점을 해결하기 위한 다양한 방안을 알아보기	★★★★	
	• 살기 좋은 촌락과 도시 만들어 보기	★★★	
	• 교류의 뜻과 필요성 알아보기	★★★★	
	• 촌락과 도시 간 상호 의존 관계를 살펴보기	★★★	
2. 필요한 것의 생산과 교환	• 선택의 문제가 일어나는 까닭 알아보기	★★★★	월 일
	• 현명한 선택이 필요한 까닭 알아보기	★★★★	
	• 생산 활동과 소비 활동의 중요성 이해하기	★★★★★★	
	• 현명한 소비 생활을 하는 방법 알아보기	★★★★	
	• 우리 주변에 있는 상품이 어디에서 왔는지 조사하기	★★★★	
	• 경제적 교류가 필요한 이유를 알아보기	★★★★★	
	• 우리 지역의 경제적 교류를 살펴보기	★★★	

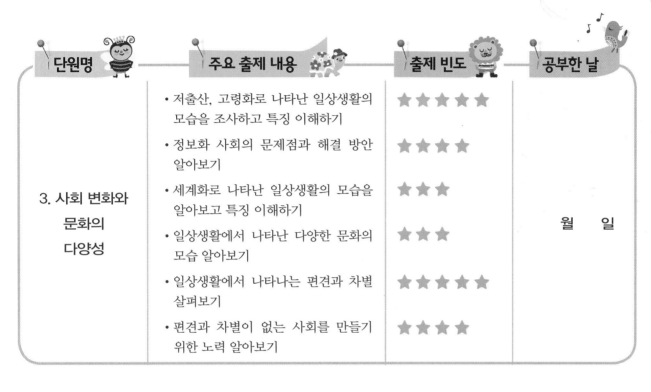 단원명	주요 출제 내용	출제 빈도	공부한 날
3. 사회 변화와 문화의 다양성	• 저출산, 고령화로 나타난 일상생활의 모습을 조사하고 특징 이해하기	★★★★★	월 일
	• 정보화 사회의 문제점과 해결 방안 알아보기	★★★★	
	• 세계화로 나타난 일상생활의 모습을 알아보고 특징 이해하기	★★★	
	• 일상생활에서 나타난 다양한 문화의 모습 알아보기	★★★	
	• 일상생활에서 나타나는 편견과 차별 살펴보기	★★★★★	
	• 편견과 차별이 없는 사회를 만들기 위한 노력 알아보기	★★★★	

1. 촌락과 도시의 생활 모습

❖ 촌락에서 하는 일

▲ 농촌

▲ 어촌

▲ 산지촌

농촌에서는 농업, 어촌에서는 어업, 산지촌에서는 임업(나무를 가꾸어 베는 일 등)을 합니다.

❖ 도시가 위치해 있는 곳

서울특별시	세종특별자치시
도로·철도 교통의 중심지로 우리나라의 수도	행정의 중심지로 새롭게 계획하여 만든 도시

전라남도 여수시	부산광역시
항구 도시이며 큰 공장들이 있어 산업이 발달한 도시	철도 교통, 해상 교통이 발달한 도시

낱말 풀이

❶ **과태료** 의무를 지키지 않은 사람에게 벌로 내게 하는 돈.

❷ **직거래** 사는 사람과 파는 사람이 중간 상인을 거치지 않고 직접 거래하는 것.

❸ **자매결연** 지역과 지역이 서로 돕거나 친선 관계를 맺는 것.

❶ 촌락과 도시의 특징

촌락의 종류와 특징

촌락의 뜻	농촌, 어촌, 산지촌처럼 자연환경을 이용하여 살아가는 지역
촌락의 특징	• 농촌: 농사짓는 땅을 이용하여 생산 활동을 하는 곳 • 어촌: 바다를 이용하여 생산 활동을 하는 곳 • 산지촌: 산을 이용하여 생산 활동을 하는 곳

촌락의 모습 조사하기

① 현장을 조사하거나 지역을 잘 아는 분께 여쭤봅니다.

② 인터넷을 이용하여 여러 가지 자료를 검색합니다.

③ 지역을 소개한 자료를 살펴봅니다.

도시의 특징과 모습 조사하기 → 도시는 인구가 밀집해 있고 사회, 정치, 경제 활동의 중심이 되는 곳을 말합니다.

도시의 특징	• 높은 건물이 많고, 이동하는 사람도 많음. → 도시에는 많은 사람이 모여 살고 있습니다. • 크고 작은 도로가 연결되어 있고 교통 수단이 발달했음. • 공원, 도서관, 박물관, 공연장과 같은 시설이 많음. • 다양한 일자리가 많음.
도시의 모습 조사하기	다양한 지도로 찾기, 인터넷으로 관련 자료 수집하기, 신문이나 방송 프로그램 찾아보기, 지역을 잘 아는 분께 여쭤보기 등

촌락과 도시의 공통점과 차이점 알아보기

① 공통점: 사람들이 마을을 이루며 살고 있고, 자연환경과 더불어 살아갑니다.

② 차이점: 촌락에는 높은 건물이 많지 않으나, 도시에는 높은 건물이 많고, 촌락보다 도시에 사람들이 많이 삽니다.

촌락과 도시 문제를 해결하기 위한 노력 → 촌락에는 인구 문제가 심각하고, 도시에는 주택 문제, 교통 문제, 환경 문제, 일자리 부족 문제 등이 있습니다.

촌락 문제를 해결하기 위한 노력	• 다양한 기계를 이용하여 일손 부족 문제를 해결함. • 품질 좋은 농수산물을 생산하여 소득을 높임. • 문화 시설이나 편의 시설을 늘림.
도시 쓰레기 문제를 해결 하기 위한 노력	• 개인: 쓰레기를 줄이려고 노력하고 쓰레기를 분리배출함. • 이웃: 다른 사람들도 쓰레기를 줄일 수 있도록 캠페인을 함. • 정부: 쓰레기를 분리배출할 수 있는 시설을 만들고 이를 지키지 않을 경우 과태료를 내게 함.

살기 좋은 촌락과 도시 만들어 보기

① 내가 사는 고장의 모습을 떠올립니다.

② 살기 좋은 촌락이나 도시의 모습을 생각합니다.

③ 살기 좋은 촌락과 도시는 어떤 모습일지 친구들과 서로 이야기해 봅니다.

④ 살기 좋은 촌락이나 도시의 모습을 여러 가지 준비물을 이용하여 표현합니다. 예 역할극하기, 만화 그리기, 신문 만들기

❷ 함께 발전하는 촌락과 도시

🖋 교류의 뜻과 필요성

① 교류의 뜻: 사람들이 오고 가거나 물건, 문화, 기술 등을 서로 주고받는 것을 말합니다.

② 교류의 필요성: 지역마다 생산물, 기술, 문화 등이 다르기 때문에 교류가 이루어집니다.

▲ 시장　　　▲ 목장　　　▲ 합창단　　　▲ 가전 매장

🖋 촌락과 도시의 사람들이 도움을 주고받는 모습

① 촌락 사람들이 도시 사람들과 교류하기 위해 노력하는 모습: 체험 마을을 운영하고, 지역의 특색을 살린 축제를 열어 도시 사람들이 즐길 수 있게 합니다. ─● 촌락에서는 자연환경과 특산물을 활용해 지역 축제를 열어 소득을 올립니다.

② 도시의 시설을 이용하기 위한 이동: 촌락 사람들은 의료 시설을 이용하거나 공연 관람, 장보기 등을 하려고 도시로 이동하기도 합니다.

③ 도시 사람들이 촌락 사람들과 교류하는 다양한 모습

농수산물 ❷ 직거래 장터	농수산물 직거래 장터에서 싱싱한 농수산물을 싸게 구매할 수 있음.
여가 생활을 통한 교류	촌락에서 낚시, 등산, 야영을 하며 여가를 보내는 사람이 많음.
지역 축제를 통한 교류	촌락의 축제에 참여해 지역의 전통문화를 체험하는 등의 다양한 경험을 할 수 있음.
❸ 자매결연이나 봉사를 통한 교류	기업이나 학교에서는 촌락의 마을과 자매결연을 하여 일손 돕기 봉사 활동을 함.

🖋 촌락과 도시가 교류하는 관계

① 촌락과 도시에 사는 사람들은 서로 부족한 것들을 채워 주면서 상호 의존하고 있습니다.

② 도시 사람들은 농수산물이나 원료를 촌락으로부터 얻고, 촌락 사람들은 도시의 문화 시설과 편의 시설을 이용합니다.

▲ 촌락　　　　　　　　　　　　▲ 도시

▲ 촌락과 도시가 서로 교류하는 모습

1 어촌에서 하는 일로 바른 것은 ○표, 바르지 않은 것은 ✕표 하시오

　(1) 고기를 잡거나 기르고, 김과 미역을 딴다. (　　)

　(2) 산에서 나무를 베거나 산나물을 캔다. (　　)

2 다음 어린이가 도시의 쓰레기 문제를 해결하기 위해 하는 일은 무엇인지 쓰시오.

（　　　　　　　）

3 사람들이 오고 가거나 물건, 문화, 기술 등을 서로 주고받는 것을 ☐☐라고 합니다.

4 촌락 사람들이 이용하는 도시의 시설이 아닌 것을 골라 쓰시오.

> • 백화점
> • 비닐 하우스
> • 첨단 의료 시설

（　　　　　　　）

사 회

중요

1 다음 빈칸에 들어갈 알맞은 말을 쓰시오.

> 농촌, 어촌, 산지촌처럼 자연환경을 주로 이용하여 살아가는 지역을 (　　　)(이)라고 한다.

(　　　　　　　　)

2 산지촌에서 볼 수 있는 모습으로 알맞은 것은 어느 것입니까? (　　)

① 　②

③ 　④

3 촌락의 모습을 조사하는 방법으로 알맞지 <u>않은</u> 것은 어느 것입니까? (　　)

① 인터넷을 이용한다.
② 지역을 잘 아는 분께 여쭤본다.
③ 지역을 소개한 자료를 살펴본다.
④ 직접 찾아가서 현장을 조사한다.
⑤ 나침반을 이용해 방위를 알아본다.

4 다음 보기 에서 도시의 특징을 모두 골라 기호를 쓰시오.

> 보기
>
> ㉠ 다양한 공공 기관이 있다.
> ㉡ 농사를 짓는 사람들이 많다.
> ㉢ 자연환경의 영향을 많이 받는다.
> ㉣ 공원, 도서관, 박물관과 같은 시설이 많다.
> ㉤ 버스나 지하철과 같은 교통 수단이 발달했다.

(　　　　　　　　)

잘 틀려요

5 다음 밑줄 친 도시에 해당하는 곳은 어디입니까? (　　)

> 도시는 주로 교통이 발달하여 사람과 물건 이동이 편리한 곳에 위치해 있다. 그리고 회사나 공장이 있어 일자리가 많은 곳에도 도시가 발달한다. 또한 <u>처음부터 계획하여 만들어진 도시</u>도 있다.

① 여수시　　　　② 포항시
③ 서울특별시　　④ 부산광역시
⑤ 세종특별자치시

6 도시의 모습을 조사하려고 할 때 가장 먼저 해야 할 일은 어느 것입니까? (　　)

① 조사하기
② 조사 방법 결정하기
③ 조사 결과 정리하기
④ 조사 내용 정리하기
⑤ 조사할 도시 결정하기

서술형

7 다음 사진을 보고, 촌락과 도시의 차이점은 무엇인지 쓰시오.

▲ 전라남도 해남군　　▲ 울산광역시

_____

8 촌락의 문제를 잘못 말한 친구는 누구인지 쓰시오.

> • 지윤: 일손이 부족하여 농사짓기가 힘이 들어.
> • 건우: 외국에서 값싼 농산물이 많이 들어와서 걱정이야.
> • 현승: 촌락에 사는 어린이의 수가 크게 늘어나고 있어서 교실 수가 부족해.

(   )

중요

9 촌락 문제를 해결하기 위한 노력으로 알맞은 것을 두 가지 고르시오. (,   )

① 문화 시설이나 편의 시설을 없앤다.
② 외국에서 값싼 농수산물을 들여온다.
③ 품질 좋은 농수산물을 생산하여 소득을 높인다.
④ 다양한 기계를 이용하여 일손 부족 문제를 해결한다.
⑤ 귀촌을 하려는 사람들에게 세금을 많이 내도록 한다.

서술형

10 다음과 같은 도시 문제가 발생하는 까닭은 무엇인지 쓰시오.

> • 주택 문제   • 교통 문제
> • 환경 문제   • 범죄 문제
> • 쓰레기 문제   • 일자리 부족 문제

_____

_____

11 도시의 쓰레기 문제를 해결하기 위해 개인이 할 수 있는 노력으로 알맞은 것은 어느 것입니까? (   )

① 일회용 컵을 많이 사용한다.
② 불법 주차 단속을 강화한다.
③ 발생된 쓰레기는 분리배출한다.
④ 쓰레기를 분리배출할 수 있는 시설을 만든다.
⑤ 쓰레기를 함부로 버리는 사람에게 과태료를 내게 한다.

잘 틀려요

12 살기 좋은 촌락과 도시의 모습을 만들 때 가장 먼저해야 할 일은 무엇인지 기호를 쓰시오.

> ㉠ 살기 좋은 촌락이나 도시의 모습을 생각한다.
> ㉡ 내가 사는 고장의 모습을 떠올린다.
> ㉢ 살기 좋은 촌락이나 도시의 모습을 여러 가지 준비물을 이용하여 표현한다.
> ㉣ 살기 좋은 촌락과 도시는 어떤 모습일지 친구들과 서로 이야기한다.

(   )

13 사람들이 오고 가거나 물건, 문화, 기술 등을 서로 주고받는 것을 무엇이라고 합니까? (   )

① 교환   ② 교류
③ 문화   ④ 직거래
⑤ 자매결연

사
회

14 교류하는 모습으로 알맞지 <u>않은</u> 것은 어느 것입니까? (　　)

① ▲ 시장

② ▲ 공원 산책

③ ▲ 합창단

④ ▲ 가전 매장

15 다음 빈칸에 들어갈 알맞은 말에 ○표 하시오.

> 지역마다 (생산물 , 사용하는 언어)이(가) 다르기 때문에 교류가 이루어진다.

16 농촌에서 체험할 수 있는 활동으로 알맞은 것은 어느 것입니까? (　　)

① 갯벌 체험
② 산나물 캐기 체험
③ 고구마 캐기 체험
④ 소금 만들기 체험
⑤ 비행기 조종사 체험

서술형

17 다음과 같이 도시 사람들이 촌락의 자연 휴양림을 찾는 까닭은 무엇인지 쓰시오.

> 우리 가족은 강원도 홍천군에 있는 삼봉 자연 휴양림으로 야영을 다녀왔다. 아름드리 전나무, 박달나무 등이 울창한 숲속에서 맑은 공기를 마시면서 운동도 하고, 신기한 약수도 마셨더니 왠지 더 건강해진 느낌이다.

_____

_____

18 촌락 사람들이 도시로 가는 까닭으로 알맞지 <u>않은</u> 것은 어느 것입니까? (　　)

① 공연을 보기 위해서
② 공공 기관을 방문하기 위해서
③ 백화점에서 물건을 사기 위해서
④ 첨단 의료 시설을 갖춘 종합 병원을 이용하기 위해서
⑤ 도시의 건물 옥상에서 상추나 파와 같은 채소를 기르기 위해서

중요

19 농수산물 직거래 장터를 열면 좋은 점으로 알맞은 것은 어느 것입니까? (　　)

① 쓰레기 문제를 해결할 수 있다.
② 도시의 공기를 맑게 할 수 있다.
③ 일손 돕기 봉사 활동을 할 수 있다.
④ 지역의 전통문화를 체험할 수 있다.
⑤ 싱싱한 농수산물을 싸게 구매할 수 있다.

잘 틀려요

20 다음 자료를 보고, 빈칸에 들어갈 알맞은 말을 쓰시오.

▲ 촌락

▲ 도시

> 촌락과 도시에 사는 사람들은 서로 부족한 것을 채워 주면서 (　　　)하고 있다.

(　　　　　　　)

서·술·형·평·가

1 다음 사진을 보고, 물음에 답하시오.

▲ 농촌   ▲ 어촌   ▲ 산지촌

(1) 위와 같이 자연환경을 이용하여 살아가는 지역을 무엇이라고 하는지 쓰시오.

(   )

(2) 위 지역 사람들이 하는 일은 무엇인지 각각 쓰시오.

농촌	
어촌	
산지촌	

2 다음 사진과 같은 지역 축제가 촌락 사람들과 도시 사람들에게 주는 좋은 점은 무엇인지 쓰시오.

▲ 농다리 축제   ▲ 산천어 축제   ▲ 신비의 바닷길 축제
(충청북도 진천군)   (강원도 화천군)   (충청남도 보령시)

촌락 사람	
도시 사람	

▪**농촌, 어촌, 산지촌의 특징**
　농사짓는 땅을 이용하여 생산 활동을 하는 곳을 농촌, 바다를 이용하여 생산 활동을 하는 곳을 어촌, 산을 이용하여 생산 활동을 하는 곳을 산지촌이라고 합니다.

▪**지역 축제 개최**
　촌락에서는 관광 산업을 발전시켜 지역의 전통과 문화를 알리려고 노력합니다.

사회 **83**

2. 필요한 것의 생산과 교환

❶ 경제 활동과 현명한 선택

🔖 선택의 문제가 일어나는 까닭

① 경제 활동: 사람들이 생활하는 데 필요한 여러 가지 것들을 만들고 사용하는 것과 관련된 모든 활동을 말합니다.

② 선택의 문제가 일어나는 까닭: 사람이 쓸 수 있는 돈이나 자원은 한정되어 있으므로 원하는 것을 모두 가질 수는 없습니다.

> └─• 경제 활동에서 선택의 문제가 일어나는 까닭은 희소성 때문입니다.

🔖 현명한 선택

현명한 선택이 필요한 까닭	자신에게 알맞은 물건을 골라 큰 만족감을 얻을 수 있을 뿐만 아니라 돈과 자원을 절약할 수 있음.
현명한 선택을 하는 방법	필요성, 가격, 품질 등을 미리 꼼꼼하게 따져 보고 자신에게 가장 알맞은 것을 골라야 함.

🔖 생산과 소비의 모습

① 생산과 소비의 의미

- 생산: 생산에 필요한 물건을 만들거나 우리 생활을 편리하고 즐겁게 해 주는 활동을 말합니다.
- 소비: 생산한 것을 쓰는 것을 말합니다. ─• 빵집에서 빵을 사먹거나 미용실에서 머리 손질을 받는 것은 소비 활동의 모습입니다.

② 생산 활동의 종류

생활에 필요한 것을 자연에서 얻는 활동	벼농사 짓기, 물고기 잡기, 버섯 따기 등
생활에 필요한 것을 만드는 활동	자동차 만들기, 건물 짓기, 과자 만들기 등
생활을 편리하고 즐겁게 해 주는 활동	공연하기, 환자 진료하기, 물건 팔기 등

🔖 현명한 소비 생활을 하기 위한 방법

① 현명한 소비 생활을 하지 않을 때 생길 수 있는 일: 가정의 살림살이가 어려워져서 필요한 물건을 못 사거나 하고 싶은 일을 못 하게 됩니다.

② 현명한 소비 생활을 하기 위한 방법: 가계부 쓰기, 소득의 일부 저축하기, 선택 기준을 세워 물건 사기, 사려는 물건의 가격과 정보 확인하기

③ 물건의 정보를 얻는 방법 ─• 물건을 사기 전에 어디에서 사는 것이 좋은지, 물건의 가격과 품질은 어떠한 등 필요한 정보를 찾아 활용하면 값싸고 품질이 좋은 물건을 살 수 있습니다.

▲ 인터넷 검색하기　　▲ 신문, 텔레비전 광고 보기　　▲ 직접 상점 방문하기　　▲ 주변 사람의 경험 듣기

❖ 생일 선물로 알맞은 것을 고르기 위한 정보 수집·분석하기

저렴한 휴대 전화	• 게임, 인터넷 속도가 느림. • 휴대 전화 가격이 낮음.
최신 휴대 전화	• 게임, 인터넷 속도가 빠름. • 지문 인식을 할 수 있음.
가방	• 어깨끈이 두꺼워 가방을 메도 아프지 않음. • 주머니가 많음.

❖ 신발이 우리 손에 오기까지 이루어지는 생산 활동

1 신발을 만들 때 필요한 ❷원료인 고무액, 가죽 등을 구함.

2 신발 공장에서는 고무, 가죽, 천 등 재료를 사용해서 신발을 만듦.

3 운송 수단을 이용해 공장에서 만든 신발을 운반함.

4 신발 가게나 홈 쇼핑 등을 통해 신발을 판매함.

❖ 경제적 교류의 변화

- 옛날: 주로 시장에서 경제적 교류를 활발하게 했습니다.
- 오늘날: 교통과 통신의 발달로 다양한 장소에서 여러 가지 방법으로 경제적 교류를 하고 있습니다.

낱말 풀이

❶ **가계부** 날마다 집안 살림을 하면서 벌어들이는 돈과 쓰는 돈을 적는 책.

❷ **원료** 어떤 물건을 만드는 데 들어가는 재료.

❸ **박람회** 우리 지역을 대표하는 상품을 다른 지역에 소개하고 파는 곳.

❷ 교류하며 발전하는 우리 지역

우리 주변의 상품이 어디에서 왔는지 조사하기

① 대형 할인점에는 다양한 상품이 어디에서 왔는지 여러 가지 방법으로 표기되어 있습니다.

② 우리 주변의 상품이 어디에서 왔는지 조사하는 방법: 품질 인증 표시 확인하기, 광고지 확인하기, 누리집에서 상품 소개 검색하기, 통계 자료 분석하기, 상품 정보 확인하기, QR 코드(정보 무늬) 스캔하기 등

경제적 교류가 생기는 까닭 → 사는 곳의 자연환경과 생산 기술, 자원 등이 다르기 때문에 발생합니다.

① 경제적 교류: 개인이나 지역이 경제적 이익을 얻기 위해 물건, 기술, 정보 등을 서로 주고받는 것입니다.

② 지역끼리 경제적 교류를 하면 좋은 점
- 다른 지역의 경제 소식 등 여러 가지 유용한 정보를 주고받을 수 있음.
- 지역의 특산물을 소개하거나 지역을 홍보해 경제적 이익을 얻을 수 있음.
- 기술 협력으로 더 나은 상품을 개발할 수 있음.
- 다른 지역의 우수한 물건을 소개하고 지역 간의 화합을 가져옴.

우리 지역의 다양한 경제적 교류

① 경제적 교류를 하는 대상: 개인, 기업, 지역, 국가 등 다양합니다.

② 경제적 교류를 하는 방법

대중 매체를 이용한 경제적 교류	인터넷, 스마트폰, 홈 쇼핑을 이용해 물건을 쉽고 편리하게 사고팔 수 있음.
대형 시장을 이용한 경제적 교류	전통 시장, 대형 할인점, 도소매 시장에서 신선하고 질이 좋은 상품을 살 수 있음.
지역 간 대표 자원의 경제적 교류	• 지역의 기술이나 상품을 소개할 수 있음. • 각 지역들은 서로 협력해 경제적 이익을 얻음.
다양한 문화 활동과 함께하는 경제적 교류	• 경제적 교류는 문화, 기술, 운동 경기 등과 함께 더욱 활발히 이루어지기도 함. • 국내 여러 지역뿐만 아니라 세계 여러 나라와 교류를 하고 있음.
촌락과 도시의 생산물에 따른 경제적 교류	• 각 지역의 풍부한 생산물을 중심으로 경제적 교류가 이루어짐. • 지역마다 자연환경과 기술 수준이 달라서 생산하는 물건이 다름.

다양한 지역의 대표 상품 소개

① 박람회가 열리는 까닭: 우리 지역의 대표 상품을 다른 지역에 홍보하거나 다른 지역의 상품을 우리 지역에 들여오기 위해서입니다.

② 지역의 대표 상품을 소개하는 다양한 방법: 전단지 만들기, 누리집 만들기, 광고 제작하기, 광고지 그리기, 상표 개발하기 등

1 사람들이 생활하는 데 필요한 여러 가지 것들을 만들고 사용하는 것과 관련된 모든 활동은 무엇인지 쓰시오.
( )

2 생산 활동에 대한 설명으로 바른 것에 ◯표 하시오.
(1) 미용사가 머리를 손질해 주는 것은 생산 활동이다. ( )
(2) 물고기 잡기는 생활을 편리하고 즐겁게 해 주는 활동이다. ( )

3 다음 사진과 같이 우리 주변의 상품이 어디에서 왔는지 조사하는 방법을 쓰시오.

( ) 스캔하기

4 대중 매체를 이용한 경제적 교류가 아닌 것을 골라 쓰시오.

- 인터넷   • 홈 쇼핑
- 스마트폰 • 전통 시장

( )

정답

1. 경제 활동   2. (1) ◯   3. QR 코드(정보 무늬)   4. 전통 시장

사회

1 다음에서 설명하는 것은 무엇입니까? (   )

> 사람들이 생활하는 데 필요한 여러 가지 것들을 만들고 사용하는 것과 관련된 모든 활동을 말한다.

① 봉사 활동   ② 여가 활동
③ 경제 활동   ④ 정치 활동
⑤ 사회 활동

잘 틀려요

2 다음 그림에 나타난 사람들이 겪고 있는 문제는 무엇인지 쓰시오.

(   )의 문제

3 현명한 선택에 대한 설명으로 바른 것에 ○표, 틀린 것에 ×표 하시오.

(1) 현명한 선택을 하면 돈과 자원을 절약할 수 있다. (   )

(2) 선택할 때에는 나의 선택이 꼭 필요한 것인지 고려한다. (   )

(3) 여러 가지 상황을 고려하지 않고 한 가지만 살펴본 후에 결정한다. (   )

4 여행 숙소를 정할 때 고려해야 할 점이 <u>아닌</u> 것은 어느 것입니까? (   )

① 숙소의 거리   ② 숙소의 가격
③ 숙소의 청결   ④ 숙소의 시설
⑤ 숙소 주인의 얼굴

5 다음에서 빠른 속도로 게임을 하고 싶은 어린이가 선택해야 할 휴대 전화를 골라 기호를 쓰시오.

㉠		㉡	
가격	70,000원	가격	300,000원
모양	보통	모양	예쁨
특징	• 게임, 인터넷 속도가 느림. • 휴대 전화의 가격이 낮음.	특징	• 게임, 인터넷 속도가 빠름. • 지문 인식을 할 수 있음.

(   )

중요

6 소비 활동을 하는 모습으로 알맞은 것을 두 가지 고르시오. (,   )

① 버스를 운전한다.
② 물건을 배달한다.
③ 시장에서 떡볶이를 사 먹는다.
④ 미용실에서 머리 손질을 받는다.
⑤ 대형 마트에서 가전제품을 판다.

서술형

7 다음 생산 활동의 공통점은 무엇인지 쓰시오.

> • 건물 짓기   • 과자 만들기
> • 자동차 만들기

8 신발이 우리에게 오기까지 일어나는 생산 활동으로 알맞지 <u>않은</u> 것은 어느 것입니까? (　　)

① 신발을 포장한다.

② 신발을 디자인한다.

③ 공장에서 신발을 만든다.

④ 신발을 가게로 운반한다.

⑤ 대형 마트에서 신발을 구입한다.

9 현명한 소비 생활을 하는 방법으로 알맞지 <u>않은</u> 것을 두 가지 고르시오. (　　,　　)

① 가계부를 쓴다.

② 소득의 일부를 저축한다.

③ 선택 기준 없이 물건을 산다.

④ 사려는 물건의 가격과 정보를 확인한다.

⑤ 친구가 가지고 있는 물건을 따라서 산다.

10 오른쪽 사진과 같이 상점을 방문하여 물건을 사면 좋은 점은 무엇인지 쓰시오.

_____

_____

11 상품들이 어디에서 왔는지 자세하게 알아보기 위해 가야 할 곳은 어디입니까? (　　)

① 법원　　　　② 도서관

③ 경찰서　　　④ 마을 뒷산

⑤ 대형 할인점

12 다음과 같이 우리 주변의 상품이 어디에서 왔는지 조사하는 방법은 무엇입니까? (　　)

① QR 코드 스캔하기

② 통계 자료 분석하기

③ 품질 인증 표시 확인하기

④ 대형 할인점의 광고지 확인하기

⑤ 누리집에서 상품 소개 검색하기

❀다음 그림을 보고, 물음에 답하시오. [13~14]

13 위와 같이 개인이나 지역이 경제적 이익을 얻기 위해 물건, 기술, 정보 등을 서로 주고받는 것을 무엇이라고 하는지 쓰시오.

(　　　　　　　)

14 위 그림에 대한 설명으로 알맞지 <u>않은</u> 것은 어느 것입니까? (　　)

① 지역마다 생산 기술이 비슷하다.

② 재준이네 지역에서는 포도를 판매한다.

③ 두 지역 모두 경제적 이익을 얻을 수 있다.

④ 두 지역 간의 교류를 통해 지역을 발전시킬 수 있다.

⑤ 영희네 지역에서는 질 좋은 포도로 다양한 상품을 만들어 판매한다.

15 다음과 같이 상품 전시회를 열어 지역 간에 교류하면 좋은 점은 무엇인지 쓰시오.

_____

_____

16 오른쪽 그림과 같이 경제적 교류를 하는 대상은 어느 것입니까? (   )

① 개인과 기업
② 지역과 지역
③ 국가와 국가
④ 기업과 지역
⑤ 개인과 개인

17 다음과 같이 대중 매체를 통해 교류하면 좋은 점을 두 가지 고르시오. (,   )

> • 인터넷   • 홈 쇼핑   • 스마트폰

① 지역의 정보를 쉽게 알릴 수 있다.
② 시간이 지나서야 물건을 받을 수 있다.
③ 물건을 쉽고 편리하게 사고팔 수 있다.
④ 광고 상품과 실제 상품이 다른 경우가 있다.
⑤ 신선하고 질이 좋은 상품을 직접 확인해 살 수 있다.

18 다음 자료를 통해 알 수 있는 사실로 알맞지 않은 것은 어느 것입니까? (   )

① 도시와 촌락 간에 경제적 교류가 이루어진다.
② 산지촌에서는 목재, 버섯, 산나물 등이 생산된다.
③ 우리가 먹는 음식은 여러 지역의 생산물로 만들어진다.
④ 지역마다 자연환경과 기술 수준이 달라서 생산하는 물건이 다르다.
⑤ 경제적 교류는 문화, 기술, 운동 경기 등과 함께 더욱 활발히 이루어진다.

19 다음에서 설명하는 곳은 어디입니까? (   )

> 우리 지역의 대표 상품을 다른 지역에 홍보하거나 다른 지역의 상품을 우리 지역에 들여오기 위해 알아보는 사람들의 모습을 볼 수 있다.

① 법원   ② 경찰서   ③ 박람회
④ 영화관   ⑤ 민속 박물관

20 전라북도 홍보관에서 볼 수 있는 모습을 찾아 ○표 하시오.

(1) 한복 입기 체험을 하고, 비빔밥을 시식한다.
(   )

(2) 옥돔, 감귤, 한라봉 등을 홍보하고 시식한다.
(   )

서·술·형·평·가

1 다음 그림을 보고, 현명한 선택이 필요한 까닭은 무엇인지 쓰시오.

원래 입던 옷과 비슷한 옷을 또 사 버렸네.

맛있어 보여서 샀는데 정말 맛이 없네.

_____

_____

▪ **현명한 선택을 할 때 고려해야 할 점**

선택할 때는 나의 선택이 꼭 필요한 것인지, 이 선택으로 내가 얻을 수 있는 편리함이나 즐거움은 어떤 것들이 있는지 고려합니다.

2 다음 사례를 읽고, 물음에 답하시오.

> 20△△년 ○○월 ○○일   ○○신문
>
> ### 경주·포항·울산 해오름 동맹 특별전 열어
>
> 울산광역시, 경상북도 경주시와 포항시는 '해오름 동맹'을 맺어 경제 협력과 문화 교류를 활발하게 하고 있다. 포항의 철강, 경주의 부품, 울산의 자동차·조선업으로 이어지는 산업 분야를 중심으로 경제 교류를 확대하고 있으며 미술, 국악, 오페라 등 문화 교류도 지속적으로 이어 나가고 있다.

(1) 위 사례를 보고, 빈칸에 들어갈 알맞은 말에 ○표 하시오.

> 국내의 여러 지역이 동맹을 맺어 경제 협력과 (문화 , 생산물) 교류를 한다.

(2) 위 사례를 통해 알 수 있는 경제적 교류의 특징은 무엇인지 쓰시오.

_____

▪ **경제적 교류를 하는 방법**
• 대중 매체를 이용한 경제적 교류
• 대형 시장을 이용한 경제적 교류
• 지역 간 대표 자원의 경제적 교류
• 다양한 문화 활동과 함께하는 경제적 교류
• 촌락과 도시의 생산물에 따른 경제적 교류

사
회

3. 사회 변화와 문화의 다양성

❶ 사회 변화로 나타난 일상생활의 모습

🔖 사회 변화로 달라진 사람들의 생활 모습

① 노인 전문 병원, 요양원❶, 노인정 등이 많이 생겼습니다.

② 학급의 학급 수가 점점 줄어들고 있습니다.

③ 다양한 나라의 음식을 파는 가게가 많이 생겨났습니다.

🔖 저출산·고령화가 우리 생활에 미친 영향 → 저출산은 태어나는 아이의 수가 줄어드는 현상이고, 고령화는 전체 인구에서 노인이 차지하는 비율이 높아지는 현상을 말합니다.

① 저출산·고령화로 변화하는 일상생활 모습

저출산	• 출산을 도와주는 병원이 점점 사라지고 학생 수가 줄어드는 학교가 늘어나고 있음. • 가족의 구성원 수가 줄어들고 가족의 형태가 변하고 있음. • 일할 사람이 줄어들고 있으며 경제에도 영향을 미치고 있음.
고령화	• 노인 전문 병원, 노인정 등 노인을 위한 시설이 생겨나고 있음. • 노인들이 행복하고 건강하게 살아갈 수 있도록 노인을 위한 복지 제도가 마련되고 있음.

② 저출산·고령화에 대비하기 위한 방법

• 걱정없이 아이를 낳아 키울 수 있도록 다양한 지원이 필요합니다.

• 세대 간에 서로 소통하고 배려하는 태도를 길러야 합니다.

• 노인들이 사회 활동을 할 수 있도록 지원해야 합니다.

🔖 정보화 → 정보화란 사회가 발전해 나가는 데 정보가 중요한 자원이 되어 중심 역할을 담당하는 것을 말합니다.

① 정보화

• 인터넷으로 다양한 정보와 지식을 빠르게 얻습니다.

• 정보와 지식을 활용하여 자료를 만들고 사람들과 공유하기도 합니다.

② 정보화 사회의 문제점과 해결 방안

문제점	악성 댓글과 거짓 소문의 확산, 개인 정보 유출 증가, 저작권 침해 발생, 인터넷·스마트폰 의존 현상 심화 등
해결 방안	• 인터넷이나 휴대 전화로 대화할 때도 예의를 지켜야 함. • 개인 정보가 유출되지 않도록 조심해야 함. • 다른 사람의 저작물❷을 소중하게 생각함.

🔖 세계화가 우리 생활에 미친 영향

① 세계화: 교통·통신 수단이 발달하면서 세계 여러 나라들이 다양한 분야에서 교류하고 가까워지는 것을 말합니다. → 세계화의 문제점을 해결하기 위해 다른 나라 문화의 좋은 점을 본받고 존중합니다.

② 세계화가 우리 생활에 미치는 영향

긍정적인 영향	• 세계 여러 나라의 물건을 쉽게 살 수 있음. • 세계 여러 나라의 다양한 문화를 접할 수 있음.
부정적인 영향	• 생활 속에서 우리의 전통문화가 점점 사라지고 있음. • 서로의 문화를 이해하지 못해 문제가 생기고 있음.

❖ 우리나라 인구의 변화

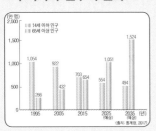

• 14세 이하 인구는 점점 줄어들고 있고, 65세 이상 인구는 점점 증가하고 있습니다.

• 2035년 이후에는 14세 이하 인구는 계속 줄어들고, 65세 이상 인구는 더욱 증가할 것으로 예상됩니다.

❖ 문화에 따라 다양한 생활 모습

▲ 더운 지역의 옷차림   ▲ 추운 지역의 옷차림

▲ 나무와 천으로 만든 집   ▲ 나무로 만든 물 위의 집

옷차림은 어떠한지, 음식을 어떤 방법으로 먹는지, 사는 집 등을 살펴보면 각 문화의 공통점과 차이점을 찾을 수 있습니다.

낱말 풀이

❶ **요양원** 환자들이 휴양하면서 병을 치료할 수 있도록 시설을 갖추어 놓은 기관.

❷ **저작물** 사람들의 생각, 감정, 아이디어 등을 독자적으로 표현한 창작물.

❷ 다양한 문화에 대한 이해와 존중

🔖 일상생활에서 나타나는 다양한 문화의 모습

① 문화: 사람들이 가지고 있는 공통의 생활 방식을 말합니다.

② 문화의 특징: 사람들이 오랜 시간을 함께 생활하면서 만들어지고 전해져 내려온 것입니다. → 입는 옷, 먹는 음식, 사는 집(의식주) 등입니다.

🔖 일상생활에서 나타나는 편견과 차별

① 편견과 차별의 뜻 → 편견 때문에 차별이 나타납니다.

  • 편견: 공정하지 못하고 한쪽으로 치우친 의견이나 생각을 말합니다.

  • 차별: 어떤 기준을 두어 대상을 구별하고 다르게 대우하는 것입니다.

② 일상생활에서 나타나는 편견과 차별 → 장애, 남녀, 나이, 임신, 출산에 대한 차별 등도 있습니다.

▲ 음식을 먹는 방법에 대한 편견

▲ 옷차림에 대한 편견

▲ 피부색에 대한 편견

▲ 출신 국가에 대한 편견

③ 편견과 차별을 없애는 방법

  • 나와 다른 문화도 이해합니다.

  • 상대방의 입장에서 생각합니다.

  • 다른 문화도 우리의 문화처럼 존중합니다.

  • 한쪽으로 치우치지 않는 생각을 하도록 노력합니다.

🔖 편견과 차별을 해결할 방법(예 학급에서 있었던 일)

편견과 차별의 사례	여학생은 축구를 못하고 남학생은 피구보다 축구를 좋아할 것이라는 편견이 있음.
편견과 차별을 해결할 학급 규칙	• 자신이 잘 하는 운동 경기에 남녀 구분 없이 참여할 수 있어야 함. • 학급 경기에서 자기 자신이 원하는 운동 종목에 참여할 수 있어야 함.

🔖 편견과 차별이 없는 사회를 만들기 위한 노력

① 법을 만들고 기관을 세워 편견과 차별을 없애려고 노력합니다.

② 다양한 문화를 가진 사람들이 함께 어울릴 수 있는 자리를 마련합니다.

③ 알맞은 교육을 제공하고 능력을 발휘할 기회를 줍니다.

④ 편견이나 차별의 뜻이 담긴 말을 바꾸고, 사람들이 새롭게 바뀐 말을 사용할 수 있도록 알려 줍니다. → 사람들의 피부색은 다양하기 때문에 크레파스의 '살색'을 '살구색'으로 바꿔 부르기로 하였습니다.

바로바로 체크

1 저출산·고령화로 변화하는 일상생활의 모습으로 바른 것에 ○표 하시오.
  ⑴ 가족의 구성원 수가 늘어나고 있다. (   )
  ⑵ 노인을 위한 전문 시설이 생겨나고 있다. (   )

2 교통·통신 수단이 발달하면서 세계 여러 나라들이 다양한 분야에서 교류하고 가까워지는 것을 무엇이라고 하는지 쓰시오.
  (   )

3 ☐☐는 사람들이 가지고 있는 공통의 생활 방식을 말합니다.

4 다음의 편견을 　보기　에서 찾아 기호를 쓰시오.

보기
  ㉠ 피부색에 대한 편견
  ㉡ 음식을 먹는 방법에 대한 편견

  (   )

▶ 정답
1. ⑵ ○   2. 세계화   3. 문화
4. ㉡

사

회

1 다음 사진을 보고, 변화된 교실 모습을 잘못 말한 친구는 누구인지 쓰시오.

▲ 옛날의 교실

▲ 오늘날의 교실

> • 지윤: 옛날에는 교실에 학생이 많았어.
> • 재호: 오늘날에는 교실에 텔레비전이나 컴퓨터가 있어.
> • 건우: 오늘날 태어나는 아이의 수가 점점 늘어나면서 교실의 모습이 달라지고 있어.

(   )

중요

2 사회가 변화하면서 달라진 마을의 모습으로 알맞지 않은 것은 어느 것입니까? (   )

① 학급의 학생 수가 많이 줄었다.
② 노인 전문 병원이 많이 생겼다.
③ 마을에서 외국인을 자주 볼 수 있다.
④ 다양한 나라의 음식을 파는 가게가 없어졌다.
⑤ 버스 도착 시간을 알려 주는 전광판이 생겼다.

3 다음 ㉠, ㉡에 들어갈 알맞은 말을 쓰시오.

> 최근 들어 출생아 수가 예전에 비해 많이 줄어들고 있어 (㉠) 현상은 점점 더 심해지고 있다. 그뿐만 아니라 노인 인구가 계속 늘어나는 (㉡) 현상도 점점 심해지고 있다.

㉠: (   )   ㉡: (   )

서술형

4 다음 그래프를 보고, 2035년 이후에는 14세 이하 인구와 65세 이상의 인구는 어떻게 변할지 예상해 쓰시오.

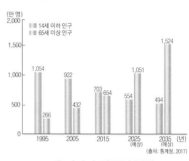

▲ 우리나라 인구의 변화

_____

_____

잘 틀려요

5 저출산으로 변화하는 일상생활의 모습을 세 가지 고르시오. (, ,   )

① 폐교가 늘어나고 있다.
② 가족의 구성원 수가 늘어나고 있다.
③ 출산을 도와주는 병원이 점점 사라지고 있다.
④ 노인을 대상으로 하는 여러 가지 산업이 발달하고 있다.
⑤ 일할 사람이 줄어들고 있으며 경제에도 영향을 미치고 있다.

6 저출산·고령화에 대비하기 위한 방법으로 바른 것에 ○표, 바르지 않은 것에 ×표 하시오.

(1) 노인들을 위한 복지 제도를 줄인다.

(   )

(2) 세대 간에 서로 소통하고 배려하는 태도를 기른다. (   )

(3) 아이를 안전하게 키울 수 있는 시설과 서비스를 마련한다. (   )

중요

7 오른쪽 친구가 설명하는 것은 무엇인지 쓰시오.

( )

사회가 발전해 나가는 데 정보가 중요한 자원이 되어 중심 역할을 담당하는 것을 말해

8 학교에서 정보와 지식을 활용하는 모습으로 알맞지 않은 것은 어느 것입니까? ( )

① 음악 시간에 리코더를 연주한다.

② 학교 누리집을 보고 학교 소식을 알 수 있다.

③ 다양한 정보가 담긴 디지털 교과서로 학습한다.

④ 학교 도서실에서 도서 대출 프로그램을 이용한다.

⑤ 학교 복도에 설치된 기상 정보 시스템으로 오늘의 날씨를 알 수 있다.

9 다음과 관련 있는 정보화 사회의 문제점은 무엇입니까? ( )

사람들이 우리 회사에서 개발한 프로그램을 불법으로 내려받아 회사가 큰 손해를 입고 있어요.

① 저출산·고령화

② 저작권 침해 발생

③ 개인 정보 유출 증가

④ 악성 댓글과 거짓 소문의 확산

⑤ 인터넷·스마트폰 의존 현상 심화

잘 틀려요

10 우리 주변에서 볼 수 있는 세계화의 모습으로 알맞은 것을 두 가지 고르시오. (,)

① 외국인이 우리나라에서 야구 선수로 활동한다.

② 집에서 인터넷 뱅킹을 이용해 은행 업무를 본다.

③ 우리 가족은 주말에 스파게티를 즐겨 사 먹는다.

④ 도시의 기업이나 학교에서 촌락의 마을과 자매결연을 한다.

⑤ 농수산물 직거래 장터에서 싱싱한 농수산물을 싸게 구매한다.

11 세계화가 우리 생활에 미치는 부정적인 영향을 나타낸 모습을 찾아 ○표 하시오.

㉠    ㉡

▲ 세계 여러 나라의 물건을 살 수 있어요   ▲ 생활 속에서 우리 전통 문화가 점점 사라지고 있어요

( )   ( )

서술형

12 세계화의 문제점을 해결하기 위해 우리가 지녀야 할 태도는 무엇인지 쓰시오.

13 다음에서 설명하는 것은 무엇인지 쓰시오.

• 사람들이 가지고 있는 공통의 생활 방식을 말한다.

• 사람들이 오랜 시간을 함께 생활하면서 만들어지고 전해져 내려온 것이다.

( )

14 오른쪽 사진과 같이 이 동을 쉽게 하기 위해서 지은 집은 어느 것입니까? ( )

▲ 게르

① 벽돌로 만든 집
② 짚으로 만든 집
③ 물 위에 만든 집
④ 얼음으로 만든 집
⑤ 나무와 천으로 만든 집

❀ 다음 그림을 보고, 물음에 답하시오. [15~16]

15 위 그림에서 옷차림이 달라서 부당한 대우를 받고 있는 모습을 찾아 기호를 쓰시오.

( )

✿ 중요

16 위와 같은 일이 우리 주변에서 발생하는 까닭은 무엇입니까? ( )

① 편견을 가지고 있기 때문에
② 나라마다 문화가 비슷하기 때문에
③ 나와 다른 문화를 이해하기 때문에
④ 사회의 발전이 늦어지고 있기 때문에
⑤ 공정한 생각을 하는 사람들이 많기 때문에

잘 틀려요

17 편견과 차별을 없애기 위해 해야 할 일로 알맞지 않은 것은 어느 것입니까? ( )

① 상대방의 입장에서 생각한다.
② 다양한 문화를 없애려고 노력한다.
③ 다른 문화도 우리의 문화처럼 존중한다.
④ 서로의 문화를 소개하고 이해하도록 노력한다.
⑤ 한쪽으로 치우치지 않는 생각을 하도록 노력한다.

18 다음 그림과 같은 상황에서 편견과 차별을 없애는 학급 규칙을 찾아 ○표 하시오.

(1) 남학생이 여학생보다 축구를 잘한다는 사실을 알려 준다. ( )
(2) 자신이 잘하는 운동 경기에 남녀 구분 없이 참여해야 한다. ( )

19 다음 공익 광고의 내용에서 빈칸에 들어갈 알맞은 말을 두 가지 고르시오. (,)

'잘 못할 것이다'에서 '못'을 빼면 '잘할 것이다'가 됩니다. 편견과 차별의 못을 빼면 ( )와 ( )의 말이 된다.

① 교류   ② 배려   ③ 전통
④ 존중   ⑤ 무관심

 서술형

20 '살색'으로 불리던 크레파스 색의 이름을 '살구색'이라고 바꾸어 부른 까닭은 무엇인지 쓰시오.

서·술·형·평·가

1 다음 신문 기사를 읽고, 물음에 답하시오.

ㄱ

○○신문 20△△년 △△월 △△일

초등학생 수, 매년 줄어들고 있다

새 학기가 시작되었지만 신입생이 없는 학교가 계속 늘어나고 있다. 많은 지역에서 초등학생 수가 지속적으로 감소해 매년 초등학생 수가 줄어들고 있다. 초등학생 수는 앞으로도 계속 감소할 것으로 예상된다.

ㄴ

○○신문 20△△년 △△월 △△일

일하는 노인들이 늘어나고 있어요

◇◇ 지역에서는 노인 경제활동 자원을 위해 '노인 일자리 급식 도우미 사업'이 활발하게 운영되고 있다. 이 사업으로 노인들은 일한 기회를 얻게 되었고, 학교에는 학생들의 점심식사를 도와주는 사람들이 늘어나게 되었다.

(1) 위 신문 기사에 나타난 사회 현상은 무엇인지 각각 쓰시오.

ㄱ: (   )　　ㄴ: (   )

(2) 위와 같은 사회 변화에 대비하기 위해 노력해야 할 일을 각각 쓰시오.

ㄱ: _____

ㄴ: _____

- **우리 주변에 나타난 사회 변화 모습**
  출산율은 지속적으로 줄어들고 있고 노인 인구는 계속해서 늘어나고 있습니다.

2 일상생활에서 찾아볼 수 있는 편견과 차별의 모습을 보고, 물음에 답하시오.

ㄱ 　ㄴ 　ㄷ

(1) 위에서 옷차림을 보고 무시하는 모습을 찾아 기호를 쓰시오.

(   )

(2) 위와 같은 편견과 차별을 없애는 방법은 무엇인지 쓰시오.

_____

_____

- **사람들과 사회로부터 부당한 대우를 받는 경우**
  우리 주변에는 피부색, 언어, 종교, 출신 지역 등이 다르다는 이유로 사람들과 사회로부터 부당한 대우를 받는 사람들이 있습니다.

출제 예상 문제 분석

단원명	주요 출제 내용	출제 빈도	공부한 날
1. 식물의 생활	• 여러 가지 식물을 관찰하여 특징에 따라 식물 분류하기	★★★★★	월 일
	• 식물의 생김새나 생활 방식이 환경과 관련되어 있음을 설명하기	★★★★★	
	• 우리 생활에서 식물의 특징을 어떻게 활용하는지 알아보기	★★★★	
	• 식물의 특징을 활용한 생활용품 설계하기	★★★	
2. 물의 상태 변화	• 물의 세 가지 상태 알아보기	★★★	월 일
	• 물이 얼 때와 얼음이 녹을 때의 부피와 무게 변화 알아보기	★★★★★	
	• 물이 증발할 때와 끓을 때의 차이점 알아보기	★★★★★	
	• 수증기가 응결하는 현상을 관찰하고, 이와 관련된 예를 찾아보기	★★★★	
	• 물의 상태 변화를 이용한 예를 찾고, 물의 상태 변화를 이용해 가습기 만들기	★★★	
3. 그림자와 거울	• 그림자가 생기는 조건 알아보기	★★★★	월 일
	• 전등과 물체 사이의 거리에 따른 그림자의 크기 변화 알아보기	★★★★★	
	• 거울에 비친 물체의 모습과 실제 물체 비교하기	★★★★	
	• 빛이 거울에 부딪치면 어떻게 되는지 알아보기	★★★★★	
	• 우리 생활에서 거울을 이용하는 예를 알아보고, 거울로 장난감 만들기	★★★	

단원명	주요 출제 내용	출제 빈도	공부한 날
4. 화산과 지진	• 화산의 특징 알아보기	★★★★	월 일
	• 화산 활동으로 나오는 여러 가지 물질 알아보기	★★★★★	
	• 현무암과 화강암이 만들어지는 과정을 이해하고, 두 암석의 특징 비교하기	★★★★★	
	• 화산 활동이 우리 생활에 미치는 영향 알아보기	★★★★	
	• 지진 발생의 원인을 이해하고 지진이 났을 때 안전하게 대처하는 방법을 알아보기	★★★	
	• 지진에 안전한 건물 모형 만들어 보기	★★★	
5. 물의 여행	• 물의 순환 과정 알아보기	★★★★★	월 일
	• 물의 이용 알아보기	★★★★	
	• 물 부족 현상을 해결할 수 있는 방법 알아보기	★★★★	
	• 물의 순환을 이용해 물 모으는 장치 설계하기	★★★	

🌱 잎의 생김새에 따라 식물을 어떻게 분류할 수 있을까요?

분류 기준	그렇다.	그렇지 않다.
잎의 전체적인 모양이 길쭉한가?	소나무, 강아지풀	단풍나무, 토끼풀, 은행나무
잎의 끝 모양이 뾰족한가?	소나무, 강아지풀, 단풍나무	토끼풀, 은행나무
잎의 가장자리가 톱니 모양인가?	단풍나무, 토끼풀	소나무, 강아지풀, 은행나무

└─ 그 외에 잎을 분류할 수 있는 기준: 잎자루가 있는가?, 잎맥이 나란한가?, 잎에 털이 있는가? 등이 있습니다.

🌱 들이나 산에는 어떤 식물이 살까요?

① 들이나 산에서 사는 식물을 풀과 나무로 분류하기
  • 풀: 민들레, 명아주, 강아지풀, 토끼풀 등이 있습니다.
  • 나무: 밤나무, 떡갈나무, 소나무 등이 있습니다.
② 풀과 나무의 공통점과 차이점 ─→ 풀은 대부분 겨울철에 줄기를 볼 수 없지만, 나무는 겨울철에 줄기를 볼 수 있습니다.

구분	풀	나무
공통점	• 뿌리, 줄기, 잎이 있고, 잎은 초록색이다. • 필요한 양분을 스스로 만든다.	
차이점	• 나무보다 키가 작고, 줄기가 나무보다 가늘다. • 대부분 한해살이 식물이다.	• 풀보다 키가 크고, 줄기가 풀보다 굵다. • 모두 여러해살이 식물이다.

🌱 강이나 연못에는 어떤 식물이 살까요?

① 강이나 연못에서 사는 식물

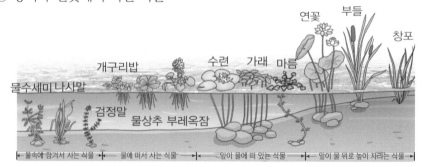

물속에 잠겨서 사는 식물	줄기가 물의 흐름에 따라 잘 휜다.
물에 떠서 사는 식물	수염처럼 생긴 뿌리가 물속으로 뻗어 있다.
잎이 물에 떠 있는 식물	잎과 꽃이 물에 떠 있고, 뿌리는 물속의 땅에 있다.
잎이 물 위로 높이 자라는 식물	잎이 물 위로 높이 자라고, 뿌리는 물속이나 물가의 땅에 있다.

❖ 부레옥잠의 잎자루를 칼로 자른 모습

▲ 잎자루를 세로로 자른 모습

▲ 잎자루를 가로로 자른 모습

• 많은 공기주머니가 보입니다.
• 세로 단면에는 공기구멍이 줄줄이 연결되어 있고, 가로 단면에는 둥근 공기구멍이 가득 차 있습니다.

❖ 부레옥잠의 잎자루를 물속에서 누르는 모습

공기 방울

• 공기 방울이 위로 올라갑니다.
• 잎자루에 있는 공기주머니의 공기 때문에 부레옥잠이 물에 떠서 살 수 있습니다.

📎 낱말 풀이

❶ 분류 공통적인 성질에 따라 종류별로 나눔.
❷ 건조 말라서 물기가 없음.
❸ 활용 살려서 잘 이용함.

② 부레옥잠의 특징
  • 물에 떠 있고, 전체적인 색깔은 초록색이며 잎이 매끈하며 광택이 납니다.
  • 잎은 둥글고 잎자루가 볼록하게 부풀어 있는 모양이며, 뿌리는 수염처럼 생겼습니다.
③ 적응: 생물이 오랜 기간에 걸쳐 주변 환경에 적합하게 변화되어 가는 것입니다. → 부레옥잠도 물이 많은 주변 환경에 적응한 것입니다.

사막에는 어떤 식물이 살까요?

① 사막에서 사는 식물: 선인장, 용설란, 바오바브나무, 메스키트나무, 회전초 등이 살고 있습니다. → 크고 두꺼운 잎에 물을 저장합니다.
② 선인장이 사막에서 살 수 있는 까닭
  • 줄기가 굵어 물을 저장할 수 있기 때문에 건조한 날씨에도 살 수 있습니다.
  • 가시가 있어 물이 필요한 다른 동물이 공격하는 것을 피할 수 있고, 물의 증발을 막을 수 있습니다.
③ 바오바브나무가 사막 환경에 적응한 결과 생긴 특징: 키가 크고 줄기가 굵어서 물을 많이 저장할 수 있습니다.

우리 생활에서 식물의 특징을 어떻게 활용할까요?

① 도꼬마리 열매의 생김새를 활용한 신발: 찍찍이 테이프는 끈을 대신해 신발이 벗겨지지 않게 하는 데 사용합니다.
② 단풍나무 열매의 생김새를 활용한 날개가 하나인 선풍기: 떨어지면서 회전하는 단풍나무 열매의 생김새를 활용해 만들었습니다.
③ 느릅나무 잎의 생김새를 활용한 빗물을 모으는 장치: 물이 부족한 지역에서는 느릅나무 잎의 생김새를 활용해 빗물을 모으는 장치를 만들었습니다.
④ 연꽃잎의 특징을 활용한 물이 스며들지 않는 옷: 비에 젖지 않는 연꽃잎의 특징을 활용해 물이 스며들지 않는 옷을 만들었습니다.

식물의 특징을 활용한 생활용품 설계하기

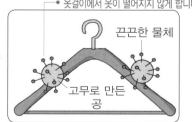
• 옷걸이에서 옷이 떨어지지 않게 합니다.

끈끈한 물체
고무로 만든 공

▲ 끈끈이주걱의 특징을 활용한 옷걸이

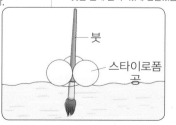
• 붓을 물에 뜰 수 있게 만들었습니다.

붓
스타이로폼 공

▲ 부레옥잠의 특징을 활용한 붓

바로바로 체크

1 들이나 산에서 사는 식물을 풀과 나무로 분류하여 쓰시오

민들레, 명아주,
밤나무, 소나무

(1) 풀: (   )
(2) 나무: (   )

2 물에 떠서 사는 식물은 어느 것입니까? (   )
① 마름   ② 연꽃
③ 수련   ④ 검정말
⑤ 부레옥잠

3 다음 식물이 사는 곳은 어디인지 쓰시오

금호선인장, 용설란,
바오바브나무, 회전초

(   )

4 다음과 같은 것은 어떤 식물의 특징을 활용하여 만든 것인지 쓰시오

물이 스며들지 않는 옷

(   )

정답

1. (1) 민들레, 명아주 (2) 밤나무, 소나무 2. ⑤ 3. 사막
4. 연꽃잎

과학

1 다음 식물의 이름을 쓰시오.

(   )

2 다음은 어느 식물의 잎의 특징입니까? (   )

> • 잎이 한곳에 세 개씩 난다.
> • 잎이 각각 둥근 모양이다.
> • 잎의 가장자리는 톱니 모양이다.

① 국화   ② 소나무
③ 토끼풀   ④ 은행나무
⑤ 단풍나무

중요

3 식물의 잎을 다음과 같이 분류한 기준은 무엇입니까? (   )

① 잎이 한 개인가?
② 잎자루가 있는가?
③ 잎의 끝 모양이 뾰족한가?
④ 잎의 가장자리가 톱니 모양인가?
⑤ 잎의 전체적인 모양이 길쭉한가?

4 식물을 분류하는 기준으로 바르지 않은 것은 어느 것입니까? (   )

① 잎이 예쁜가?
② 잎이 한 개인가?
③ 잎의 끝 모양이 뾰족한가?
④ 잎의 가장자리가 톱니 모양인가?
⑤ 잎의 전체적인 모양이 손 모양인가?

5 들이나 산에서 사는 식물입니다. 풀과 나무로 구분하여 쓰시오.

(1)   (2)

(   )   (   )

잘 틀려요

6 소나무의 특징으로 바르지 않은 것은 어느 것입니까? (   )

① 한해살이 식물이다.
② 들이나 산에서 산다.
③ 줄기가 굵고 거칠다.
④ 민들레보다 키가 크다.
⑤ 잎이 바늘같이 뾰족하다.

서술형

7 풀과 나무의 공통점을 한 가지 쓰시오.

_____

잘 틀려요

8 물속에 잠겨서 사는 식물의 특징은 무엇입니까? ( )

① 줄기가 튼튼하다.
② 잎자루가 부풀어 있다.
③ 잎과 꽃이 물에 떠 있다.
④ 줄기가 물의 흐름에 따라 잘 휜다.
⑤ 수염처럼 생긴 뿌리가 물속에 뻗어 있다.

9 다음에서 설명하는 식물은 어느 것입니까? ( )

• 잎은 마름모 모양이다.
• 잎이 물에 떠 있는 식물이다.
• 뿌리는 물속의 땅에 있다.

① 마름   ② 부들
③ 검정말   ④ 부레옥잠
⑤ 개구리밥

10 다음은 부레옥잠의 어느 부분을 칼로 자른 모습인지 쓰시오.

( )

서술형

11 부레옥잠의 잎자루를 물이 담긴 수조에 넣고 손가락으로 눌러 보고 알 수 있는 사실은 무엇인지 한 가지 쓰시오.

12 다음과 같이 식물이 변화되어 가는 것을 무엇이라고 하는지 쓰시오.

• 생물이 오랜 기간에 걸쳐 주변 환경에 적합하게 변화되어 가는 것이다.
• 부레옥잠의 잎자루가 부풀어 있다.
• 잎이 물 위로 높이 자라는 식물은 줄기가 단단하다.

( )

중요

13 사막 환경의 특징으로 바르지 않은 것은 어느 것입니까? ( )

① 햇빛이 강하다.
② 모래로 이루어져 있다.
③ 모래 폭풍이 많이 분다.
④ 비가 적게 오고 건조하다.
⑤ 낮과 밤의 온도 차가 작다.

14 선인장의 줄기를 가로로 자른 모습을 보고, 선인장이 사막에서 살 수 있는 까닭으로 알맞은 것은 무엇입니까? ( )

① 키가 크기 때문에
② 잎이 두껍기 때문에
③ 줄기가 초록색이기 때문에
④ 가시 모양의 잎을 가지고 있기 때문에
⑤ 줄기가 굵어 물을 저장할 수 있기 때문에

과학

15 바오바브나무가 사막 환경에 적응한 결과 생긴 특징은 무엇인지 모두 고르시오. (   )

① 키가 크다.

② 줄기가 굵다.

③ 잎이 가시 모양이다.

④ 굴러다니면서 씨를 뿌린다.

⑤ 비가 내리면 갑자기 번성하여 산다.

16 도꼬마리 열매와 찍찍이 테이프의 공통점은 무엇입니까? (   )

① 물에 잘 뜬다.

② 물에 젖지 않는다.

③ 물이 안쪽으로 잘 모인다.

④ 손으로 만지면 매끈매끈하다.

⑤ 끝이 갈고리 모양이어서 동물의 털이나 옷에 잘 붙는다.

잘 틀려요

17 느릅나무 잎의 생김새를 다음과 같이 활용하는 지역은 대부분 어디입니까? (   )

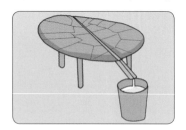

▲ 빗물을 모으는 장치

① 매우 추운 지역

② 물이 풍부한 지역

③ 물이 부족한 지역

④ 바람이 많이 부는 지역

⑤ 생물이 살지 않는 지역

18 날개가 하나인 선풍기를 만드는 데 활용된 식물은 어느 것입니까? (   )

① 허브　　　　　② 연꽃잎

③ 끈끈이주걱　　④ 단풍나무 열매

⑤ 도꼬마리 열매

19 솔방울의 특징을 활용한 생활용품은 어느 것입니까? (   )

① 방향제

② 찍찍이 테이프

③ 미세 먼지를 막는 마스크

④ 옷이 떨어지지 않게 하는 옷걸이

⑤ 빗물이 스며드는 것을 막아 주고 몸의 열이 잘 배출되는 옷

20 식물의 특징을 활용해 생활용품을 설계할 때 가장 중요하게 생각해야 할 점은 무엇입니까?

(   )

① 생활용품의 크기

② 생활용품의 장식

③ 생활용품의 색깔

④ 생활용품에 활용할 식물의 특징

⑤ 생활용품을 만드는 데 걸리는 시간

1 다음과 같은 식물의 잎을 분류할 수 있는 기준을 두 가지 쓰시오.

▸ **잎을 분류하는 기준**
- 잎은 전체적인 모양, 끝 모양, 가장자리 모양, 잎맥 모양 등 생김새에 따라 다양하게 분류할 수 있습니다.
- 식물을 특징에 따라 분류해 보면 식물을 더 잘 이해할 수 있습니다.

---

2 강이나 연못에서 사는 식물의 모습입니다. 각 식물이 사는 곳을 바르게 쓰시오.

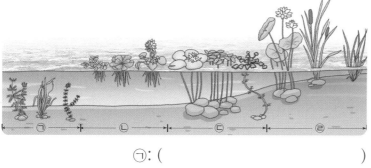

ㄱ: (   )
ㄴ: (   )
ㄷ: (   )
ㄹ: (   )

▸ **강이나 연못에서 사는 식물**
- 물속에 잠겨서 사는 식물: 물수세미, 나사말, 검정말 등
- 물에 떠서 사는 식물: 개구리밥, 물상추, 부레옥잠 등
- 잎이 물에 떠 있는 식물: 수련, 가래, 마름 등
- 잎이 물 위로 높이 자라는 식물: 연꽃, 부들, 창포 등

---

3 다음 식물이 환경에 적응한 특징을 한 가지 쓰시오.

▲ 부들

▲ 창포

▸ **식물이 환경에 적응한 예**
- 물속에 잠겨서 사는 식물의 줄기는 물의 흐름에 따라 잘 휘어집니다.
- 물에 떠서 사는 식물의 뿌리는 수염처럼 생겼습니다.

과
학

❖ 물이 얼 때의 부피 변화

▲ 부피가 늘어납니다.

❖ 얼음이 녹을 때의 부피 변화

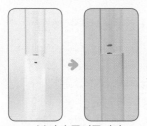

▲ 부피가 줄어듭니다.

❖ 증발과 끓음의 공통점과 차이점
• 공통점: 물이 수증기로 상태가 변해 공기 중으로 흩어집니다.
• 차이점: 증발은 물 표면에서 천천히 일어나고, 끓음은 물 표면과 물속에서 빠르게 일어납니다.

📎 낱말 풀이

❶ 상태 사물이나 현상이 놓여 있는 형편
❷ 계량기 부피나 무게 등을 재는 기구
❸ 이글루 얼음과 눈덩이로 둥글게 만든 집

물의 세 가지 상태를 알아볼까요?①

① 페트리 접시에 얼음과 물을 각각 담고 관찰하기

구분	얼음	물
모양	일정한 모양이 있다.	일정한 모양이 없고, 흐른다.
손으로 만졌을 때의 특징	손으로 잡을 수 있으며, 차갑고 단단하다.	손에 잡히지 않는다.

② 페트리 접시에 담긴 얼음을 손바닥에 올려놓았을 때 일어나는 변화: 얼음이 녹아 물이 됩니다. → 손에 묻은 물은 시간이 지나면 사라져 눈에 보이지 않고, 손에서 사라진 물은 공기 중으로 흩어집니다.

③ 물의 세 가지 상태: 물은 고체인 얼음, 액체인 물, 기체인 수증기의 세 가지 상태로 있습니다.

물이 얼거나 얼음이 녹으면 부피와 무게는 어떻게 될까요?

① 물이 얼 때의 부피와 무게 변화: 물이 얼어 얼음이 되면 부피가 늘어나고, 무게는 변하지 않습니다.

② 우리 주변에서 물이 얼 때 부피가 늘어나는 예
• 페트병에 물을 가득 넣어 얼리면 페트병이 커집니다.
• 한겨울에 수도관에 설치된 계량기②가 터집니다.

③ 얼음이 녹을 때의 부피와 무게 변화: 얼음이 녹아 물이 되면 얼음이 녹기 전보다 부피가 줄어들고, 무게는 변하지 않습니다.

④ 우리 주변에서 얼음이 녹아 부피가 줄어드는 예 → 얼음 틀 위로 튀어나와 있던 얼음이 녹으면 높이가 낮아집니다.
• 꽁꽁 언 튜브형 얼음과자가 녹으면 튜브 안에 가득 찬 얼음과자의 부피가 줄어듭니다.
• 물이 얼어 부푼 페트병을 냉동실에서 꺼내 놓으면 얼음이 녹으면서 부피가 줄어듭니다.

과일을 말리면 그 안에 있던 물은 어떻게 될까요?

① 식품 건조기에 넣은 사과 조각의 변화 관찰하기
• 지퍼 백에 넣은 사과보다 더 건조하고 쭈글쭈글합니다.
• 지퍼 백에 넣은 사과보다 더 크기가 작고 맛이 더 답니다.

② 식품 건조기에 넣은 과일 조각이 마르고 크기가 작아진 까닭: 과일 표면에서부터 물이 수증기로 변해 공기 중으로 흩어졌기 때문입니다.

③ 증발: 액체인 물이 표면에서 기체인 수증기로 상태가 변하는 현상입니다.

④ 우리 주변에서 물이 증발하는 예
• 고추나 오징어와 같은 음식 재료 안에 들어 있는 물을 말리면 오래 보관할 수 있습니다.
• 젖은 머리카락이나 빨래가 마르면 물이 수증기로 변해 공기 중으로 흩어집니다.

🍃 물을 가열하면 어떻게 될까요?

① 물을 가열하면서 일어나는 변화
- 처음에는 표면의 물이 천천히 증발합니다.
- 물을 계속 가열하면 물속에서 기포가 생기고, 물의 높이가 낮아집니다.
② 끓음: 물의 표면뿐만 아니라 물속에서도 액체인 물이 기체인 수증기로 상태가 변하는 현상입니다.

→ 기포는 물이 수증기로 변한 것입니다.

→ 수증기(기체)

→ 물(액체)

▲ 물이 끓는 모습

🍃 차가운 병 표면의 물은 어디에서 왔을까요?

① 시간이 지남에 따라 플라스틱 컵 표면에서 일어나는 변화
- 컵 표면에 물방울이 맺힙니다.
- 시간이 지나면서 은박 접시에 물이 고입니다.
- 무게가 늘어났습니다. 공기 중의 수증기가 물이 되어 차가운 컵 표면에 맺혔기 때문에 무게가 늘어납니다.
② 응결: 기체인 수증기가 액체인 물로 상태가 변하는 것입니다.
③ 우리 생활에서 물의 응결과 관련된 예
- 추운 겨울 유리창 안쪽에 맺힌 물방울
- 가열한 냄비 뚜껑 안쪽에 맺힌 물방울
- 맑은 날 아침 풀잎이나 거미줄에 맺힌 물방울

🍃 우리 생활에서 물의 상태 변화를 어떻게 이용할까요?

물이 얼음으로 상태가 변화된 예	• 얼음과자를 만들 때 • 얼음과 얼음을 물로 붙여 얼음 작품을 만들 때 • 스키장에서 인공 눈을 만들 때 ❸ 이글루를 만들 때
물이 수증기로 상태가 변화된 예	• 가습기를 이용할 때 • 음식을 찔 때 • 스팀다리미로 옷의 주름을 펼 때 • 스팀 청소기로 바닥을 닦을 때

🍃 물의 상태 변화를 이용해 가습기 만들기

① 가습기: 물이 증발해 수증기로 변하는 상태 변화를 이용한 것입니다.
② 가습기의 물이 잘 증발하게 하기 위한 모양과 재료의 특징
- 굴곡이 많은 모양으로 만듭니다.
- 재료를 여러 번 자르고, 여러 번 접습니다.
- 물을 잘 흡수하고 증발이 잘 되는 한지나 부직포, 천, 종이, 나무와 같은 재료를 이용합니다.

바로바로 체크

1 물의 고체 상태는 무엇인지 쓰시오.

(   )

2 다음을 읽고 바르면 ○표, 바르지 않으면 ×표를 하시오.
(1) 물이 얼어 얼음이 되면 부피가 늘어납니다.

(   )

(2) 얼음이 녹아 물이 되면 부피가 늘어납니다.

(   )

3 액체인 물이 표면에서 기체인 수증기로 상태가 변하는 현상은 무엇인지 쓰시오.

(   )

4 ( ) 안에 들어갈 말을 쓰시오.

> 물을 가열하면 액체인 물이 기체인 (   )로 상태가 변한다.

(   )

5 주스와 얼음을 넣은 플라스틱 컵 표면에 물방울이 맺히는 것은 어떤 현상과 관련이 있는지 쓰시오.

(   )

📌 정답

1. 얼음   2. (1) ○ (2) ×   3. 증발   4. 수증기   5. 응결

과학

1 주스와 얼음을 이용해 얼음과자를 만드는 과정입니다. ( ) 안에 들어갈 말은 무엇입니까?
( )

> • 주스를 비닐장갑의 손가락 부분에 넣고, 비닐장갑의 윗부분을 나무젓가락의 갈라진 틈 사이에 끼워 고정한다.
> • 주스를 넣은 비닐장갑을 비커에 넣고 잘게 부순 얼음과 ( )을 번갈아 넣는다.
> • 일정한 시간이 흐른 뒤 비닐장갑을 비커에서 꺼내고, 내용물을 확인한다.

① 물   ② 소금
③ 설탕   ④ 밀가루
⑤ 식용유

2 다음에서 설명하는 것은 어느 것인지 기호를 쓰시오.

> • 일정한 모양이 있다.
> • 손으로 잡을 수 있고 차가우며, 단단하다.

ㄱ    ㄴ

( )

3 얼음을 손바닥에 올려놓으면 어떻게 되는지 쓰시오.

4 물의 상태를 쓰시오.
(1) 얼음: ( )
(2) 물: ( )
(3) 수증기: ( )

✿ 물을 반 정도 넣은 플라스틱 시험관을 소금을 섞은 얼음이 든 비커의 가운데에 꽂은 모습입니다.
[5~6]

잘 틀려요

5 위 플라스틱 시험관의 물이 얼었을 때의 변화로 바른 것은 무엇입니까? ( )

① 물의 맛이 변한다.
② 물의 색깔이 변한다.
③ 물의 성질이 변한다.
④ 물의 높이가 낮아진다.
⑤ 물의 높이가 높아진다.

중요

6 위 5번 정답을 통해 알 수 있는 사실은 무엇입니까? ( )

① 부피가 늘어났다.
② 무게가 늘어났다.
③ 부피가 줄어들었다.
④ 무게가 줄어들었다.
⑤ 무게는 변하지 않는다.

7 얼음이 녹아 물이 되었을 때의 변화를 모두 골라 기호를 쓰시오.

> ㉠ 부피가 늘어난다.
> ㉡ 부피가 줄어든다.
> ㉢ 무게가 늘어난다.
> ㉣ 무게는 변화가 없다.

(   )

잘 틀려요

8 우리 주변에서 부피가 늘어나는 예와 줄어드는 예를 바르게 골라 기호를 쓰시오.

> ㉠ 페트병에 물을 가득 넣어 얼리면 페트병이 커진다.
> ㉡ 겨울에 바위틈에 있던 물이 얼어 바위가 쪼개진다.
> ㉢ 꽁꽁 언 튜브형 얼음과자가 녹으면 튜브 안에 공간이 생긴다.
> ㉣ 한겨울에 수도관에 설치된 계량기가 터진다.
> ㉤ 얼음 틀 위로 튀어나와 있던 얼음이 녹으면 높이가 낮아진다.

(1) 부피가 늘어나는 예: (   )
(2) 부피가 줄어드는 예: (   )

9 식품 건조기에 넣어 말린 사과 조각과 지퍼 백에 넣은 사과 조각을 비교한 것으로 바르지 않은 것은 어느 것인지 기호를 쓰시오.

> ㉠ 식품 건조기에 넣은 사과 조각이 지퍼 백에 넣은 사과 조각보다 쭈글쭈글하다.
> ㉡ 식품 건조기에 넣은 사과 조각이 지퍼 백에 넣은 사과 조각보다 덜 달다.
> ㉢ 식품 건조기에 넣은 사과 조각이 지퍼 백에 넣은 사과 조각보다 크기가 작다.
> ㉣ 식품 건조기에 넣은 사과 조각이 지퍼 백에 넣은 사과 조각보다 건조하다.

(   )

10 생활에서 어떤 현상을 이용한 예인지 쓰시오.

 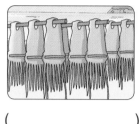

(   )

11 물을 가열하였을 때의 변화로 바르지 않은 것은 어느 것입니까? (   )

① 물의 높이가 낮아진다.
② 물속에서 기포가 생긴다.
③ 물의 높이가 변하지 않는다.
④ 증발할 때보다 더 빨리 수증기로 변한다.
⑤ 기포가 올라와 터져 물 표면이 울퉁불퉁해진다.

12 물을 가열하였을 때 생기는 기포는 무엇인지 쓰시오.

(   )

중요

13 증발과 끓음의 특징을 바르게 선으로 연결하시오.

(1) 증발 •

       • ㉠ 물 표면과 물속에서 빠르게 상태가 변한다.

(2) 끓음 •

       • ㉡ 물 표면에서 천천히 상태가 변한다.

과학

14 맑은 날 아침 풀잎에 맺힌 물방울은 어디에서 온 것인지 쓰시오.

( )

15 플라스틱 컵에 주스와 얼음을 넣고 전자저울로 무게를 측정하였을 때 처음 무게보다 나중 무게가 더 무거운 까닭은 무엇인지 쓰시오.

_____

_____

중요

16 우리 생활에서 볼 수 있는 물의 응결 현상이 아닌 것은 어느 것입니까? ( )

① 풀잎에 맺혔던 물방울이 사라진다.
② 맑은 날 아침 거미줄에 물방울이 맺힌다.
③ 가열한 냄비 뚜껑 안쪽에 물방울이 맺힌다.
④ 추운 겨울에 유리창 안쪽에 물방울이 맺힌다.
⑤ 냉장실에서 꺼낸 물병 표면에 물방울이 맺힌다.

17 물이 얼음으로 상태가 변화된 예를 이용한 경우는 어느 것입니까? ( )

① 음식을 찔 때
② 이글루를 만들 때
③ 가습기를 이용할 때
④ 스팀 청소기로 바닥을 닦을 때
⑤ 스팀다리미로 옷의 주름을 펼 때

18 다음에서 이용된 물의 상태 변화를 쓰시오.

> • 음식을 찐다.
> • 과일을 말린다.
> • 스팀다리미로 옷의 주름을 편다.

물 → ( )

19 가습기를 만들 때 가습기의 물이 잘 증발하게 하기 위한 방법으로 바르지 않은 것은 어느 것입니까? ( )

① 재료를 여러 번 접는다.
② 재료를 여러 번 자른다.
③ 재료를 물에 조금만 담근다.
④ 굴곡이 많은 모양으로 만든다.
⑤ 증발이 잘 되는 재료를 이용한다.

20 부직포를 말아 페트병에 담그면 물이 점점 줄어드는 부직포 가습기에 이용된 현상은 무엇입니까? ( )

① 증발   ② 끓음
③ 응결   ④ 흡수
⑤ 얼음

탐·구·서·술·형·평·가

1 손바닥에 얼음을 올려놓았을 때 다음과 같은 변화가 나타나는 까닭을 쓰시오.

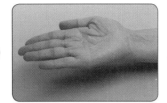

---

2 우리 주변에서 ㉠, ㉡과 같은 현상이 나타나는 까닭을 쓰시오.

㉠

▲ 겨울철에 물이 얼어서 계량기가 터진 모습

㉡

▲ 튜브형 얼음과자가 녹아 공간이 생긴 모습

---

3 플라스틱 컵에 주스와 얼음을 넣고 무게를 측정하니 처음 무게보다 나중 무게가 더 무거웠습니다. 그 까닭을 쓰시오.

▲ 처음 무게: 220.9 g

시간이 지난 뒤

▲ 시간이 지난 뒤의 무게: 221.9 g

▪**물의 세 가지 상태**
- 고체인 얼음은 일정한 모양이 있고, 차갑고 단단합니다.
- 액체인 물은 일정한 모양이 없이 흐르고, 담는 그릇에 따라 모양이 변합니다.
- 기체인 수증기는 일정한 모양이 없고 눈에 보이지 않습니다.

▪**우리 주변에서 물어 얼어 부피가 늘어나는 예**
- 냉동실에 넣어 둔 요구르트 병이 팽팽해집니다.
- 겨울철에 장독에 넣어 둔 물이 얼어서 장독이 깨집니다.
- 겨울에 바위틈에 있던 물이 얼면서 바위가 쪼개집니다.

▪**우리 주변에서 얼음이 녹아 부피가 줄어드는 예**
- 냉동실에서 꺼낸 언 요구르트의 부피가 시간이 지나면서 줄어듭니다.
- 얼음 틀 위로 튀어나와 있던 얼음이 녹으면 높이가 낮아집니다.

▪**응결**
- 차가운 컵 표면에 생긴 물방울은 공기 중에 있던 수증기가 변한 것입니다.
- 기체인 수증기가 액체인 물로 상태가 변하는 것입니다.

과학

3. 그림자와 거울

❖ 불투명한 물체와 투명한 물체의 그림자

▲ 도자기 컵의 그림자

▲ 유리컵의 그림자

❖ 버스 운전기사가 뒤를 돌아보지 않고도 승객이 안전하게 내리는지 확인할 수 있는 까닭
• 거울을 사용하기 때문입니다.
• 거울을 사용하면 빛의 방향을 바꿀 수 있기 때문에 뒤에 있는 승객의 모습을 볼 수 있습니다.

낱말풀이

❶ 불투명 맑지 못하고 흐릿함.
❷ 통과 어떤 곳이나 때를 거쳐서 지나감.
❸ 아이디어 어떤 일에 대한 새로운 생각

🥢 그림자가 생기는 조건은 무엇일까요?

① 그림자가 생기는 조건 ── 그림자는 물체의 뒤쪽에 생깁니다.
  • 빛과 물체가 있어야 합니다.
  • 물체에 빛을 비춰야 합니다.
  • 손전등–물체–스크린 순서가 될 때 그림자가 생깁니다.
② 햇빛이 비칠 때와 구름이 햇빛을 가렸을 때의 그림자
  • 햇빛이 비치는 낮에는 물체 주변에 그림자가 생깁니다.
  • 구름이 햇빛을 가리면 물체 주변에 생긴 그림자가 사라집니다.

▲ 손전등–공–흰 종이 순서로 놓고 그림자를 만든 모습

🥢 불투명한 물체와 투명한 물체의 그림자는 어떻게 다를까요?

① 불투명한 물체와 투명한 물체의 그림자 비교
  • 빛이 나아가다가 도자기 컵, 책, 손과 같은 불투명한 물체를 만나면 진한 그림자가 생깁니다.
  • 빛이 나아가다가 유리컵, 무색 비닐, OHP 필름과 같은 투명한 물체를 만나면 연한 그림자가 생깁니다. ── • 빛이 물체를 통과하는 정도에 따라 그림자의 진하기가 다릅니다.
② 불투명한 물체와 투명한 물체의 그림자의 진하기가 다른 까닭
  • 빛이 나아가다가 불투명한 물체를 만나면 빛이 통과하지 못해 진한 그림자가 생깁니다.
  • 빛이 나아가다가 투명한 물체를 만나면 빛이 대부분 통과해 연한 그림자가 생깁니다.

🥢 물체 모양과 그림자 모양이 비슷한 까닭은 무엇일까요?

① 물체 모양과 그림자 모양 비교하기: 물체 모양과 그림자 모양이 비슷합니다.
② 한 가지 물체로 여러 가지 모양의 그림자 만들기: 물체를 놓는 방향이 달라지면 그림자의 모양도 달라집니다.
③ 빛의 직진 ── • 물체의 모양과 그림자의 모양이 비슷한 까닭입니다.
  • 태양이나 전등에서 나와 빛이 곧게 나아가는 성질입니다.
  • 직진하는 빛이 물체를 통과하지 못하면 물체의 모양과 비슷한 그림자가 생깁니다.

── • 물체와 스크린을 그대로 두었을 때 그림자의 크기는 손전등과 물체 사이의 거리에 따라 달라집니다.
🥢 그림자의 크기를 변화시키려면 어떻게 해야 할까요?

① 손전등을 물체에 가깝게 하면 그림자의 크기가 커집니다.
② 손전등을 물체에서 멀게 하면 그림자의 크기는 작아집니다.

🥚 거울에 비친 물체의 모습은 실제 물체와 어떻게 다를까요?

① 거울에 비친 물체의 색깔은 실제 물체의 색깔과 같습니다.

② 거울에 비친 물체의 상하는 바뀌어 보이지 않지만, 좌우는 바뀌어 보입니다.

┌─ • 거울이 바라보는 방향을 바꾸면 빛을 다른 방향으로 반사하게 할 수 있습니다.

🥚 빛이 거울에 부딪치면 어떻게 될까요?

① 빛이 거울에 부딪쳐 나아가는 모습: 거울에서 빛의 방향이 바뀝니다.

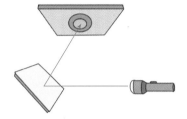

▲ 손전등의 빛이 거울에 부딪쳐 나아가는 모습

▲ 거울을 사용해 손전등의 빛을 종이 과녁판의 가운데에 비췄을 때

② 빛의 반사: 빛이 나아가다가 거울에 부딪치면 거울에서 빛의 방향이 바뀌는 성질입니다.

┌─ • 빛의 반사를 이용해 물체의 모습을 비추는 도구입니다.

🥚 우리 생활에서 거울을 어떻게 이용할까요?

① 사람들은 자신의 모습을 보거나 주변에 있는 다른 모습을 볼 때 거울을 사용합니다.

② 거울의 성질을 이용해 새로운❸ 아이디어 상품들을 개발합니다.

③ 우리 생활에서 거울을 이용하는 예

▲ 무용실 거울   ▲ 미용실 거울   ▲ 승강기 안 거울

┌• 무용하는 자신의 모습을 봅니다. ┌• 자신의 머리 모양을 봅니다. ┌• 자신의 옷과 얼굴을 봅니다.

🥚 거울로 재미있는 장난감 만들기 ⑩ 만화경

① 아크릴 거울 세 장을 뒤집어 나란히 놓고, 거울 두 개가 서로 만나는 면을 테이프로 각각 붙입니다.

② 거울이 있는 면을 안쪽으로 향하게 접고 테이프로 붙여 밑면이 삼각형인 기둥을 만듭니다.

③ 기둥의 밑면에 반투명 종이를 붙이고, 색종이 조각을 기둥의 안쪽에 넣습니다.

④ 기둥의 윗면에 작은 구멍을 뚫은 검은색 도화지를 붙여 장난감을 완성합니다.

1 ( ) 안에 알맞은 말을 쓰시오.

> 공에 손전등의 (   )을 비추면 그림자가 생긴다.

(   )

2 불투명한 물체와 투명한 물체 중 진한 그림자가 생기는 것은 어느 것인지 쓰시오.

(   )

3 원 모양 종이의 그림자 모양은 어떤 모양인지 쓰시오.

(   )

4 ( ) 안에 알맞은 말을 쓰시오.

> 스크린을 그대로 두었을 때 그림자의 크기는 손전등과 ( ) 사이의 거리에 따라 달라진다.

(   )

5 다음을 읽고 바르면 ○표, 바르지 않으면 ×표를 하시오.

(1) 거울에 비친 물체의 색깔은 실제 물체의 색깔과 같습니다. ( )

(2) 물체를 거울에 비춰 보면 물체의 상하가 바뀌어 보입니다. ( )

▶ **정답**

1. 빛   2. 불투명한 물체   3. 원
모양   4. 물체   5. (1) ○ (2) ×

1 OHP 필름에 동물 그림을 그리고 투명 아크릴 판에 놓은 다음 위쪽에서 손전등의 빛을 비췄을 때 생기는 것은 무엇인지 쓰시오.

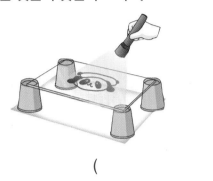

( )

중요

2 손전등의 빛을 비춰 흰 종이에 공의 그림자를 만들기 위한 조건입니다. ( ) 안에 알맞은 말을 차례대로 쓰시오.

> 흰 종이-( )-( )의 순서가 될 때 그림자가 생긴다.

( )

3 다음에서 그림자가 생기는 경우는 언제인지 기호를 쓰시오.

> ㉠ 햇빛이 비칠 때
> ㉡ 구름이 햇빛을 가렸을 때

( )

4 다음 물체 중 진한 그림자가 생기는 것은 어느 것입니까? ( )

① 책
② 무색 비닐
③ 유리컵
④ 안경의 유리
⑤ OHP 필름

5 꽃병 그림자의 진하기가 다른 까닭은 무엇인지 쓰시오.

6 물체 모양과 그림자 모양이 비슷하게 나타나는 데 이용된 빛의 성질은 무엇인지 쓰시오.

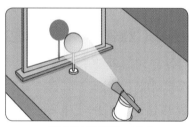

▲ 원 모양 종이의 그림자

( )

잘 틀려요

7 오른쪽과 같은 모양의 그림자가 나타나는 경우는 어느 것인지 기호를 쓰시오.

㉠

㉡

( )

8 물체와 스크린은 그대로 두고 그림자의 크기를 크게 하려면 어떻게 해야 하는지 쓰시오.

_____

9 위 8번에서 스크린과 손전등을 그대로 두었을 때, 그림자의 크기를 크게 하는 경우를 기호로 쓰시오.

> ㉠ 물체를 손전등에서 멀게 한다.
> ㉡ 물체를 손전등에 가깝게 한다.

( )

잘 틀려요

10 그림자에 대한 설명으로 바르지 않은 것은 무엇입니까? ( )

① 직진하는 빛이 물체를 통과하면 진한 그림자가 생긴다.
② 직진하는 빛이 물체를 통과하지 못하면 그림자가 생긴다.
③ 빛이 직진하기 때문에 물체 모양과 그림자 모양이 비슷하다.
④ 손전등과 물체 사이의 거리에 따라 그림자의 크기가 달라진다.
⑤ 손전등과 물체 사이의 거리가 멀어질수록 그림자의 크기가 작아진다.

11 거울에 비친 인형의 모습입니다. 실제 인형이 위로 올린 손은 어느 쪽 손인지 쓰시오.

( )

12 오른쪽 글자를 거울에 비춰 보았을 때, 글자가 어떻게 보이는지 기호로 쓰시오.

과학

㉠ 과학   ㉡ 뒤집힌과학

( )

중요

13 거울에 비친 물체의 모습에 대한 설명으로 바른 것은 무엇입니까? ( )

① 거울에 비친 물체의 색깔은 실제 물체의 색깔과 다르다.
② 거울에 물체를 비춰 보면 실제 물체보다 더 크게 보인다.
③ 거울에 물체를 비춰 보면 실제 물체보다 더 작게 보인다.
④ 거울에 비친 물체의 모양은 실제 물체의 모습과 좌우가 바뀌어 보인다.
⑤ 거울에 비친 물체의 모습은 실제 물체의 모습과 위아래가 바뀌어 보인다.

14 빛이 나아가다가 거울에 부딪치면 빛의 방향이 바뀌는 성질을 무엇이라고 하는지 쓰시오.

( )

과
학

15 거울을 이용해 손전등의 빛을 종이 과녁판에 비추기 위한 방법을 모두 고르시오. (   )

① 거울을 흔든다.
② 손전등을 흔든다.
③ 거울의 각도를 조절한다.
④ 손전등의 위치를 조절한다.
⑤ 크기가 작은 거울로 바꾼다.

16 거울 두 개를 마주 보게 세워 두고 그 사이에 물체를 놓았을 때, 거울에 비친 물체의 모습은 몇 개입니까? (   )

① 한 개   ② 두 개
③ 세 개   ④ 네 개
⑤ 여러 개

17 다음에서 설명하는 것은 무엇입니까? (   )

• 우리가 흔히 사용하는 생활용품이다.
• 빛이 반사하는 성질을 이용한다.
• 자신의 모습을 보거나 주변에 있는 다른 모습을 볼 때 사용한다.

① 물   ② 거울
③ 렌즈   ④ 종이
⑤ 손전등

18 우리 생활에서 승강기 안의 거울은 어떻게 쓰이는지 한 가지 쓰시오.

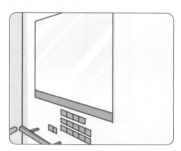

19 거울로 만든 여러 가지 장난감에서 이용된 성질은 무엇입니까? (   )

만화경, 무한 거울, 거울 공

① 빛을 반사하는 성질
② 빛이 휘어져 나아가는 성질
③ 빛이 물체를 통과하는 성질
④ 빛이 물체에 흡수되는 성질
⑤ 빛이 주변을 밝게 해 주는 성질

잘 틀려요

20 다음은 여러 가지 모양의 무늬를 관찰할 수 있는 장난감입니다. 이 장난감에 이용된 거울은 몇 장인지 쓰시오.

(   )

탐·구·서·술·형·평·가

1 그림자가 생기는 조건을 알아보았습니다.

(1) 오른쪽과 같이 그림자를 만들 때 필요한 것을 모두 쓰시오.

(   )

(2) 그림자가 생기는 위치는 어디인지 쓰시오.

(   )

(3) 그림자가 생기는 조건을 쓰시오.

_____

- **그림자가 생기는 조건**
  - 빛과 물체가 있어야 합니다.
  - 물체에 빛을 비추어야 합니다.
  - 손전등–물체–스크린 순서가 될 때 그림자가 생깁니다.

2 손전등과 스크린 사이에 동물 모양 종이를 놓았을 때, 그림자의 크기를 크게 하는 방법을 두 가지 쓰시오.

_____

_____

- **물체의 그림자를 변화시키는 방법**
  - 손전등의 위치를 조절합니다.
  - 물체의 위치를 조절합니다.
  - 스크린의 위치를 조절합니다.

3 구급차의 앞부분에 글자를 좌우로 바꾸어 쓴 까닭은 무엇인지 쓰시오.

_____

_____

- **거울에 비친 물체의 모습**
  - 거울에 비친 물체의 색깔은 실제 물체의 색깔과 같습니다.
  - 물체의 상하는 바뀌어 보이지 않지만 좌우는 바뀌어 보입니다.

4 손전등의 빛을 거울에 비췄을 때 손전등의 빛이 나아가는 모습을 그림으로 그리시오.

- **빛의 반사**
  - 빛이 나아가다가 거울에 부딪치면 거울에서 빛의 방향이 바뀝니다.
  - 거울은 빛의 반사를 이용해 물체의 모습을 비추는 도구입니다.

과

학

❤ **화산이란 무엇일까요?**

① 화산: 마그마가 분출하여 생긴 지형입니다. ┌• 땅속 깊은 곳에서 암석이 녹은 것입니다.

② 화산과 화산이 아닌 산의 모습 비교

화산	화산이 아닌 산
• 산꼭대기에 마그마가 분출한 분화구가 있다. • 산꼭대기에 물이 고여 있는 것도 있다.	산꼭대기에 분화구가 없다.

❤ **화산 활동으로 나오는 물질에는 어떤 것들이 있을까요?**

① 화산 분출물   •── 대부분 수증기입니다.
• 화산이 분출할 때 나오는 물질입니다.
• 화산 분출물에는 기체인 화산 가스, 액체인 용암, 고체인 화산재와 화산 암석 조각 등이 있습니다.

② 화산 분출 모형실험과 실제 화산 활동으로 나오는 화산 분출물 비교
     •── 크기가 매우 다양합니다.

모형실험	연기	굳은 마시멜로	흐르는 마시멜로
실제 화산	화산 가스	화산 암석 조각	용암

❤ **현무암과 화강암은 어떤 특징이 있을까요?**

① 현무암의 특징 ── 표면에 크고 작은 구멍이 많이 뚫려 있는 것도 있고, 구멍이 없는 것도 있습니다.
• 색깔이 어둡고 알갱이의 크기가 작습니다.
• 마그마가 지표 가까이에서 식어서 만들어집니다.
• 제주도에서 돌담을 쌓을 때 이용하고, 맷돌이나 돌하르방을 만듭니다.

② 화강암의 특징
• 색깔이 밝고 알갱이의 크기가 큽니다.
• 마그마가 땅속 깊은 곳에서 식어서 만들어집니다.
• 석굴암이나 불국사의 돌계단 등을 만들었습니다.

❤ **화산 활동은 우리 생활에 어떤 영향을 줄까요?**

① 화산 활동이 우리 생활에 주는 피해
• 화산재와 화산 가스의 영향으로 호흡기 질병 및 날씨의 변화가 나타납니다.
• 화산재는 비행기 엔진을 망가뜨려 항공기 운항을 어렵게 합니다.
• 산불이나 지진이 발생합니다.

② 화산 활동이 우리 생활에 주는 이로움
• 화산재는 땅을 기름지게 하여 농작물이 자라는 데 도움을 주기도 합니다.
• 땅속의 높은 열은 온천 개발이나 지열 발전에 활용합니다.
• 화산 활동을 관광 자원으로 이용할 수 있습니다.

❖ 현무암과 화강암이 만들어지는 장소

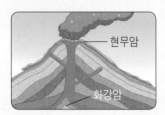

현무암
화강암

❖ 지진 발생 모형실험 하기

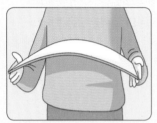

▲ 양손으로 우드록을 가볍게 잡고 수평 방향으로 양쪽에서 힘을 주어 우드록이 휘어지도록 합니다.

▲ 양손으로 우드록에 계속 힘을 주어 끊어지도록 합니다.

낱말 풀이

❶ **분출** 액체나 기체 상태의 물질이 솟구쳐서 뿜어져 나옴.
❷ **지열** 지구 내부에 있는 열
❸ **네팔** 히말라야산맥에 있는 공화국, 수도는 카트만두

🌀 지진이 발생하는 까닭은 무엇일까요?

① 지진: 땅이 지구 내부에서 작용하는 힘을 오랫동안 받으면서 휘어지거나 끊어지면서 흔들리는 것입니다.

② 지진 발생 모형실험과 실제 자연 현상 비교

지진 발생 모형실험	실제 자연 현상
우드록	땅
양손으로 미는 힘	지구 내부에서 작용하는 힘
우드록이 끊어질 때의 떨림	지진

┌─● 최근 우리나라도 규모 5.0 이상의 지진이 여러 차례 발생하고 있어 지진의 안전지대가 아닙니다.

🌀 최근 발생한 지진 피해 사례에는 어떤 것이 있을까요?

① 최근 발생한 지진 피해 사례
- 최근 경상북도 경주에서 규모 5.8, 포항에서 규모 5.4의 지진이 발생해 부상자가 발생하고 재산 피해가 생겼습니다.
- 일본, 대만, 네팔 등 세계 여러 지역에서 큰 규모의 지진이 자주 발생하고 있습니다.

② 규모: 지진의 세기를 나타내는 것으로, 규모의 숫자가 클수록 강한 지진입니다.

🌀 지진이 발생하면 어떻게 해야 할까요?

지진으로 흔들릴 때	교실 안	책상 아래로 들어가 머리와 몸을 보호하고, 책상 다리를 꼭 잡는다.
	승강기 안	모든 층의 버튼을 눌러 가장 먼저 열리는 층에서 내린다.
	건물 밖	머리를 보호하고 건물이나 벽 주변에서 떨어진다.
	대형 할인점	넘어지거나 떨어질 물건으로부터 머리와 몸을 보호한다.
흔들림이 멈추었을 때	학교	머리를 보호하며 선생님의 지시에 따라 넓은 장소로 신속하게 이동한다.
	건물	승강기 대신 계단을 이용해 신속하게 이동한다.
	집	전기와 가스를 차단하고 밖으로 나갈 수 있게 문을 열어 둔다.

┌─● 지진 발생 후에는 부상자를 응급 처치하고, 재난 방송을 청취합니다.

🌀 지진에 안전한 건물 모형 만들기

① 지진을 견딜 수 있도록 튼튼한 재료를 사용하도록 설계합니다.
② 지진의 진동을 흡수하도록 설계합니다.

바로바로 체크

1 마그마가 분출하여 생긴 지형은 무엇인지 쓰시오.
(   )

2 화산이 분출할 때 나오는 화산 분출물 중 액체인 물질은 무엇인지 쓰시오.
(   )

3 현무암과 화강암 중 땅속 깊은 곳에서 서서히 식어 만들어진 암석은 무엇인지 쓰시오.
(   )

4 땅이 지구 내부에서 작용하는 힘을 받아 끊어지면서 발생하는 것을 무엇이라고 하는지 쓰시오.
(   )

5 지진의 세기를 나타내는 것은 무엇인지 쓰시오.
(   )

정답
1. 화산 2. 용암 3. 화강암
4. 지진 5. 규모

과 학

1 화산이 <u>아닌</u> 산은 어느 것입니까? (   )

① 지리산   ② 백두산
③ 한라산   ④ 후지산
⑤ 시나붕산

2 (   ) 안에 공통으로 들어갈 말을 쓰시오.

> • 화산 꼭대기에는 (   )가 있는 것도 있다.
> • 화산 (   )에는 물이 고여 커다란 호수나 물웅덩이가 생기기도 한다.
> • 화산이 아닌 산에는 (   )가 없다.

(   )

3 다음에서 설명하는 화산은 어느 것인지 기호를 쓰시오.

> • 완만한 경사를 이룬다.
> • 분화구가 여러 개다.

ㄱ   ㄴ

▲ 후지산

▲ 킬라우에아산

(   )

4 화산 분출물과 상태를 선으로 바르게 연결하시오.

(1) 용암   •   • ㉠ 고체

(2) 화산재   •   • ㉡ 액체

(3) 화산가스   •   • ㉢ 기체

5 화산 분출 모형실험에서 알루미늄 포일 밖으로 튀어나온 작은 덩어리의 마시멜로는 실제 화산 분출물 중 무엇을 나타내는지 쓰시오.

(   )

6 마그마의 활동으로 만들어진 다음과 같은 암석을 무엇이라고 하는지 쓰시오.

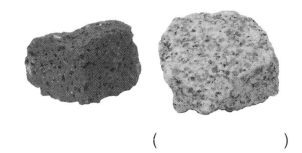

(   )

잘 틀려요

7 화강암과 현무암의 특징을 비교한 것으로 바르지 <u>않은</u> 것을 고르고, 바르게 고쳐 쓰시오.

구분	현무암	화강암
암석의 색깔	㉠어두운색이다.	㉡밝은 색이다.
암석을 이루는 알갱이의 크기	㉢ 알갱이의 크기가 크다.	㉣ 알갱이의 크기가 크다.
기타	㉤ 표면에 크고 작은 구멍이 많이 뚫려 있다.	㉥ 대체로 밝은 바탕에 검은색 알갱이가 보인다.

(1) 바르지 않은 것: (   )

(2) _____

★중요★

8 현무암과 화강암이 만들어지는 장소입니다. 현무암과 화강암이 만들어지는 곳을 골라 기호를 쓰시오.

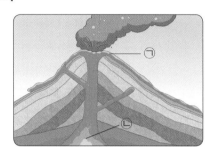

(1) 화강암: (   )
(2) 현무암: (   )

9 맷돌과 돌하르방은 어떤 암석으로 만든 것인지 쓰시오.

(   )

10 화산 활동이 우리 생활에 주는 피해를 골라 기호를 쓰시오.

ㄱ
▲ 산불

ㄴ
▲ 지열 발전

ㄷ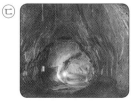
▲ 용암 동굴

ㄹ
▲ 기름진 농토

(   )

11 화산재가 우리 생활에 주는 피해를 한 가지 쓰시오.

_____

_____

12 지진이 발생하는 원인은 무엇입니까? (   )

① 홍수
② 산사태
③ 도로 공사
④ 흐르는 물
⑤ 지구 내부에서 작용하는 힘

13 지진 발생 모형실험을 하는 모습입니다. 지진이 발생하는 것을 나타낸 모습은 어느 것인지 기호를 쓰시오.

ㄱ

ㄴ

(   )

잘 틀려요

14 위 13번 지진 발생 모형실험에서 우드록과 우드록을 양손으로 미는 힘이 나타내는 것은 실제 자연 현상에서 무엇인지 보기 에서 골라 쓰시오.

보기
땅, 지구 내부에서 작용하는 힘

(1) 우드록: (   )
(2) 양손으로 미는 힘: (   )

15 다음은 우리나라에서 발생한 지진에 대한 기사 중 일부입니다. ( ) 안에 들어갈 말을 쓰시오.

> **경상북도 포항에서 (　　) 5.4의 지진 발생!**
>
> 2017년 11월 15일 포항에서 지진 발생
> 2016년 경주 지진에 이어 발생한 큰
> (　　)의 지진으로 지금까지 우리나라에서
> 발생한 지진 중 가장 큰 피해를 주었습니다.

(　　　　　)

16 지진 피해 사례를 조사할 때 조사하지 않아도 되는 것은 무엇입니까? (　　)

① 지진의 규모
② 지진이 발생한 날짜
③ 지진이 발생한 위치
④ 지진으로 인한 피해
⑤ 지진이 발생한 지역의 날씨

중요

17 다음을 읽고 바르면 ○표, 바르지 않으면 ×표 를 하시오.

(1) 규모의 숫자가 클수록 강한 지진입니다.
(　　)

(2) 지진의 규모가 같으면 피해 정도도 같습 니다. (　　)

(3) 우리나라에서는 지진이 발생하지 않습니 다. (　　)

18 지진이 발생하기 전에 해야 할 일을 모두 고르 시오. (　　　　)

① 재난 방송을 듣는다.
② 구급약품을 준비한다.
③ 부상자를 응급 처치한다.
④ 흔들리는 물건을 고정한다.
⑤ 바닥에 있는 물건은 높은 곳에 올려놓는다.

잘 틀려요

19 지진이 발생했을 때 대처하는 방법으로 바르지 않은 것은 무엇입니까? (　　)

① 머리와 몸을 보호한다.
② 전기와 가스를 차단한다.
③ 건물이나 벽 주변에서 떨어진다.
④ 승강기를 타고 빠르게 이동한다.
⑤ 승강기 안에 있을 경우 모든 층의 버튼을 눌러 가장 먼저 열리는 층에서 내린다.

20 지진에 안전한 건물 모형을 만든 것입니다. 지 진의 진동을 견디고 충격을 흡수할 수 있게 사 용한 재료는 무엇입니까? (　　)

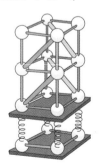

① 우드록
② 수수깡
③ 용수철
④ 이쑤시개
⑤ 스타이로폼 공

탐·구·서·술·형·평·가

1 화산의 특징을 한 가지씩 쓰시오.

ㄱ

▲ 울릉도

ㄴ

▲ 백두산

ㄷ

▲ 후지산

ㄱ: _____

ㄴ: _____

ㄷ: _____

2 현무암과 화강암의 알갱이 크기가 다른 까닭을 쓰시오.

_____

_____

3 다음은 우리나라에서 발생한 지진 피해 사례입니다. 강한 지진부터 순서대로 기호를 쓰고, 그 까닭을 쓰시오.

구분	발생 지역	규모	피해 내용
ㄱ	경상북도 포항시	4.6	부상자 발생
ㄴ	경상북도 경주시	5.8	부상자 발생, 건물 균열, 지붕과 담장 파손
ㄷ	경상북도 포항시	5.4	부상자 및 이재민 발생, 건물 훼손

(1) 지진의 세기 순서: (   )

(2) 까닭: _____

- **화산의 모습**
  - 한라산: 산꼭대기에 분화구가 있습니다.
  - 킬라우에아산: 완만한 경사를 이루고, 분화구가 여러 개입니다.
  - 시나붕산: 고깔 모양이고, 분화구에서 화산 활동이 자주 일어납니다.

- **현무암과 화강암이 만들어지는 장소**

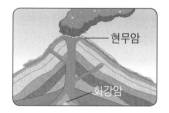

현무암

화강암

- **지진 피해 모습**

과
학

✛ 물을 주지 않아도 되는 실내
　정원

❖ 물의 순환 과정
• 땅에 내린 빗물은 호수와 강,
　바다, 땅속에 머물다가 공기
　중으로 증발하거나 식물의 뿌
　리로 흡수되었다가 잎에서 수
　증기가 됩니다.
• 공기 중의 수증기가 하늘 높이
　올라가 응결하면 구름이 되고,
　다시 비나 눈이 되어 바다나
　육지로 내립니다.
• 땅에 내린 비나 눈은 땅속으로
　스며들거나 강으로 흘러들어
　바다로 흘러갑니다.

❖ 물의 순환 실험 장치

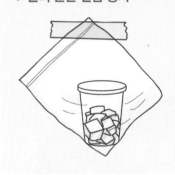

✐ 낱말 풀이

❶ 정원 집안에 있는 뜰이나 꽃밭
❷ 순환 주기적으로 자꾸 되풀
　이하여 돎. 또는 그런 과정
❸ 인공 강우 사람이 인공적으
　로 비가 내리게 하는 일

🍃 물을 주지 않아도 되는 실내 정원❶

① 물을 주지 않아도 되는 실내 정원 만들기

• 투명한 플라스틱 컵에 꽃삽으로 거름흙을 $\frac{1}{3}$ 정도 넣습니다.
• 그 위에 식물을 세우고, 식물의 뿌리가 충분히 묻힐 정도로 다시 거름
　흙을 넣습니다.
• 물이 담긴 분무기로 식물과 거름흙에 물을 뿌립니다.
• 다른 플라스틱 컵을 식물과 거름흙을 넣은 플라스틱 컵 위에 올리고,
　그 사이를 셀로판테이프로 붙입니다.

② 실내 정원의 모습 변화
• 오전에는 플라스틱 컵 안쪽에 작은 물방울이 많이 맺혀 있습니다.
• 오후에는 물방울의 크기가 커지면서 밑으로 흘러내리기도 합니다.

③ 실내 정원에 물을 계속 주지 않아도 식물이 자라는 까닭: 처음 만들 때
　분무기를 이용해 주었던 물이 증발하여 밖으로 나가지 못하고 플라스틱
　컵 안에 머물기 때문입니다.

🍃 물은 어떻게 여행할까요?

① 물의 순환❷: 물은 상태가 변하면서 육지, 바다, 공기 중, 생명체 등 여러
　곳을 끊임없이 돌고 돕니다. ──► 물은 순환하지만 지구 전체 물의 양은 변하지 않습니다.

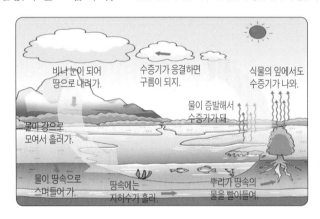

② 물의 순환 실험을 통해 지구에서의 물의 순환 과정 추리하기
• 플라스틱 컵 안에 있던 얼음은 녹아서 물이 되고, 이 물은 증발하여 수
　증기가 되어 지퍼 백 안에 머무릅니다.
• 지퍼 백 안의 수증기는 지퍼 백 밖의 차가운 공기 때문에 응결하여 지
　퍼 백 안쪽 면을 타고 아래로 떨어집니다.
• 이처럼 지구에서도 물이 증발하여 수증기가 되고, 이 수증기는 비나
　눈이 되어 땅으로 내려오는 현상이 반복해서 일어납니다.
• 실험 전후의 무게가 같다는 것을 통해 지구에서도 물은 순환하지만 지
　구 전체 물의 양은 변하지 않는다는 것을 알 수 있습니다. ──► 물의 순환 실험 장치의
　　　　　　　　　　　　　　　　　　　　　　　　　　　　　처음 무게와 3일이 지난
　　　　　　　　　　　　　　　　　　　　　　　　　　　　　뒤의 무게가 같습니다.

🌀 물은 어떻게 이용될까요? → 물은 우리 생활에서 다양하게 이용되고, 식물이나 동물의 몸속을 순환하면서 생명을 유지시킵니다.

① 공장에서 물건을 만들 때 물을 이용합니다.

② 흐르는 물이 만든 다양한 지형을 관광 자원으로 이용합니다.

③ 생선이 상하지 않도록 얼음을 이용합니다.

④ 물이 떨어지는 높이 차이를 이용해 전기를 만듭니다.

⑤ 물건과 주변을 깨끗하게 만듭니다.

⑥ 농작물을 키웁니다.

⑦ 생명을 유지시킵니다.

🌀 물 부족 현상을 어떻게 해결할까요?

① 물이 부족한 까닭 → 중국, 인도, 아프리카 등은 물이 부족한 나라이고, 우리나라도 물이 부족한 나라입니다.

• 아프리카와 같이 비가 적게 내리고 물이 빨리 증발되는 지역이 있습니다.

• 초원이었던 곳이 사막과 같은 상태로 변해 가는 곳이 많아지는 이상 기후 현상이 일어나 물이 더 부족해집니다.

• 인구 증가로 물의 이용량이 많아졌지만 하수 처리 시설은 부족하여 물 오염이 심각해져 물이 부족해집니다.

• 산업 발달로 물이 자연적으로 깨끗해지는 속도보다 사람들이 물을 이용하여 오염되는 속도가 더 빠르기 때문입니다.

② 물 부족 현상을 해결할 방법 → 우리가 이용했던 물을 다시 이용할 수 있을 때까지는 시간과 비용이 많이 들기 때문에 물을 아껴 쓰고 소중히 다루어야 합니다.

• 기름기가 있는 그릇은 휴지로 닦고 설거지를 합니다.

• 빨래는 모아서 한꺼번에 합니다.

• 물이 심각하게 부족할 경우 인공 강우처럼 구름에 화학 약품을 뿌려 비를 내리도록 합니다.

• 바닷물에 녹아 있는 소금기를 제거할 수 있는 기술을 개발하여 식수와 공업용수로 이용합니다.

• 단독 주택이나 공용 시설에 빗물 저장조를 설치해서 청소할 때 이용합니다.

🌀 물의 순환을 이용해 물 모으는 장치 설계하기

① 물 모으는 장치가 필요한 까닭

• 물 이용량은 점점 늘어나지만 정화 시설이 부족해서 깨끗한 물을 이용할 수 없는 나라가 있기 때문입니다.

• 물 자원을 효과적으로 관리하고 이용하기 위해서입니다.

② 물 모으는 장치 설계하기

• 토의한 내용을 바탕으로 물 모으는 장치의 모양을 정합니다.

• 물 모으는 장치를 구체적으로 그려 봅니다.

• 설계도에 각 부분별로 설명을 써 봅니다.

• 물 모으는 장치의 특징이 잘 드러나도록 이름을 정합니다.

바로바로 체크

1 『과학』 106~107쪽에서 방울이가 사람의 몸속을 여행할 때 상태는 무엇인지 쓰시오.

(   )

2 다음을 읽고 바르면 ○표, 바르지 않으면 ×표를 하시오.

(1) 물은 상태가 변하면서 이동합니다. (   )

(2) 물은 공기 중에서만 이동합니다. (   )

3 물의 상태가 변하면서 여러 곳을 끊임없이 돌고 도는 과정을 무엇이라고 하는지 쓰시오.

(   )

4 식물이나 동물의 몸속을 순환하면서 생명을 유지시켜 주는 것은 무엇인지 쓰시오.

(   )

5 ( ) 안에 알맞은 말을 쓰시오.

> 아프리카와 같이 비가 적게 내리고, 물이 빨리 증발되는 지역은 물이 (   )하다.

(   )

과학

📌 정답

1. 물(액체)   2. (1) ○ (2) ×   3. 물의 순환   4. 물   5. 부족

1 실내 정원의 모습을 오전과 오후로 구분하여 쓰시오.

오전	
오후	

2 위 1번의 실내 정원에 물을 주지 않아도 식물이 자라는 까닭입니다. ( ) 안에 알맞은 말을 쓰시오.

> 처음 만들 때 분무기를 이용해 주었던 물이 ( )하여 밖으로 나가지 못하고 플라스틱 컵 안에 머물기 때문이다.

( )

3 다음은 방울이의 이동 과정 모습입니다. 방울이가 수증기 상태일 때는 언제인지 기호를 쓰시오.

( )

4 위 3번 방울이의 이동 과정을 보고 알 수 있는 사실을 한 가지 쓰시오.

5 물의 순환 과정입니다. ㉠과 ㉡에 들어갈 말을 쓰시오.

> 땅에 내린 빗물은 호수와 강, 바다, 땅속에 머물다가 공기 중으로 증발하거나 식물의 뿌리로 흡수 되었다가 잎에서 (㉠)가 된다. 공기 중의 (㉠)가 하늘 높이 올라가 (㉡)하면 구름이 되고, 다시 비나 눈이 되어 바다나 육지로 내린다. 땅에 내린 비나 눈은 땅속으로 스며들거나 강으로 흘러들어 바다로 흘러간다.

㉠: ( )
㉡: ( )

6 물의 순환 실험 장치를 햇볕이 잘 드는 창문에 매달았을 때 나타나는 변화로 바르지 <u>않은</u> 것은 무엇입니까? ( )

① 얼음이 녹는다.
② 얼음의 양이 늘어난다.
③ 컵 밖의 물의 양이 늘어난다.
④ 지퍼 백 안쪽에 물방울이 맺힌다.
⑤ 지퍼 백 안쪽에 맺힌 물방울이 흘러내려 바닥에 모인다.

7 위 물의 순환 실험 장치에서 나타나는 현상을 모두 고르시오. ( )

① 증발   ② 언다.
③ 끓음   ④ 응고
⑤ 응결

8 물의 순환 과정에 대한 설명으로 바르면 ○표, 바르지 않으면 ×표를 하시오.

⑴ 얼음, 물, 수증기 등 물의 상태가 변하면서 끊임없이 돌고 돕니다.　(　)

⑵ 물이 순환하면 지구 전체의 물의 양은 점점 줄어듭니다.　(　)

9 다음과 같이 우리 생활에서 다양하게 이용되는 것은 무엇인지 쓰시오.

(　　　　)

10 오른쪽은 물을 어떻게 이용한 것입니까? (　)

① 전기를 만든다.
② 생명을 유지한다.
③ 주변을 깨끗하게 한다.
④ 다양한 지형을 만든다.
⑤ 공장에서 물건을 만든다.

중요

11 물의 이용에 대한 설명으로 바른 것은 무엇입니까? (　)

① 물은 한 번 이용하고 나면 사라진다.
② 물의 순환으로 이용 가능한 물의 양이 늘어난다.
③ 한곳에 이용된 물은 다른 곳에서 이용할 수 없다.
④ 우리가 이용한 물은 순환하여 다시 우리에게 온다.
⑤ 식물에게 물을 주면 식물의 몸속에 물이 계속 저장되어 있다.

12 물이 식물이나 동물에게 중요한 까닭을 모두 고르시오. (　　　　)

① 자라게 해준다.
② 생명을 유지시켜 준다.
③ 위험으로부터 보호해 준다.
④ 여러 곳으로 이동시켜 준다.
⑤ 생물의 모습을 변화시켜 준다.

잘 틀려요

13 다음을 읽고 바르면 ○표, 바르지 않으면 ×표를 하시오.

⑴ 우리나라는 물이 부족한 나라입니다.
(　)

⑵ 중국, 인도, 아프리카 등은 물이 풍부한 나라입니다.　(　)

⑶ 물은 순환하기 때문에 우리가 이용할 물의 양은 부족하지 않습니다.　(　)

14 나라별 물 부족 현황을 나타낸 것입니다. ㉠~㉣ 중 물이 많이 부족한 곳은 어디인지 쓰시오.

(　　　　)

15 다음은 물이 부족한 까닭 중 어느 것을 나타낸 것입니까? (   )

① 하수 처리 시설이 부족한 점
② 사람들이 물을 아껴 쓰지 않는 점
③ 산업이 발달하여 물이 오염되는 점
④ 인구가 증가하여 물 이용량이 늘어난 점
⑤ 비가 적게 내리고 증발되는 물의 양이 많은 점

16 물 부족 현상을 해결하는 방법 중 다음과 같이 사용하는 것은 무엇입니까? (   )

> 빗물을 모아 화단에 물을 주는 데 활용한다.

① 워터콘
② 와카워터
③ 빗물 저금통
④ 행복한 대야
⑤ 바닷물을 식수로 만드는 솥

중요

17 물 부족 현상을 해결할 방법 중에서 우리가 실천할 수 있는 것은 무엇입니까? (   )

① 수도세를 올린다.
② 인공 강우를 만든다.
③ 빗물 저장조를 설치한다.
④ 샴푸나 세제를 많이 사용하지 않는다.
⑤ 바닷물에 녹아 있는 소금기를 제거할 수 있는 기술을 개발한다.

18 와카워터가 하는 일은 무엇입니까? (   )

① 물을 모은다.   ② 물을 얼린다.
③ 물을 끓인다.   ④ 물을 증발시킨다.
⑤ 물을 정화한다.

잘 틀려요

19 위 18번 와카워터에 이용된 현상은 무엇입니까? (   )

① 끓음   ② 증발
③ 응결   ④ 언다.
⑤ 녹는다.

20 물 모으는 장치를 설계할 때 생각하지 않아도 되는 것은 어느 것입니까? (   )

① 장치의 모양
② 장치의 색깔
③ 필요한 재료
④ 장치의 크기
⑤ 물을 모으는 방법

1 물의 순환 실험 장치의 처음 무게와 3일이 지난 뒤의 무게를 측정한 것입니다. 이를 통해 알 수 있는 지구에서의 물의 순환 과정의 특징을 한 가지 쓰시오.

구분	처음	3일이 지난 뒤
무게(g)	97.6	97.6

물의 순환 과정
· 물은 상태가 변하면서 육지, 바다, 공기 중, 생명체 등 여러 곳을 끊임없이 돌고 돕니다.
· 물은 순환하지만 지구 전체 물의 양은 변하지 않습니다.

2 다음을 보고 물이 어떻게 이용되고 있는지 쓰시오.

ㄱ
ㄴ
ㄷ
ㄹ

ㄱ:
ㄴ:
ㄷ:
ㄹ:

물의 중요성
· 물은 우리 생활에서 다양하게 이용됩니다.
· 물은 식물이나 동물의 몸속을 순환하면서 생명을 유지시킵니다.
· 빗물은 땅속에 스며들어 나무와 풀을 자라게 합니다.

3 나라별 물 부족 현황을 보고 각 색깔이 의미하는 것을 쓰시오.

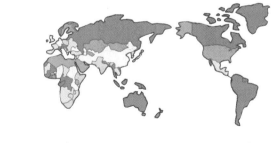

(1) ●●●● : (   )
(2) ○ : (   )
(3) ● : (   )
(4) ● : (   )

물이 부족한 까닭
· 지역이나 기후에 따라 이용할 수 있는 물의 양이 다릅니다.
· 도시가 발달하고 사람이 많아져서 물 이용량이 늘어났습니다.
· 환경이 오염되어 이용할 수 있는 물의 양이 줄어들었습니다.
· 사람들이 아껴 쓰지 않아서 이용할 수 있는 물의 양이 점점 줄어들고 있습니다.

마무리 평가

차례

1 [1. 이어질 장면을 생각해요]
만화 영화에 나오는 등장인물의 성격을 알아보기 위해 살펴볼 점을 모두 고르시오.

(, ,)

① 작가의 성별
② 등장인물의 수
③ 등장인물의 표정
④ 등장인물의 몸짓
⑤ 등장인물의 말투

서술형
2 [1. 이어질 장면을 생각해요]
영화를 재미있게 감상하는 방법을 쓰시오.

_____

_____

3 [2. 마음을 전하는 글을 써요]
다음에서 글쓴이가 전하려는 마음은 무엇입니까? ( )

> 같이 달려 주고 응원해 준 너희의 따뜻한 마음 잊지 않을게.

① 미안한 마음
② 고마운 마음
③ 귀찮은 마음
④ 속상한 마음
⑤ 부끄러운 마음

4 [2. 마음을 전하는 글을 써요]
다음 그림에서 남자아이가 전해야 할 마음을 쓰시오.

네가 우리 학년 달리기 대회에서 상을 받았다고 들었어.

( )

5~6

가

알나리깔나리. / 너 그만해! / 뭐? 너 혼나 볼래? / ……

거북 / 토끼

나

저요! 저요! 제가 할게요. / 다른 친구도 발표해야지. / …… / 내 마음이야. 저요! 저요!

사자

5 [3. 바르고 공손하게]
그림 가 에서 거북이가 잘못한 점은 무엇입니까? ( )

① 거친 말을 했다.
② 너무 작은 목소리로 말했다.
③ 토끼의 말에 대답하지 않았다.
④ 토끼를 바라보지 않고 말했다.
⑤ 토끼가 말하는 도중에 끼어들었다.

서술형
6 [3. 바르고 공손하게]
그림 나 에서 사자가 한 말을 예의 바른 말로 고쳐 쓰시오.

예의 바르지 않은 말
"내 마음이야. 저요! 저요!"

예의 바른 말

마무리 평가

7~8

버스 안	사라가 버스 앞자리에 앉았다.

↓

경찰서	사라가 경찰서에 잡혀갔다. 기자가 사라의 사진을 찍어 가고 많은 사람이 사라를 보러 왔다.

↓

사라의 방	사라의 어머니께서 법은 언젠가는 바뀐다며 사라를 위로하셨다.

↓

버스 정류장 앞	사라는 버스를 타지 않기로 하고, 사람들도 사라와 함께 버스를 타지 않았다.

↓

버스 안	사람들이 마침내 법을 바꾸고 사라는 버스에 올라 앞자리에 앉을 수 있게 되었다.

[4. 이야기 속 세상]

7 사라가 경찰서에 잡혀간 까닭은 무엇이겠습니까? ( )

① 사라가 버스를 타지 않아서
② 사라가 버스 앞자리에 앉아서
③ 많은 사람이 사라를 보러 와서
④ 기자가 사라의 사진을 찍어 가서
⑤ 사람들에게 법을 바꾸자고 말해서

[4. 이야기 속 세상]

8 위와 같이 정리한 내용으로 알 수 있는 것을 두 가지 고르시오. (,)

① 장소의 변화
② 시간적 배경
③ 이야기의 분량
④ 등장인물의 외모
⑤ 각 장소에서 일어난 일

[5. 의견이 드러나게 글을 써요]

9 다음 글쓴이의 의견으로 알맞은 것에 ○표를 하시오.

> 우리 상수리에 댐을 건설하면 숲에 사는 동물들이 살 곳을 잃고, 우리는 만강의 물고기들을 다시는 볼 수 없게 될 것입니다. 그리고 마을 어른들께서는 평생 살아온 고향을 떠나야 한다고 말씀하십니다.

• 댐을 건설하는 것에 (찬성 , 반대)한다.

[5. 의견이 드러나게 글을 써요]

10 의견을 제시하는 글을 쓰는 방법으로 알맞은 것을 모두 고르시오. (, ,)

① 자신의 의견을 제시한다.
② 문제 상황을 자세히 쓴다.
③ 의견을 뒷받침하는 까닭을 쓴다.
④ 되도록 여러 가지 의견을 제시한다.
⑤ 많은 사람들의 의견과 최대한 비슷한 의견을 말한다.

[6. 본받고 싶은 인물을 찾아봐요]

11 다음은 어떤 인물에 대한 설명입니까? ( )

> ☐☐은/는 한자가 너무 어려워 많은 백성이 글로 자신의 생각을 표현하지 못하는 것을 안타깝게 여겨 훈민정음을 만들었다.

① 이순신　　　② 유관순
③ 안중근　　　④ 세종 대왕
⑤ 마리 퀴리

12~13

배가 침몰하였다는 소식을 들은 제주도 사람들은 이제는 굶어 죽을 수밖에 없다며 절망에 빠졌다. 이것을 보고 김만덕은 생각하였다.

'제주도 사람들을 굶어 죽게 내버려 둘 수는 없다. 내가 나서서 그들을 살려야겠다.'

김만덕은 전 재산을 들여 육지에서 곡식을 사 오게 하였다. 그 곡식은 총 오백여 석이었다.

"제가 전 재산을 들여 육지에서 사들인 곡식입니다. 굶주린 사람들에게 나누어 주십시오."

제주 목사는 김만덕의 말을 듣고 깜짝 놀랐다.

'양반도 아닌 상인이 피땀 흘려 모은 재산을 제주도 사람들을 구하겠다고 모두 내놓다니 정말 어진 사람이구나.'

관청 마당에는 곡식이 산더미같이 쌓여 있었다. 제주 목사는 곡식을 풀어 굶주린 사람들에게 나누어 주었다. 그리하여 제주도 사람들은 목숨을 건질 수 있었다.

[6. 본받고 싶은 인물을 찾아봐요]

12 이 글에 나타난 김만덕의 업적은 무엇입니까? ( )

① 제주 목사를 만난 것
② 육지에서 곡식을 사 온 것
③ 피땀 흘려 재산을 모은 것
④ 배가 침몰한 것을 안타까워한 것
⑤ 전 재산을 들여 제주도 사람을 살린 것

[6. 본받고 싶은 인물을 찾아봐요]

13 문제 12번의 답을 통해 알 수 있는 김만덕의 가치관은 무엇입니까? ( )

① 학식을 쌓는 삶
② 나누고 베푸는 삶
③ 백성을 다스리는 삶
④ 부자로 기억되는 삶
⑤ 신분 높은 양반이 되는 삶

14~15

가 학교 도서관에서 책을 고르다가 『세시 풍속』이라는 책을 읽었습니다.

나 옛날 사람들은 병을 옮기는 나쁜 귀신이 팥을 싫어한다고 믿었답니다. 그래서 동지에 팥으로 죽을 만들어 귀신이 못 오게 집 앞에 뿌렸답니다. 이 일에서 동지에 팥죽 먹는 풍습이 생겼답니다.

다 계절의 변화 하나하나에 의미를 부여하고 삶을 즐겁게 보내려는 마음을 듬뿍 느꼈습니다.

[7. 독서 감상문을 써요]

14 동지에 먹는 음식은 무엇입니까? ( )

①
②
③
④
⑤

[7. 독서 감상문을 써요]

15 가~다는 독서 감상문을 구성하는 내용 가운데 무엇인지 기호를 쓰시오.

(1) 책 내용: ( )
(2) 책을 읽은 동기: ( )
(3) 책을 읽고 생각하거나 느낀 점:
( )

16~18

아낙의 말을 듣고 보니 정말 그런 것도 같았어요. 아버지는 아이도 당나귀에 태웠어요. 아버지와 아이를 태운 당나귀는 힘에 부친 듯 비틀비틀 걸음을 옮겼어요.

시장에 거의 다다랐을 때, 그 모습을 본 청년이 말했어요.

"불쌍한 당나귀! 이 더운 날 두 명이나 태우고 가느라 힘이 다 빠졌네. 나라면 당나귀를 메고 갈 텐데."

청년의 말을 듣고 보니 그런 것 같았어요.

'그래, 이대로 가다가는 시장에 가기도 전에 당나귀가 지쳐 쓰러져 버릴 거야.'

둘은 당나귀에서 내렸어요. 그러고 나서 아버지는 당나귀의 앞발을, 아이는 뒷발을 각각 어깨에 올렸지요.

이제 외나무다리 하나만 건너면 시장이에요.

"으히힝."

그때 당나귀가 버둥거리는 바람에 두 사람은 그만 당나귀를 놓치고 말았답니다. 강에 빠진 당나귀는 물살에 떠내려가고 말았어요.

"다른 사람의 말만 듣다가 결국 귀한 당나귀를 잃고 말았구나!"

[8. 생각하며 읽어요]

16 청년의 의견은 무엇입니까? ( )

① 당나귀를 메고 가야 한다.
② 당나귀를 타고 가야 한다.
③ 당나귀에 짐을 싣고 가야 한다.
④ 아이가 당나귀를 타고 가야 한다.
⑤ 아버지가 당나귀를 타고 가야 한다.

[8. 생각하며 읽어요]

17 아버지와 아이가 당나귀를 잃은 까닭은 무엇입니까? ( )

① 사람마다 생각이 달라서
② 다른 사람의 의견을 무시해서
③ 의견의 차이를 좁히지 못해서
④ 다른 사람의 의견을 그대로 받아들여서
⑤ 다른 사람의 의견을 받아들이지 못해서

[8. 생각하며 읽어요]

18 이 글이 말하고자 하는 내용은 무엇입니까? ( )

① 다양한 의견이 중요하다.
② 의견의 차이를 존중해야 한다.
③ 의견이 적절한지 판단해야 한다.
④ 의견에 맞는 까닭을 준비해야 한다.
⑤ 다른 사람의 의견은 받아들여야 한다.

19~20

멸치 대왕은 먹을 것을 잔뜩 준비하고, 꼴뚜기, 메기, 병어 정승 들을 불렀지. 그리고 망둥 할멈을 반갑게 맞아들였어.

㉠하지만 넓적 가자미한테는 알은척도 하지 않고 먹을 것도 주지 않자 넓적 가자미는 잔뜩 화가 나서 토라져 버렸어. 멸치 대왕이 망둥 할멈에게 꿈 이야기를 해 주자 망둥 할멈은 벌떡 일어나 절을 하면서 "대왕마마, 용이 될 꿈입니다."라고 말했어. 그러면서 하늘을 오르락내리락 구름 속을 왔다가 갔다가 하는 것은 용이 되어서 하늘을 날아다니는 것이고, 흰 눈이 내리면서 추웠다가 더웠다가 하는 것은 용이 되어 날씨를 마음대로 다스리게 되는 것이라고 풀이해 주었어.

[9. 감동을 나누며 읽어요]

19 망둥 할멈은 어떻게 꿈풀이를 했는지 쓰시오.

• 멸치 대왕이 ( )이 될 꿈이다.

[9. 감동을 나누며 읽어요]

20 ㉠으로 알 수 있는 넓적 가자미의 성격은 어떠합니까? ( )

① 너그럽다. ② 호탕하다.
③ 속이 좁다. ④ 욕심이 없다.
⑤ 아부를 잘한다.

1 빈칸에 알맞은 수를 써넣으세요.

[1. 분수의 덧셈과 뺄셈]

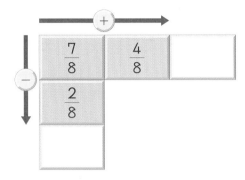

2 가장 큰 수와 가장 작은 수의 합을 구해 보세요.

[1. 분수의 덧셈과 뺄셈]

$$1\frac{3}{5} \qquad \frac{13}{5} \qquad 2\frac{1}{5} \qquad \frac{9}{5}$$

(   )

3 계산 결과를 비교하여 ○ 안에 >, =, <를 알맞게 써넣으세요.

[1. 분수의 덧셈과 뺄셈]

$$5\frac{4}{9}-1\frac{7}{9} \bigcirc 7\frac{1}{9}-\frac{29}{9}$$

서술형

[1. 분수의 덧셈과 뺄셈]

4 밀가루가 5 kg 있습니다. $\frac{4}{5}$ kg씩 3봉지에 나누어 담으면 밀가루는 몇 kg 남게 되는지 풀이 과정을 쓰고 답을 구해 보세요.

_____

_____

_____

(   )

5 정삼각형을 모두 찾아 기호를 써 보세요.

[2. 삼각형]

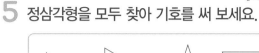

(,   )

6 삼각형 ㄱㄴㄷ은 이등변삼각형입니다. ㉠의 크기는 몇 도인가요?

[2. 삼각형]

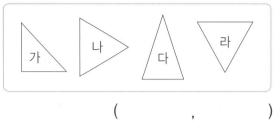

(   )

7 세 각 중 두 각의 크기가 50°, 80°인 삼각형이 있습니다. 이 삼각형의 이름이 될 수 있는 것을 모두 고르세요. (,   )

[2. 삼각형]

① 정삼각형   ② 예각삼각형
③ 직각삼각형   ④ 둔각삼각형
⑤ 이등변삼각형

8 일의 자리 숫자가 5, 소수 첫째 자리 숫자가 0, 소수 둘째 자리 숫자가 6, 소수 셋째 자리 숫자가 1인 소수 세 자리 수를 쓰고 읽어 보세요.

[3. 소수의 덧셈과 뺄셈]

ㄱ 쓰기: (   )

ㄴ 읽기: (   )

9 가장 큰 수를 찾아 기호를 써 보세요.

[3. 소수의 덧셈과 뺄셈]

> ㄱ 50.1의 $\frac{1}{10}$인 수
>
> ㄴ 5.1의 $\frac{1}{100}$인 수
>
> ㄷ 0.051의 100배인 수

(   )

10 관계있는 것끼리 선으로 이어 보세요.

[3. 소수의 덧셈과 뺄셈]

(1) 6.1−2.08   •   •ㄱ 4.4

(2) 1.65+2.75   •   •ㄴ 4.02

(3) 10.42−6.9   •   •ㄷ 3.52

11 정사각형에 대한 설명으로 잘못된 것을 골라 기호를 써 보세요.

[4. 사각형]

> ㄱ 마름모라고 할 수 없습니다.
>
> ㄴ 네 각의 크기가 모두 같습니다.
>
> ㄷ 네 변의 길이가 모두 같습니다.
>
> ㄹ 직사각형이라고 할 수 있습니다.

(   )

✿ 그림을 보고 물음에 답해 보세요. [12~13]

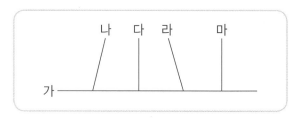

12 직선 가에 수직인 직선을 모두 찾아 써 보세요.

[4. 사각형]

(,   )

13 평행선을 모두 찾아 써 보세요.

[4. 사각형]

(,   )

서술형

[4. 사각형]

14 정삼각형을 만들었던 철사를 펴서 가장 큰 마름모를 만들었습니다. 마름모의 한 변의 길이는 몇 cm인지 풀이 과정을 쓰고 답을 구해 보세요.

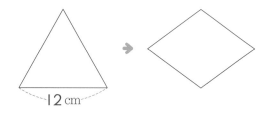

    12 cm

_____

_____

_____

(   )

어느 도시의 기온을 조사하여 나타낸 표를 보고 꺾은선그래프로 나타내려고 합니다. 물음에 답하세요. [15~17]

어느 도시의 기온

시각(시)	오전 10	오전 11	낮 12	오후 1	오후 2	오후 3
기온(℃)	9	10	13	18	20	16

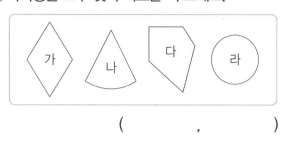

[5. 꺾은선그래프]
15 가로와 세로에는 각각 무엇을 나타내어야 하나요?

ㄱ 가로: (   )

ㄴ 세로: (   )

[5. 꺾은선그래프]
16 세로 눈금 한 칸은 몇 ℃로 나타내는 것이 좋은가요? (   )

① 0.1℃   ② 0.2℃
③ 1℃   ④ 2℃
⑤ 5℃

[5. 꺾은선그래프]
17 제목을 쓰고 꺾은선그래프로 나타내어 보세요.

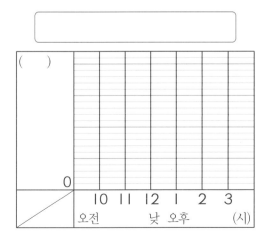

[6. 다각형]
18 다각형을 모두 찾아 기호를 써 보세요.

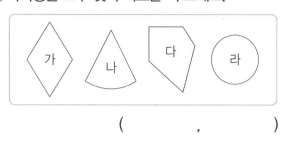

(,   )

[6. 다각형]
19 정다각형입니다. 모든 변의 길이의 합을 구해 보세요.

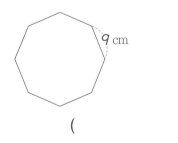

9 cm

(   )

[6. 다각형]
20 세 도형의 대각선의 개수의 합을 구해 보세요.

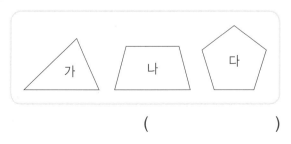

(   )

마무리 평가

마무리 평가 **135**

[1. ❶ 촌락과 도시의 특징]

1 촌락의 모습이 아닌 것은 어느 것입니까?
( )

①    ②

③    ④

[1. ❶ 촌락과 도시의 특징]

2 행정의 중심지로 새롭게 계획하여 만든 도시는 어디입니까? ( )

① 서울특별시   ② 부산광역시
③ 세종특별자치시   ④ 제주특별자치도
⑤ 전라남도 여수시

서술형

3 오른쪽 사진과 같은 도시 문제를 해결하기 위해 정부에서 하는 일은 무엇인지 쓰시오.

[1. ❶ 촌락과 도시의 특징]

_____

_____

[1. ❷ 함께 발전하는 촌락과 도시]

4 교류에 대하여 바르게 말한 친구는 누구인지 쓰시오.

- 미영: 사람들이 오고 가는 것만 교류라고 해.
- 성재: 지역마다 생산물, 기술, 문화 등이 비슷하기 때문에 교류가 이루어져.
- 정빈: 학교에서 다른 지역으로 체험 학습을 가는 것도 교류라고 할 수 있어.

( )

[1. ❷ 함께 발전하는 촌락과 도시]

5 촌락 사람들이 도시로 가는 경우를 두 가지 고르시오. (,)

① 공연을 관람하기 위해서
② 의료 시설을 이용하기 위해서
③ 신선한 농수산물을 사기 위해서
④ 농촌 체험 마을 행사에 참여하기 위해서
⑤ 깨끗한 자연환경에서 여유로운 생활을 체험하기 위해서

[1. ❷ 함께 발전하는 촌락과 도시]

6 도시 사람들이 촌락에 사는 사람들과 교류하여 얻을 수 있는 좋은 점을 두 가지 고르시오.
(,)

① 촌락의 인구가 늘어나게 된다.
② 깨끗한 자연환경에서 여가를 보낼 수 있다.
③ 일손 돕기 봉사를 하여 소득을 높일 수 있다.
④ 촌락의 축제에 참여해 지역의 전통문화를 체험할 수 있다.
⑤ 농수산물 직거래 장터에서 농수산물을 비싸게 구매할 수 있다.

[2. ❶ 경제 활동과 현명한 선택]

7 오른쪽 그림의 친구가 선택의 문제를 겪는 까닭은 무엇입니까?
( )

① 용돈이 많기 때문에
② 돈이 부족하기 때문에
③ 시간이 부족하기 때문에
④ 먹고 싶은 음식이 없기 때문에
⑤ 경제 활동을 하지 않기 때문에

8 다음에서 설명하는 것은 무엇인지 쓰시오.

> • 경제 활동에서 선택의 문제가 일어나는 이 유이다.
> • 사람들이 원하는 것은 많으나, 그것을 모두 가질 수 없는 상태를 말한다.

(   )

9 다음 (보기)에서 생활에 필요한 것을 자연에 서 얻는 생산 활동을 모두 골라 기호를 쓰시오.

> **보기**
>
> ㉠ 공연하기   ㉡ 버섯 따기
> ㉢ 건물 짓기   ㉣ 벼농사 짓기
> ㉤ 환자 진료하기   ㉥ 자동차 만들기

(   )

10 다음에서 설명하는 물건의 정보를 얻는 방법은 무엇입니까? (   )

> 여러 제품의 가격을 한눈에 비교할 수 있 고 다른 소비자의 의견도 알 수 있다.

① 상점 방문하기
② 신문 광고 보기
③ 인터넷 검색하기
④ 텔레비전 광고 보기
⑤ 주변 사람의 경험 듣기

11 지역끼리 경제적 교류를 하면 좋은 점으로 알맞 지 않은 것은 어느 것입니까? (   )

① 지역 간의 화합을 가져온다.
② 지역마다 생산하는 물건이 비슷해질 수 있다.
③ 기술 협력으로 더 나은 상품을 개발할 수 있다.
④ 지역 간에 여러 가지 유용한 정보를 주고 받을 수 있다.
⑤ 지역의 특산물을 소개해 경제적 이익을 얻을 수 있다.

서술형

12 다음 그림과 같이 재준이네 지역과 영희네 지역 이 교류하는 까닭은 무엇인지 쓰시오.

13 대형 시장을 이용한 경제적 교류는 어느 것입니 까? (   )

①  ▲ 인터넷

②  ▲ 전통 시장

③  ▲ 스마트폰

④  ▲ 홈 쇼핑

마무리 평가

[3. ① 사회 변화로 나타난 일상생활의 모습]

14 저출산 문제를 해결할 수 있는 방법을 두 가지 고르시오. (,)

① 보육비 지원
② 어린이집 지원
③ 노인 일자리 확대
④ 노인 장기 요양 보험
⑤ 노인 돌봄 서비스 확대

[3. ① 사회 변화로 나타난 일상생활의 모습]

15 다음과 같이 일상생활의 변화 모습과 관련 있는 사회 변화는 어느 것입니까? ( )

> • 노인을 위한 전문 시설이 생겨나고 있다.
> • 노인들이 행복하고 건강하게 살아갈 수 있도록 돕는 복지 제도가 마련되고 있다.

① 정보화
② 세계화
③ 고령화
④ 저출산
⑤ 전문화

서술형 **[3. ① 사회 변화로 나타난 일상생활의 모습]**

16 다음 그림과 관련 있는 정보화 사회의 문제점을 해결하는 방법은 무엇인지 쓰시오.

인터넷을 이용해 악성 댓글이 달리고 거짓 소문이 퍼져서 속상해요.

[3. ① 사회 변화로 나타난 일상생활의 모습]

17 다음은 세계화가 우리 생활에 미치는 영향입니다. 빈칸에 공통으로 들어갈 알맞은 말을 쓰시오.

> • 세계 여러 나라의 다양한 ( )을(를) 접할 수 있다.
> • 서로의 ( )을(를) 이해하지 못해 문제가 생기고 있다.

( )

[3. ② 다양한 문화에 대한 이해와 존중]

18 문화에 대한 설명으로 잘못 말한 것은 어느 것입니까? ( )

① 지역에 따라 문화의 모습은 달라진다.
② 문화는 빨리 나타났다가 빨리 사라진다.
③ 한 나라 안에서도 다양한 문화가 나타난다.
④ 나이에 따라 함께 즐길 수 있는 활동도 있다.
⑤ 나이에 따라 즐기는 여가생활이 다르기도 하다.

[3. ② 다양한 문화에 대한 이해와 존중]

19 다음 그림과 관련 있는 차별의 모습은 어느 것입니까? ( )

일을 잘할 수 있을까?

다른 지원자가 없을까?

① 남녀에 대한 차별
② 나이에 대한 차별
③ 장애에 대한 차별
④ 피부색에 대한 차별
⑤ 임신, 출산에 대한 차별

[3. ② 다양한 문화에 대한 이해와 존중]

20 편견과 차별이 없는 세상을 만들기 위한 노력으로 알맞지 않은 것은 어느 것입니까? ( )

① 다른 나라의 문화를 무시한다.
② 자신의 능력을 발휘할 기회를 준다.
③ 법을 만들고 기관을 세워 편견과 차별을 없애려고 노력한다.
④ 다양한 문화를 가진 사람들이 함께 어울릴 수 있는 자리를 마련한다.
⑤ 편견이나 차별의 뜻이 담긴 말을 바꾸고, 사람들이 새롭게 바뀐 말을 사용할 수 있도록 알려 준다.

[1. 식물의 생활]
1 다음 식물의 이름을 쓰시오.

(   )

[1. 식물의 생활]
2 들이나 산에서 사는 다음과 같은 식물의 특징으로 바르지 <u>않은</u> 것은 무엇입니까? (   )

▲ 밤나무   ▲ 떡갈나무

① 키가 크다.
② 한해살이 식물이다.
③ 여러해살이 식물이다.
④ 필요한 양분을 스스로 만든다.
⑤ 겨울철에 줄기와 잎을 볼 수 있다.

[1. 식물의 생활]
3 다음에서 설명하는 식물은 무엇입니까? (   )

• 잎이 물 위로 높이 자란다.
• 뿌리는 물속이나 물가의 땅에 있다.

① 연꽃   ② 수련
③ 검정말   ④ 물상추
⑤ 부레옥잠

서술형
[1. 식물의 생활]
4 선인장의 줄기를 가로로 잘랐을 때 알 수 있는 사실은 무엇인지 한 가지 쓰시오.

[2. 물의 상태 변화]
5 햇볕을 받은 고드름의 변화를 물의 상태 변화로 나타낸 것입니다. ( ) 안에 들어갈 말을 차례대로 쓰시오.

햇볕을 받기 전 → 햇볕을 받은
고드름   고드름
(   )   (   )

(   )

[2. 물의 상태 변화]
6 물을 반 정도 넣은 플라스틱 시험관의 물이 얼기 전과 언 후의 물의 높이 변화입니다. 알 수 있는 사실은 무엇입니까? (   )

▲ 물이 얼기 전   ▲ 물이 언 후

① 물의 얼면 성질이 변한다.
② 물의 얼면 무게가 줄어든다.
③ 물의 얼면 무게가 늘어난다.
④ 물이 얼면 부피가 늘어난다.
⑤ 물의 얼면 부피가 줄어든다.

[2. 물의 상태 변화]
7 식품 건조기와 지퍼 백 중 어느 곳에 넣은 사과 조각의 특징인지 쓰시오.

• 사과 조각의 표면이 쭈글쭈글하다.
• 사과 조각의 크기가 더 작다.
• 사과 조각의 맛이 더 달다.

(   )

[2. 물의 상태 변화]

8 우리 생활에서 이용된 물의 상태 변화를 바르게 선으로 연결하시오.

(1)  • • ㉠ 물 → 수증기

(2)  • • ㉡ 물 → 얼음

[3. 그림자와 거울]

9 그림자가 생기는 조건으로 바르지 <u>않은</u> 것은 무엇입니까? (　　)

① 빛과 물체가 있어야 한다.
② 물체에 빛을 비춰야 한다.
③ 그림자는 물체의 뒤쪽에 생긴다.
④ 손전등 – 스크린 – 물체의 순서가 되어야 한다.
⑤ 흰 종이와 같은 스크린을 사용하면 그림자를 잘 볼 수 있다.

[3. 그림자와 거울]

10 진하고 선명한 그림자가 생기는 경우는 어느 것인지 기호를 쓰시오.

㉠

㉡

(　　　　　)

[3. 그림자와 거울]

11 원 모양 종이와 삼각형 모양 종이에 손전등을 켜면 원 모양, 삼각형 모양 그림자가 각각 생깁니다. 물체의 모양과 비슷한 모양의 그림자가 생기는 까닭은 무엇인지 쓰시오.

_____

[3. 그림자와 거울]

12 물체와 스크린은 그대로 두었을 때 그림자의 크기를 크게 하려면 손전등을 어느 쪽으로 움직여야 하는지 기호를 쓰시오.

(　　　　　)

[3. 그림자와 거울]

13 빛이 나아가다가 거울에 부딪치면 어떻게 됩니까? (　　)

① 빛이 거울을 통과한다.
② 빛이 거울에 흡수된다.
③ 빛이 거울에서 방향이 바뀐다.
④ 빛이 거울에 부딪쳐 더 밝아진다.
⑤ 빛이 거울에서 여러 방향으로 나아간다.

[4. 화산과 지진]

14 화산이 아닌 산은 어느 것입니까? (　　)

① 한라산　　　　② 지리산
③ 백두산　　　　④ 울릉도
⑤ 후지산

15 화산 활동으로 나온 분출물을 물질의 상태에 따라 구분하여 쓰시오.

[4. 화산과 지진]

> 용암, 화산 가스, 화산 암석 조각

(1) 고체: (　　　　　　　　)
(2) 액체: (　　　　　　　　)
(3) 기체: (　　　　　　　　)

16 현무암과 화강암이 만들어지는 장소를 골라 기호를 쓰시오.

[4. 화산과 지진]

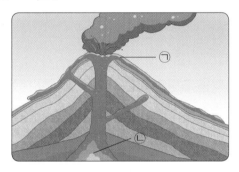

(1) 현무암이 만들어지는 장소:
(　　　　　　)

(2) 화강암이 만들어지는 장소:
(　　　　　　)

17 양손으로 우드록을 수평 방향으로 밀어 우드록이 끊어질 때 손의 느낌을 통해 알 수 있는 자연 현상은 무엇인지 쓰시오.

[4. 화산과 지진]

(　　　　　　　　)

18 물의 순환 실험을 통해 알 수 있는 사실로 바르지 않은 것은 무엇입니까? (　　)

[5. 물의 여행]

① 플라스틱 컵 안의 물은 증발한다.
② 플라스틱 컵 안의 얼음의 양은 점점 늘어난다.
③ 플라스틱 컵 안에 있던 얼음이 녹아서 물이 된다.
④ 3일 뒤 지퍼 백을 떼어 무개를 재어 보면 처음 측정한 무게와 같다.
⑤ 플라스틱 컵 안에서 증발한 물은 응결하여 지퍼 백 안쪽 면을 타고 아래로 떨어진다.

19 물의 이용에 대한 설명으로 바르지 않은 것은 어느 것입니까? (　　)

[5. 물의 여행]

① 물은 끊임없이 이동한다.
② 흐르는 물은 다양한 지형을 만든다.
③ 물은 생물의 생명을 유지시켜 준다.
④ 물은 한 번 이용하고 나면 사라진다.
⑤ 물이 떨어지는 높이 차이를 이용해 전기를 만든다.

20 어떤 까닭으로 물이 부족한 경우를 나타낸 것인지 모두 고르시오. (　　)

[5. 물의 여행]

① 비가 적게 내리기 때문에
② 증발되는 물의 양이 많기 때문에
③ 사람들이 물을 아껴 쓰지 않았기 때문에
④ 사람들이 물을 이용하여 오염시켰기 때문에
⑤ 인구 증가로 물의 이용량이 많아졌기 때문에

마무리 평가

[1. 이어질 장면을 생각해요]

1 영화의 내용을 미리 상상하기 위해 살펴볼 것을 모두 고르시오. (　　,　　,　　)

① 제목
② 광고지
③ 예고편
④ 상영 시간
⑤ 감독의 나이

2~3

　　운동회 날이 되면 나는 기쁘면서도 두려웠어. 달리기 경기를 하는 게 늘 걱정이 되었거든. ㉠달리기를 할 때면 나는 어디론가 숨고 싶었어. 잔뜩 긴장해서 달리다가 오늘도 그만 넘어지고 말았지. 그런데 그때 너희가 달리다가 돌아와서 나를 일으켜 주었지. 내 손을 꼭 잡은 너희의 따뜻한 마음이 느껴져서 눈물이 날 것 같았어. 힘껏 달리고 싶었을 텐데 나 때문에 참았을 것 같아서 미안한 마음이 들어.

　　[㉡], 친구들아!

　　같이 달려 주고 응원해 준 너희의 따뜻한 마음 잊지 않을게.

[2. 마음을 전하는 글을 써요]

2 ㉠은 어떤 마음을 나타낸 표현입니까? (　　)

① 미안한 마음
② 고마운 마음
③ 즐거운 마음
④ 귀찮은 마음
⑤ 부끄러운 마음

[2. 마음을 전하는 글을 써요]

3 ㉡ 안에 들어갈 말로, 글쓴이는 어떤 마음을 전하고 있습니까? (　　)

① 슬퍼
② 고마워
③ 속상해
④ 부러워
⑤ 화가 나

[3. 바르고 공손하게]

4 다음은 두 아이가 교통 봉사 활동을 하시는 아주머니와 아저씨께 인사하는 장면입니다. 어떤 아이의 말이 더 예절에 알맞은지 ○표를 하시오.

(1)　　　　　　　(2)

(　　)　　　　　(　　)

[3. 바르고 공손하게]

5 다음 그림과 같은 상황에서 대화 예절을 지키는 말을 쓰시오.

[3. 바르고 공손하게]

6 온라인 대화를 할 때 지켜야 할 예절로 알맞지 않은 것은 무엇입니까? (　　)

① 공손한 말투를 사용한다.
② 친구에게도 높임말을 쓴다.
③ 그림말을 많이 쓰지 않는다.
④ 신중하게 생각하고 글을 쓴다.
⑤ 뜻을 알 수 없는 말은 쓰지 않는다.

7 이야기의 구성 요소 가운데 다음을 무엇이라고 합니까? (   )

[4. 이야기 속 세상]

> 이야기에서 일어나는 일

① 인물   ② 사건
② 배경   ④ 지문
⑤ 해설

8~10

가 저는 댐을 건설하는 것에 반대합니다. 우리 상수리에 댐을 건설하면 숲에 사는 동물들이 살 곳을 잃고, 우리는 만강의 물고기들을 다시는 볼 수 없게 될 것입니다. 그리고 마을 어른들께서는 평생 살아온 고향을 떠나야 한다고 말씀하십니다. 우리 마을에 댐을 건설하기로 한 계획을 취소해 주시기를 부탁합니다.

나 만강에 댐을 건설하면 여름철에 폭우로 생기는 문제를 막을 수 있습니다. 비가 내리는 대로 내버려 두면, 강 하류에서는 강물이 넘쳐서 논밭이 빗물에 잠기기도 합니다..

그리고 집과 길이 부서지고 심지어 사람이 목숨까지 잃을 만큼 위험합니다. 하지만 댐을 건설하면 홍수로 인한 이런 피해를 막을 수 있습니다.

상수리에 댐을 건설해야 합니다. 우리는 상수리 마을 주민들에게 피해가 가지 않도록 주민들이 이사하는 데 모든 지원을 아끼지 않을 것입니다.

[5. 의견이 드러나게 글을 써요]

8 글 **가** 와 **나** 의 의견을 각각 쓰시오.

(1) 글 **가** : _____

(2) 글 **나** : _____

[5. 의견이 드러나게 글을 써요]

9 글 **가** 와 **나** 는 어떠한 문제에 대해 의견을 제시하고 있습니까? (   )

① 상수리에 댐을 건설해야 하는가?
② 상수리의 자연을 어떻게 보호하는가?
③ 홍수를 막을 수 있는 방법은 무엇인가?
④ 강의 어느 곳에 댐을 건설해야 하는가?
⑤ 상수리를 떠나 어디에서 살아야 하는가?

[5. 의견이 드러나게 글을 써요]

10 글 **가** 에서 의견을 뒷받침하는 까닭으로 든 것을 모두 고르시오. (,   ,   )

① 홍수로 인한 피해를 막을 수 없다.
② 만강의 물고기를 다시 볼 수 없다.
③ 숲에 사는 동물들은 살 곳을 잃는다.
④ 마을 어른들께서 고향을 떠나야 한다.
⑤ 사람이 목숨까지 잃을 만큼 위험하다.

[6. 본받고 싶은 인물을 찾아봐요]

11 어떤 인물에 대한 설명인지 보기 에서 찾아 이름을 써넣으시오.

> 보기
>
> 헬렌 켈러   주시경   김만덕   이순신

(1)
> 우리나라 최초로 국어 문법의 틀을 세운 (   )이 살던 시대는 우리글이 있었지만 글을 읽지 못하는 사람들이 대부분이었다.

(2)
> "장애는 불편하다. 하지만 불행하지는 않다."라는 말을 남긴 (   )은/는 장애에 대한 편견을 없애는 데 큰 역할을 했다.

12 ~ 13

앤 선생님에게 새로운 생각이 번쩍 떠올랐습니다. 헬렌은 펌프 주변의 마당에서 노는 것을 좋아했는데, 펌프를 이용해 '물'이라는 낱말의 관계를 실감 나게 알게 해 줄 수 있지 않을까 하는 생각이 들었습니다. 선생님은 헬렌의 손을 잡고 펌프가로 데리고 갔습니다. 펌프로 물을 퍼 올리자 헬렌의 손바닥으로 시원한 물이 쏟아져 내렸습니다. 선생님은 헬렌의 손바닥에 처음에는 천천히, 나중에는 빨리 'w-a-t-e-r'라고 거듭 써 주었습니다. 그러자 ㉠헬렌의 얼굴이 환히 빛났습니다. 그러더니 선생님에게 'w-a-t-e-r'라고 여러 번 써 보여 주는 것이었습니다. 그 순간 헬렌은 자기 손에 쏟아지는 물을 나타내는 낱말이 'water'이고, 세상의 모든 것은 각각 이름을 가지고 있다는 것을 비로소 깨닫게 된 것입니다. 마침내 헬렌의 앞에 빛의 세계가 열렸습니다. 헬렌은 배우고 싶다는 뜨거운 마음이 생겼습니다. 헬렌은 아침에 일찍 일어나자마자 글자를 쓰기 시작해 하루 종일 글을 쓰고는 했습니다. 결국 헬렌은 글자를 통해 다른 사람에게 자기 생각을 전할 수 있게 되었습니다.

[6. 본받고 싶은 인물을 찾아봐요]

12 다음은 헬렌이 장애를 극복한 과정입니다. 빈 곳에 들어갈 알맞은 말은 무엇입니까? ( )

> 헬렌은 아침에 일찍 일어나자마자 _____
> _____

⬇

> 다른 사람에게 자기 생각을 전할 수 있게 되었다.

① 펌프로 물을 퍼 올리고는 했다.
② 두꺼운 책을 한 권씩 읽고는 했다.
③ 펌프 주변의 마당에서 놀고는 했다.
④ 자기 손에 쏟아지는 물을 느끼고는 했다.
⑤ 글자를 쓰기 시작해 하루 종일 글을 쓰고는 했다.

[6. 본받고 싶은 인물을 찾아봐요]

13 ㉠의 까닭을 **잘못** 말한 것의 번호를 쓰시오.

> ❶ 앤 선생님과 마당에서 놀았기 때문이야.
> ❷ 배우고 싶다는 뜨거운 마음이 생겼기 때문이야.
> ❸ 세상의 모든 것은 각각 이름을 가지고 있다는 것을 깨닫게 되어서야.

( )

14 ~ 15

그러면 되는 줄 알았는데

김가은

꼴찌만 아니면 될 줄 알았는데
꼴찌를 해도 좋았다.

등수만 중요한 줄 알았는데
더 큰 것이 있었다.

이기기만 하면 될 줄 알았는데
더 큰 마음이 있었다.

[7. 독서 감상문을 써요]

14 책을 읽고 생각이나 느낌을 어떤 형식으로 표현한 것입니까? ( )

① 시   ② 그림   ③ 만화
④ 편지   ⑤ 일기

서술형   [7. 독서 감상문을 써요]

15 어떤 내용의 책을 읽고 생각이나 느낌을 표현한 것일지 쓰시오.

_____
_____

16~18

가 바람직한 독서 방법은 여러 분야의 책을 읽는 것입니다. 여러 분야의 책을 읽으면 배경지식이 풍부해집니다. 풍부한 배경지식은 학교 공부를 하는 데 도움을 줍니다. 한 분야의 책만 읽으면 시력이 나빠집니다. 제가 여러 분야의 책을 읽었을 때는 시력이 좋아졌는데 한 분야의 책만 읽었을 때는 시력이 나빠졌습니다. 따라서 여러 분야의 책을 읽는 것은 좋은 독서 방법입니다.

나 바람직한 독서 방법은 자신이 좋아하는 책만 읽는 것입니다. 좋아하는 분야의 책을 읽으면 흥미를 느끼며 즐겁게 읽을 수 있습니다. 그 분야에 깊이 있는 지식을 쌓을 수 있습니다. 자신이 좋아하는 분야이기 때문에 책 내용을 더 쉽게 이해할 수 있습니다. 따라서 저는 이보다 더 바람직한 독서 방법은 없다고 생각합니다.

[8. 생각하며 읽어요]

16 글 **가**와 **나**는 어떤 주제로 쓴 글입니까? ( )

① 지식을 쌓는 방법
② 바람직한 독서 방법
③ 삶의 재미를 얻는 방법
④ 유익한 책을 고르는 방법
⑤ 학교 공부를 잘하는 방법

[8. 생각하며 읽어요]

17 글 **가**에서 믿을 만하지 못한 뒷받침 내용을 찾아 쓰시오.

_____

서술형

[8. 생각하며 읽어요]

18 글 **나**의 의견대로 독서를 할 경우 어떤 문제점이 생길 수 있는지 쓰시오.

_____

19~20

지하 주차장으로
차 가지러 내려간 아빠
한참 만에
차 몰고 나와 한다는 말이

내려가고 내려가고 또 내려갔는데 글쎄, 계속 지하로 계단이 있는 거야! 그러다 아이쿠, 발을 헛디뎠는데 아아아…… 이상한 나라의 앨리스처럼 깊은 동굴 속으로 끝없이 떨어지지 않겠니? 정신을 차려 보니까 호빗이 사는 마을이었어. 호박처럼 생긴 집들이 미로처럼 뒤엉켜 있는데 갑자기 흰머리 간달프가 나타나 말하더구나. 이 새 자동차가 네 자동차냐? 내가 말했지. 아닙니다, 제 자동차는 10년 다 된 고물 자동차입니다. 오호, 정직한 사람이구나. 이 새 자동차를…….

에이, 아빠!
차 어디에 세워 놨는지 몰라서 그랬죠?
차 찾느라
온 지하 주차장 헤매고 다닌 거
다 알아요.
피이!

[9. 감동을 나누며 읽어요]

19 아이가 한 일은 무엇입니까? ( )

① 아빠와 함께 주차장에 갔다.
② 아빠와 함께 영화를 보았다.
③ 주차장에 간 아빠를 기다렸다.
④ 아빠와 새 자동차를 사러 갔다.
⑤ 아빠와 함께 차를 찾으러 다녔다.

[9. 감동을 나누며 읽어요]

20 아빠가 2연처럼 말한 까닭은 무엇일지 알맞은 것에 ○표를 하시오.

(1) 지하 주차장에서 실제로 신기한 일을 경험했기 때문이다. ( )
(2) 지하 주차장에서 헤맨 일을 아이에게 들키고 싶지 않았기 때문이다. ( )

마무리 평가

[1. 분수의 덧셈과 뺄셈]

1 두 수의 합과 차를 구해 보세요.

ㄱ 합: (　　　　　　　　), ㄴ 차: (　　　　　　　　)

[1. 분수의 덧셈과 뺄셈]

2 계산 결과가 3에 가장 가까운 식을 찾아 기호를 써 보세요.

$$ㄱ\ 1\frac{1}{5}+1\frac{2}{5} \qquad ㄴ\ \frac{4}{5}+1\frac{3}{5}$$
$$ㄷ\ 7\frac{3}{5}-\frac{21}{5} \qquad ㄹ\ 9-6\frac{1}{5}$$

(　　　　　　　　)

[1. 분수의 덧셈과 뺄셈]

3 삼각형의 세 변의 길이의 합은 $12\frac{1}{5}$ cm입니다. 세 변 중 가장 긴 변의 길이는 몇 cm인가요?

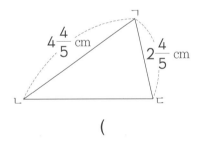

(　　　　　　　　)

[2. 삼각형]

4 삼각형의 세 변의 길이의 합을 구해 보세요.

(1) 이등변삼각형　　(2) 정삼각형

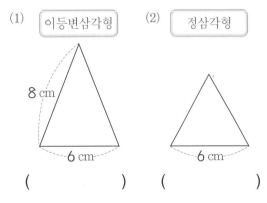

(　　　　) (　　　　)

서술형

[2. 삼각형]

5 정삼각형과 이등변삼각형을 겹치지 않게 이어 붙인 것입니다. 각 ㄷㄹㄱ의 크기는 몇 도인지 풀이 과정을 쓰고 답을 구해 보세요.

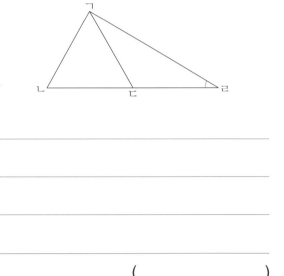

―――――――――――――――――――――

―――――――――――――――――――――

―――――――――――――――――――――

―――――――――――――――――――――

(　　　　　　　　)

[2. 삼각형]

6 각도기와 자를 사용하여 주어진 선분을 한 변으로 하는 정삼각형을 그려 보세요

[2. 삼각형]

7 삼각형을 분류하여 빈칸에 기호를 써넣으세요.

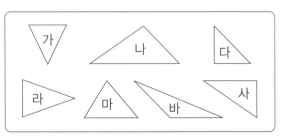

	예각삼각형	직각삼각형	둔각삼각형
이등변삼각형			
세 변의 길이가 모두 다른 삼각형			

8 다음이 나타내는 수의 소수 첫째 자리 숫자를 구해 보세요.

[3. 소수의 덧셈과 뺄셈]

$$3.62의 \frac{1}{100}인 수$$

(   )

9 재환이네 집에서 기르고 있는 고양이의 무게는 2.05 kg, 강아지의 무게는 2150 g입니다. 고양이와 강아지 중 더 무거운 동물을 써 보세요.

[3. 소수의 덧셈과 뺄셈]

(   )

10 계산 결과가 가장 작은 것은 어느 것인가요?

[3. 소수의 덧셈과 뺄셈]

(   )

① 3.4+1.8   ② 7.2−1.4
③ 2.03+1.79   ④ 11.26−7.17
⑤ 10.5−4.92

11 점 ㄱ을 지나고 직선 ㄴㄷ에 수직인 직선은 몇 개 그을 수 있나요?

[4. 사각형]

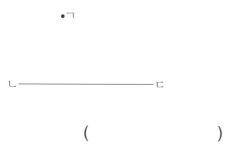

(   )

---

12 평행선 사이의 거리가 가장 긴 것부터 차례대로 기호를 써 보세요.

[4. 사각형]

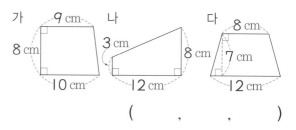

(,   ,   )

13 마름모에 대한 설명으로 <u>잘못된</u> 것을 모두 고르세요. (,   )

[4. 사각형]

① 네 변의 길이가 모두 같습니다.
② 네 각의 크기가 모두 같습니다.
③ 이웃하는 각의 크기가 같습니다.
④ 이웃하는 변의 길이가 같습니다.
⑤ 마주 보는 두 쌍의 변이 서로 평행합니다.

❀ 의란이의 동생의 몸무게를 매년 1월에 조사하여 나타낸 꺾은선그래프입니다. 물음에 답하세요.

[14~15]

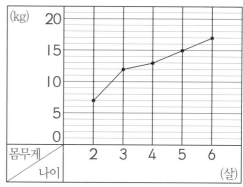

14 위 그래프에 대한 설명으로 <u>잘못된</u> 것을 찾아 기호를 써 보세요.

[5. 꺾은선그래프]

> ㉠ 3살 때의 몸무게는 12 kg입니다.
> ㉡ 세로 눈금 한 칸은 1 kg을 나타냅니다.
> ㉢ 조사하는 동안 몸무게는 17 kg 늘었습니다.
> ㉣ 몸무게가 가장 적게 늘어난 때는 3살과 4살 사이입니다.

(   )

서술형

[5. 꺾은선그래프]

15 몸무게의 변화가 가장 큰 때의 동생의 몸무게는 몇 kg이 늘었는지 풀이 과정을 쓰고 답을 구해 보세요.

_____

_____

_____

(   )

❀ 경민이가 조사하여 나타낸 표입니다. 물음에 답하 세요. [16~17]

(가)   경민이네 모둠의 윗몸 일으키기 횟수

모둠원	경민	성종	예원	승철	영희
횟수(회)	21	29	26	38	20

(나)   경민이의 윗몸 일으키기 횟수

요일(요일)	월	화	수	목	금
횟수(회)	21	23	28	30	34

[5. 꺾은선그래프]

16 (가)와 (나) 중에서 꺾은선그래프로 나타내기에 더 알맞은 표는 어느 것인가요?

(   )

[5. 꺾은선그래프]

17 위 **16**번에서 고른 표를 꺾은선그래프로 나타내 어 보세요.

(회) 35 30 25 20 0

횟수

[6. 다각형]

18 정다각형을 모두 고르세요. (,   )

①   ②

③   ④

⑤

[6. 다각형]

19 바르게 설명한 것을 찾아 기호를 써 보세요.

> ㉠ 정삼각형의 대각선은 3개입니다.
> ㉡ 사다리꼴의 두 대각선의 길이는 같습니다.
> ㉢ 직사각형의 두 대각선은 서로 수직으로 만납니다.
> ㉣ 평행사변형의 한 대각선은 다른 대각선을 반으로 나눕니다.

(   )

[6. 다각형]

20  모양 조각을 모두 사용하여 오각형을 채워 보세요. (단, 사용 횟수 는 제한이 없습니다.)

[1. ❶ 촌락과 도시의 특징]

1 촌락을 농촌, 어촌, 산지촌으로 구분하는 기준으로 알맞은 것은 어느 것입니까? ( )

① 역사　　② 인구　　③ 계절
④ 건물 수　　⑤ 자연환경

[1. ❶ 촌락과 도시의 특징]

2 오른쪽 그림과 같이 촌락의 모습을 조사하는 방법은 무엇입니까? ( )

① 현장 조사하기
② 인터넷 이용하기
③ 백과사전 찾아보기
④ 지역을 소개한 자료 살펴보기
⑤ 지역을 잘 아는 분께 여쭤보기

✿ 다음 사진을 보고, 물음에 답하시오. [3~4]

▲ 전라남도 해남군

▲ 울산광역시

[1. ❶ 촌락과 도시의 특징]

3 다음과 같은 모습을 볼 수 있는 것을 위에서 찾아 기호를 쓰시오.

- 높은 건물이 많다.
- 큰 항구와 큰 배들이 있다.

( )

[1. ❶ 촌락과 도시의 특징]

4 앞 두 지역의 공통점으로 알맞은 것은 어느 것입니까? ( )

① 인구가 밀집해 있다.
② 자연환경과 더불어 살아간다.
③ 산을 이용하여 생산 활동을 한다.
④ 공원이나 도서관과 같은 시설이 많다.
⑤ 편리한 생활을 도와주는 산업이 발달했다.

서술형　　　[1. ❷ 함께 발전하는 촌락과 도시]

5 다음 글을 읽고, 도시 사람들이 촌락을 찾는 까닭은 무엇인지 쓰시오.

> 20○○년 ○○월 ○○일 ○요일
>
> **삼봉 자연 휴양림에서 야영하기**
>
> 우리 가족은 강원도 홍천군에 있는 삼봉 자연 휴양림으로 1박 2일 야영을 다녀왔다. 울창한 숲속, 시원한 계곡물이 흐르는 곳에 통나무로 지어진 집들과 야영장이 있었다.
> 가는 길도 멀고, 돌아오는 길에도 도로가 꽉 막혀서 힘들었지만, 아름드리 전나무, 박달나무 등이 울창한 숲속에서 맑은 공기를 마시면서 운동도 하고, 신기한 약수도 마셨더니 왠지 더 건강해진 느낌이다.

_____

_____

[1. ❷ 함께 발전하는 촌락과 도시]

6 다음과 관련 있는 촌락과 도시의 교류는 무엇입니까? ( )

- 일손 돕기　• 공연 활동　• 의료 봉사

① 현장 체험학습
② 지역 축제를 통한 교류
③ 여가 생활을 통한 교류
④ 농산물 직거래 장터 개최
⑤ 자매결연이나 봉사를 통한 교류

마무리 평가

[1. ❷ 함께 발전하는 촌락과 도시]

7 다음 빈칸에 들어갈 알맞은 말은 어느 것입니까? ( )

> 촌락과 도시에 사는 사람들은 서로 부족한 것들을 채워 주면서 ( )하고 있다.

① 갈등 ② 독립 ③ 소비
④ 직거래 ⑤ 상호 의존

[2. ❶ 경제 활동과 현명한 선택]

8 선택의 문제를 겪고 있는 친구가 <u>아닌</u> 것은 어느 것입니까? ( )

① 우진: 방과 후에 수영을 해야지.
② 주원: 버스를 탈까, 택시를 탈까?
③ 지윤: 돈가스를 먹을까, 김밥을 먹을까?
④ 아영: 흰색 모자를 살까, 검정색 모자를 살까?
⑤ 혜원: 가격이 싼 우유를 살까, 영양이 많은 우유를 살까?

[2. ❶ 경제 활동과 현명한 선택]

9 물건을 살 때 최종적으로 고려해야 할 점으로 알맞지 <u>않은</u> 것은 어느 것입니까? ( )

① 가격 ② 품질
③ 디자인 ④ 자연환경
⑤ 물건의 쓰임새

[2. ❶ 경제 활동과 현명한 선택]

10 생활을 편리하고 즐겁게 해 주는 생산 활동을 찾아 ○표 하시오.

ㄱ
▲ 자동차 만들기
( )

ㄴ
▲ 환자 진료하기
( )

[2. ❶ 경제 활동과 현명한 선택]

11 물건의 정보를 얻는 방법으로 알맞지 <u>않은</u> 것은 어느 것입니까? ( )

① 인터넷을 검색한다.
② 직접 매장에 방문한다.
③ 라디오나 텔레비전 광고를 본다.
④ 물건을 만든 공장을 직접 방문한다.
⑤ 상품을 사용한 주변 사람들에게 물어본다.

서술형 [2. ❷ 교류하며 발전하는 우리 지역]

12 개인, 지역, 국가 간에 경제적 교류가 발생하는 까닭은 무엇인지 쓰시오.

_____

_____

[2. ❷ 교류하며 발전하는 우리 지역]

13 대중 매체를 이용하여 경제적 교류를 한 친구는 누구인지 쓰시오.

> • 지윤: 전통 시장에 가서 과일을 샀어.
> • 상호: 스마트폰을 이용해 장난감을 샀어.
> • 예원: 대형 할인점에 가서 수영복을 샀어.

( )

[2. ❷ 교류하며 발전하는 우리 지역]

14 우리 지역의 대표 상품을 소개하는 광고지에 들어갈 내용으로 알맞지 <u>않은</u> 것은 어느 것입니까? ( )

① 특산물 ② 가계부
③ 대표 상품 ④ 자연환경
⑤ 발달한 산업

[3. ❶ 사회 변화로 나타난 일상생활의 모습]

15 다음 그래프에 대한 설명으로 알맞지 <u>않은</u> 것은 어느 것입니까? (   )

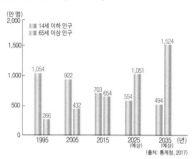

▲ 우리나라 인구의 변화

① 14세 이하 인구는 점점 줄어들고 있다.

② 65세 이상 인구는 점점 증가하고 있다.

③ 우리나라 인구의 변화를 나타낸 그래프이다.

④ 그래프의 가로축은 연도, 세로축은 인구를 나타낸다.

⑤ 2035년 이후에는 65세 이상 인구는 점점 줄어들 것이다.

[3. ❶ 사회 변화로 나타난 일상생활의 모습]

16 정보화로 달라지고 있는 일상생활의 모습으로 알맞지 <u>않은</u> 것은 어느 것입니까? (   )

① 인터넷에서 자료 검색하기

② 스마트폰으로 물건 구입하기

③ 길도우미를 이용해 교통 정보 얻기

④ 휴대 전화를 이용해 은행 업무 보기

⑤ 친구들을 만나 토론하며 모둠 과제 해결하기

[3. ❶ 사회 변화로 나타난 일상생활의 모습]

17 다음에서 설명하는 것은 무엇인지 쓰시오.

> 교통·통신 수단이 발달하면서 세계 여러 나라들이 다양한 분야에서 교류하고 가까워지는 것을 말한다.

(   )

[3. ❷ 다양한 문화에 대한 이해와 존중]

18 다음 사진을 보고, 알 수 있는 사실로 알맞은 것을 모두 찾아 ○표 하시오.

⑴ 문화는 서로 비슷한 모습만을 가지고 있다. (   )

⑵ 사람들은 다양한 문화 속에서 함께 살아간다. (   )

⑶ 세계 여러 나라의 다양한 문화를 접할 수 있다. (   )

[3. ❷ 다양한 문화에 대한 이해와 존중]

19 편견과 차별에 대한 설명으로 알맞지 <u>않은</u> 것은 어느 것입니까? (   )

① 편견 때문에 차별이 나타난다.

② 편견이나 차별의 뜻이 담긴 말은 마음대로 사용해도 된다.

③ 편견이나 차별을 없애기 위해 상대방의 입장에서 생각한다.

④ 편견은 공정하지 못하고 한쪽으로 치우친 의견이나 생각을 말한다.

⑤ 차별은 어떤 기준을 두어 대상을 구별하고 다르게 대우하는 것이다.

서술형
[3. ❷ 다양한 문화에 대한 이해와 존중]

20 편견과 차별을 없애기 위해 우리가 실천할 수 있는 일은 무엇인지 쓰시오.

_____

_____

마무리 평가

[1. 식물의 생활]

1 다음과 같이 잎을 분류한 기준은 무엇입니까? (   )

 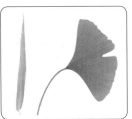

① 잎자루가 있는가?

② 잎맥이 나란한가?

③ 잎의 끝 모양이 뾰족한가?

④ 잎의 전체적인 모양이 길쭉한가?

⑤ 잎의 가장자리가 톱니 모양인가?

[1. 식물의 생활]

2 다음을 읽고 풀의 특징에는 '풀', 나무의 특징에는 '나무'라고 쓰시오.

(1) 대부분 한해살이 식물입니다.   (   )

(2) 모두 여러해살이 식물입니다.   (   )

(3) 키가 작고, 줄기가 가늡니다.   (   )

(4) 키가 크고, 줄기를 겨울철에도 볼 수 있습니다.   (   )

[1. 식물의 생활]

3 부레옥잠의 잎자루를 물속에서 눌렀을 때 알 수 있는 사실은 무엇입니까? (   )

① 잎이 넓다.

② 줄기가 튼튼하다.

③ 뿌리가 수염 모양이다.

④ 잎이 매끈하며 광택이 난다.

⑤ 잎자루에 많은 공기를 저장하고 있다.

서술형

[1. 식물의 생활]

4 찍찍이 테이프는 도꼬마리 열매의 어떤 특징을 활용해 만들어졌는지 쓰시오.

▲ 도꼬마리 열매   ▲ 찍찍이 테이프

[2. 물의 상태 변화]

5 서희가 부피를 측정한 결과입니다. 물이 얼 때와 얼음이 녹을 때 중 어느 경우인지 쓰시오.

구분	전	후
부피 변화	28mL	30mL

(   )

[2. 물의 상태 변화]

6 식품 건조기에 넣은 과일 조각이 마르고 크기가 작아지는 현상과 같은 경우가 아닌 것은 어느 것입니까? (   )

① 물이 끓는다.

② 빨래를 말린다.

③ 고추를 말린다.

④ 오징어를 말린다.

⑤ 운동 후 흘린 땀이 시간이 지나면 마른다.

[2. 물의 상태 변화]

7 물을 가열하였을 때의 특징이 아닌 것은 어느 것입니까? (   )

① 끓음이라고 한다.

② 물속에서 기포가 생긴다.

③ 물의 높이가 빠르게 줄어든다.

④ 물 표면에서만 액체인 물이 기체인 수증기로 변한다.

⑤ 물속과 물 표면에서 모두 액체인 물이 기체인 수증기로 변한다.

[2. 물의 상태 변화]

8 ( ) 안에 공통으로 들어갈 말을 쓰시오.

- 차가운 컵 표면에 생긴 물방울은 공기 중에 있던 ( )가 변한 것이다.
- 응결은 기체인 ( )가 액체인 물로 변하는 것이다.

( )

[2. 물의 상태 변화]

9 물의 상태 변화를 이용한 예 중 나머지와 <u>다른</u> 하나는 어느 것입니까? ( )

① 이글루를 만든다.
② 인공 눈을 만든다.
③ 얼음과자를 만든다.
④ 얼음 작품을 만든다.
⑤ 스팀다리미로 옷의 주름을 편다.

[3. 그림자와 거울]

10 손전등 빛을 비춰 그림자가 생기게 할 때 물체를 놓아야 하는 곳은 어디인지 기호를 쓰시오.

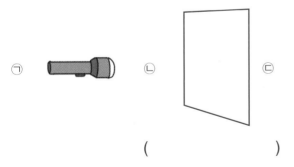

( )

[3. 그림자와 거울]

11 오른쪽과 같이 ㄱ자 모양 블록에 손전등을 비추었을 때, 블록의 그림자 모양은 어느 것입니까? ( )

① ② ③ ④

[3. 그림자와 거울]

12 종이 거울에 비친 글자를 보고 실제 글자는 무엇인지 쓰시오.

( )

[3. 그림자와 거울]

13 다음에서 알 수 있는 빛의 성질은 무엇입니까? ( )

① 빛의 반사　② 빛의 흡수
③ 빛의 굴절　④ 빛의 속력
⑤ 빛의 색깔

[4. 화산과 지진]

14 ( ) 안에 들어갈 말을 쓰시오.

- 화산은 ( )가 분출하여 생긴 지형이다.
- ( )는 땅속 깊은 곳에서 암석이 녹은 것을 말한다.
- 화산은 ( )가 분출한 분화구가 있고, 화산이 아닌 산은 ( )가 분출한 흔적이 없다.

( )

마무리 평가

[4. 화산과 지진]

15 화산 분출 모형실험으로 관찰할 수 있는 물질을 실제 화산 분출물과 비교하여 쓰시오.

㉠ 연기: (   )

㉡ 흐르는 마시멜로: (   )

㉢ 굳은 마시멜로: (   )

[4. 화산과 지진]

16 우리 생활에서 화산이 주는 이로운 점이 <u>아닌</u> 것은 무엇입니까? (   )

① 산불이 난다.

② 화산 주변에 온천을 개발한다.

③ 화산재는 땅을 기름지게 한다.

④ 화성암으로 건축 자재를 만든다.

⑤ 화산 주변에서 지열 발전을 한다.

[4. 화산과 지진]

17 우리나라에서 발생한 지진의 피해 사례를 조사한 표입니다. ㉠에 들어갈 말을 쓰시오.

연도	발생 지역	㉠	피해 내용
2018	경상북도 포항시	4.6	부상자 발생
2017	경상북도 포항시	5.4	부상자 및 이재민 발생, 건물 훼손
2016	경상북도 경주시	5.8	부상자 발생, 건물 균열, 지붕과 담장 파손

(   )

서술형

[4. 화산과 지진]

18 지진이 발생했을 때 승강기 안에 있는 경우 대처하는 방법을 쓰시오.

_____

[5. 물의 여행]

19 물의 순환 과정에 대한 설명으로 바르지 <u>않은</u> 것은 무엇입니까? (   )

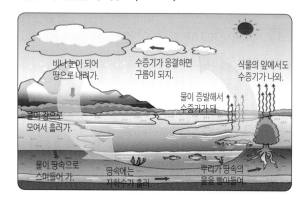

① 물은 상태가 변하면서 이동한다.

② 수증기는 하늘 높이 올라가 구름이 된다.

③ 하늘에서 내린 빗물은 바다로 흘러들어간다.

④ 식물 뿌리로 흡수된 물은 잎에서 수증기가 된다.

⑤ 물이 순환할수록 지구 전체 물의 양은 줄어든다.

[5. 물의 여행]

20 물 부족 현상이 나타나는 까닭이 <u>아닌</u> 것은 무엇입니까? (   )

① 사람들이 물을 아껴 쓰지 않기 때문에

② 인구 증가로 물 이용량이 늘어났기 때문에

③ 물 절약 약속 카드를 만들어서 실천하기 때문에

④ 지역이나 기후에 따라 이용할 수 있는 물의 양이 다르기 때문에

⑤ 산업 발달로 물이 오염되어 이용할 수 있는 물의 양이 줄어들기 때문에

1~2

❶ 오늘이, 야아, 여의주가 원천강에서 행복하게 산다.

❷ 수상한 뱃사람들이 야아 몰래 오늘이를 데려가다가 화살로 야아를 쏜 뒤에 원천강이 얼어붙는다.

❸ 오늘이는 원천강으로 돌아가는 길에 행복을 찾겠다며 책만 읽는 매일이를 만난다.

❹ 꽃봉오리를 많이 가졌지만 꽃이 한 송이밖에 피지 않는 연꽃나무를 만난다.

❺ 오늘이는 사막에서 비와 구름을 벗어나고 싶어 하는 구름이를 만난다.

❻ 여의주를 많이 가지고도 용이 되지 못한 이무기를 만난다.

❼ 이무기는 갈라진 얼음 사이로 떨어지는 오늘이를 구해 마침내 용이 되고, 용이 불을 뿜어 원천강이 빛을 되찾는다.

❽ 구름이는 연꽃을 꺾어서 매일이에게 주고, 둘은 행복한 시간을 보낸다.

❾ 야아와 다시 만난 오늘이는 행복하게 산다.

[1. 이어질 장면을 생각해요]

1 다음은 오늘이가 만난 인물들입니다. 차례에 맞게 들어갈 인물을 쓰시오.

> 매일이 → 연꽃나무 → ☐☐☐ → 이무기

(   )

[1. 이어질 장면을 생각해요]

2 다음은 등장인물 가운데 누구의 성격에 대해 이야기한 것인지 쓰시오.

☐☐☐가 어려움을 이겨 내고 원천강으로 돌아간 걸 보면 ☐☐☐는 용기가 있다고 생각해.

(   )

3~5

내 아들 필립아. 키가 크고 몸이 커지는 만큼 스스로 좋은 사람이 되려고 ㉠힘써야 한단다. 네가 어리고 몸이 작았을 때보다 더욱더 힘써야 하지. 스스로 좋은 사람이 되려고 노력하는 네 모습을 내 눈으로 직접 보고 싶구나. 너는 워낙 남을 속이지 않는 진실한 사람이라 좋은 사람이 되기도 쉬울 거란다.

좋은 사람이 되려면 진실하고 깨끗해야 해. 또 좋은 친구를 가려 사귀어야 한단다. 그게 좋은 사람이 되는 ㉡첫 번째 조건이지. 더욱 부지런해져라. 어려운 일도 열심히 견디거라. ㉢책은 부지런히 보고 있니? 아무 책이나 읽지 말고, 좋은 책을 골라 꾸준히 읽어라.

[2. 마음을 전하는 글을 써요]

3 누구에게 쓴 편지인지 쓰시오.

(   )

[2. 마음을 전하는 글을 써요]

4 좋은 사람이 되려면 어떻게 해야 한다고 하였습니까? (   )

① 게으름을 피운다.

② 책을 가끔 읽어야 한다.

③ 진실하고 깨끗해야 한다.

④ 운동을 해서 건강을 지켜야 한다.

⑤ 어려운 일을 만들지 말아야 한다.

[2. 마음을 전하는 글을 써요]

5 ㉠~㉢ 가운데 마음을 전하려고 사용한 표현은 무엇인지 기호를 쓰시오.

(   )

재환이는 새로운 동네로 이사를 왔습니다. 재환이는 이웃들에게 인사를 하기로 했습니다. 그래서 재환이가 사는 아파트 승강기 안에 편지를 붙였답니다.

안녕하세요? 저는 12층에 이사 온 열한 살 이재환입니다.

새로 만난 이웃들에게 인사를 드리고 싶어 편지를 씁니다. 저희 가족은 엄마, 아빠, 귀여운 동생 그리고 저, 이렇게 넷입니다. 저희는 아직 이사 온 지 얼마 되지 않아 다니는 길도, 사람들도 낯설기만 합니다. 그래도 저는 나무도 많고 놀이터가 있는 이곳이 마음에 듭니다. 앞으로 여러분과 좋은 이웃이 되고 싶습니다.

이재환 ㉠

[2. 마음을 전하는 글을 써요]

6 재환이가 승강기 안에 편지를 붙인 까닭은 무엇입니까? (　　　)

① 이웃에게 인사하려고
② 이사 온 친구를 소개하려고
③ 승강기 이용 방법을 알려 주려고
④ 아파트에서 주의할 점을 말하려고
⑤ 이웃끼리 인사하자는 주장을 하려고

[2. 마음을 전하는 글을 써요]

7 ㉠ 안에 들어갈 말은 무엇입니까? (　　　)

① 가　　　② 씀　　　③ 썼음
④ 올림　　⑤ 귀하

서술형

[3. 바르고 공손하게]

8 친구가 듣기 싫어하는 별명으로 자신을 불렀다면 어떻게 대답할지 쓰시오.

_____

_____

(효과음) 딩동딩동
(효과음) 문 열리는 소리

신유 어머니: (밝은 목소리로) 안녕? 어서 와라. 신유 친구들이구나. 반갑다.

㉠ 현관

지혜: (성급하게) 안녕하세요? 그런데 신유는 어디 갔나요? 어? 신유야, 생일 축하해!

원우: 야! 신유야, 생일 축하해! 하하하.

(효과음) 삐리리링

원우, 지혜, 현영: 아주머니, 안녕하세요? 생일잔치에

㉠

[3. 바르고 공손하게]

9 신유의 생일잔치에 온 친구들이 예절을 지키려면 어떻게 해야 합니까? (　　　)

① 생일잔치에 가지 않는다.
② 선물을 준비해 가지고 간다.
③ 다른 친구들을 더 데리고 간다.
④ 신유 어머니께서 집에 안 계실 때 간다.
⑤ 신유 어머니의 얼굴을 바라보며 바른 자세로 인사한다.

[3. 바르고 공손하게]

10 ㉠ 안에 들어갈 알맞은 인사말은 무엇입니까? (　　　)

① 먹을 것은 많나요?
② 와 줘서 고맙지요?
③ 오느라 힘이 들었습니다.
④ 초대해 주서서 감사합니다.
⑤ 무엇이 있는지 알고 싶습니다.

11 이야기가 펼쳐지는 시간과 장소를 무엇이라고 합니까? ( )

[4. 이야기 속 세상]

① 인물   ② 배경
③ 사건   ④ 구성
⑤ 운율

12 '가게'와 뜻이 비슷한 낱말은 무엇입니까?

[4. 이야기 속 세상]

( )

① 상점   ② 학교
③ 단독   ④ 건축
⑤ 건물

13 아픈 다리를 맡았던 목화 장수가 ㉠과 같이 주장한 까닭을 찾아 ○표를 하시오.

[5. 의견이 드러나게 글을 써요]

(1) 자신만 손해를 본 것이 억울해서   (   )
(2) 고양이가 성한 다리로 도망을 가서 (   )

14 이 글에 나오는 인물들의 의견을 정리해 쓰시오.

[5. 의견이 드러나게 글을 써요]

(1) 성한 다리를 맡았던 목화 장수들	(2) 아픈 다리를 맡았던 목화 장수

15 사또가 다음과 같이 판결을 내렸다면 그 까닭은 무엇일지 빈 곳에 알맞게 쓰시오.

서술형
[5. 의견이 드러나게 글을 써요]

> 목화값을 고양이의 성한 다리를 맡았던 목화 장수 세 명이 물어야 한다.

왜냐하면 _____

13~15

목화 장수 네 명은 뜻하지 않게 큰 손해를 보게 되었다. 그러자 고양이의 성한 다리를 맡았던 목화 장수 세 명이 투덜투덜 불평을 늘어놓았다.

"이번 불은 순전히 고양이의 아픈 다리를 맡았던 저 사람 때문이야. 하필이면 불이 잘 붙는 산초기름을 발라 줄 게 뭐야?"

"맞아, 그러니 목홧값을 그 사람에게 물어 달라고 하자."

세 사람은 고양이의 아픈 다리를 맡았던 사람에게 목홧값을 물어내라고 했다. 억울한 그 목화 장수는 ㉠절대 목홧값을 물어 줄 수 없다며 큰 싸움을 벌였다.

"불이 붙은 고양이가 광으로 도망칠 때는 성한 세 다리로 도망쳤잖아? 그러니까 광에 불이 난 것은 순전히 너희가 맡은 세 다리 때문이야."

아무리 싸워도 해결이 나지 않자, 네 사람은 고을 사또를 찾아가 판결을 해 달라고 부탁했다.

16 자신이 본받고 싶은 인물을 소개할 때 말할 내용을 두 가지 고르시오. (,   )

[6. 본받고 싶은 인물을 찾아봐요]

① 인물이 고칠 점
② 본받고 싶은 까닭
③ 인물에 대해 상상한 내용
④ 인물이 살았던 시대 상황
⑤ 인물의 친척에 대한 자세한 내용

마무리 평가

17~18

가 열다섯 살 때, 아버지를 따라 한양으로 간 정약용은 많은 사람을 만나 학문을 배우고 익혔어요.

나 정약용이 생각하기에 성을 쌓을 때 가장 큰 문제는 돌을 옮기는 일이었어요. 힘을 덜 들이고 크고 무거운 돌을 옮길 방법을 찾던 정약용은 서른한 살 되던 해, 마침내 거중기를 만들었어요.

다 서른세 살 때, 정약용은 정조의 비밀 명령을 받고 암행어사가 되었어요.

라 정약용은 쉰일곱 살이 되던 1818년, 이런 생각들을 자세히 담은 『목민심서』라는 책을 펴냈어요.

[6. 본받고 싶은 인물을 찾아봐요]

17 다음은 인물이 살아온 과정을 차례대로 정리한 것입니다. 괄호 안에 알맞은 내용을 쓰시오.

> 열다섯 살에 아버지를 따라 한양으로 가서 학문을 익힘.

> 서른한 살 때, 임금의 명령으로 ((1)   )를 만들었음.

> 서른세 살 때, 정조의 비밀 명령을 받고 ((2)   )가 되었음.

> 쉰일곱 살 때, ((3)   )라는 책을 펴냄.

[6. 본받고 싶은 인물을 찾아봐요]

18 이와 같은 글에서 인물의 가치관을 알아보기 위해 주의 깊게 살펴볼 점은 무엇입니까? (   )

① 인물의 재산　　② 인물의 나이
③ 인물의 행동　　④ 인물의 생김새
⑤ 인물의 옷차림

19~20

"불쌍한 당나귀! 이 더운 날 두 명이나 태우고 가느라 힘이 다 빠졌네. 나라면 당나귀를 메고 갈 텐데."

청년의 말을 듣고 보니 그런 것 같았어요.

'그래, 이대로 가다가는 시장에 가기도 전에 당나귀가 지쳐 쓰러져 버릴 거야.'

둘은 당나귀에서 내렸어요. 그러고 나서 아버지는 당나귀의 앞발을, 아이는 뒷발을 각각 어깨에 올렸지요.

이제 외나무다리 하나만 건너면 시장이에요.

"으히힝."

그때 당나귀가 버둥거리는 바람에 두 사람은 그만 당나귀를 놓치고 말았답니다. 강에 빠진 당나귀는 물살에 떠내려가고 말았어요.

'   ㉠   결국 귀한 당나귀를 잃고 말았구나!'

아버지와 아이는 뒤늦게 후회했지만 아무 소용이 없었답니다.

[8. 생각하며 읽어요]

19 청년의 말을 듣고 아버지가 한 일은 무엇입니까? (   )

① 못 들은 척했다.
② 당나귀를 그늘에서 쉬게 했다.
③ 계속 둘 다 당나귀를 타고 갔다.
④ 아이만 당나귀를 타고 가게 했다.
⑤ 당나귀에서 내려 아버지와 아이가 각각 당나귀를 어깨에 멨다.

[8. 생각하며 읽어요]

20 ㉠ 안에 들어갈 알맞은 말은 어느 것입니까?
(   )

① 괜히 당나귀를 타다가
② 다른 사람의 말만 듣다가
③ 더운 날 바깥에 나오다가
④ 아이를 당나귀에 태우다가
⑤ 내 생각만 고집을 부리다가

1. 분수의 덧셈과 뺄셈
~ 6. 다각형

---

1 계산 결과가 다른 것을 찾아 기호를 써 보세요.

[1. 분수의 덧셈과 뺄셈]

> ㉠ $\frac{2}{9} + \frac{3}{9}$ ㉡ $\frac{8}{9} - \frac{3}{9}$
>
> ㉢ $1 - \frac{5}{9}$ ㉣ $\frac{4}{9} + \frac{1}{9}$

(   )

2 그림을 보고 ☐ 안에 알맞은 수를 써넣으세요.

[1. 분수의 덧셈과 뺄셈]

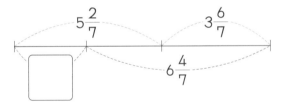

3 만들기를 하는 데 철사 $4\frac{1}{4}$ m와 끈 $\frac{15}{4}$ m를 사용하였습니다. 철사와 끈 중 어느 것을 몇 m 더 많이 사용하였나요?

[1. 분수의 덧셈과 뺄셈]

(,   )

---

4 길호는 철사로 한 변의 길이가 7 cm인 정삼각형을 1개 만들려고 합니다. 철사는 몇 cm가 필요한가요?

[2. 삼각형]

(   )

5 각 ㄴㄱㄷ의 크기는 몇 도인가요?

[2. 삼각형]

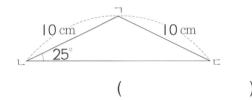

(   )

6 삼각형의 세 각의 크기를 나타낸 것입니다. 이 삼각형은 예각삼각형, 직각삼각형, 둔각삼각형 중에서 어떤 삼각형인가요?

[2. 삼각형]

> 35°   ☐°   50°

(   )

7 숫자 5가 0.05를 나타내는 수를 모두 찾아 기호를 써 보세요.

[2. 삼각형]

> ㉠ 0.57   ㉡ 4.35
>
> ㉢ 7.015   ㉣ 8.759

(,   )

마무리 평가

8 어떤 수의 $\frac{1}{100}$인 수는 0.504입니다. 어떤 수의 10배인 수를 구해 보세요.

[3. 소수의 덧셈과 뺄셈]

(   )

9 계산 결과를 비교하여 ○ 안에 >, =, <를 알맞게 써넣으세요.

[3. 소수의 덧셈과 뺄셈]

$$4.68-2.27 \bigcirc 0.18+2.16$$

서술형

10 현이의 몸무게는 31.3 kg이고 완이의 몸무게는 현이의 몸무게보다 1370 g 더 가볍습니다. 두 사람의 몸무게의 합은 몇 kg인지 풀이 과정을 쓰고 답을 구해 보세요.

[3. 소수의 덧셈과 뺄셈]

_____

_____

_____

(   )

11 삼각자를 사용하여 주어진 직선과 평행한 직선을 그어 보세요.

[4. 사각형]

_____

12 직사각형 모양의 종이를 선을 따라 잘랐을 때 사다리꼴은 모두 몇 개 만들어지나요?

[4. 사각형]

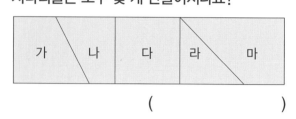

(   )

13 오른쪽 도형의 이름이 될 수 있는 것을 모두 고르세요. (,   ,   )

[4. 사각형]

① 마름모   ② 사다리꼴
③ 직사각형   ④ 정사각형
⑤ 평행사변형

14 그래프로 나타낼 때, 막대그래프와 꺾은선그래프 중 꺾은선그래프로 나타내면 더 좋은 것을 모두 고르세요. (,   )

[5. 꺾은선그래프]

① 나라별 외국인 관광객 수
② 연도별 초등학생 수의 변화
③ 도시별 월평균 수도 사용량
④ 어느 꽃가게의 종류별 꽃 수
⑤ 한 달 동안의 교실의 온도 변화

✿ 성종이의 몸무게를 1학년부터 4학년까지 매년 3월에 재어 기록한 것입니다. 물음에 답하세요.

[15~16]

성종이의 몸무게

학년(학년)	1	2	3	4
몸무게(kg)	26	28	31	35

[5. 꺾은선그래프]

15 조사한 내용을 정리하여 꺾은선그래프로 나타내어 보세요.

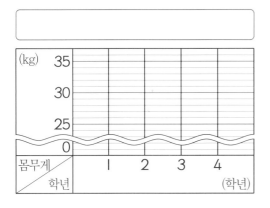

[5. 꺾은선그래프]

16 성종이가 5학년 3월에 몸무게를 잰다면 몸무게는 몇 kg이 될지 예상해 보세요.

( )

서술형

[6. 다각형]

17 철사를 이용하여 한 변의 길이가 9 cm인 정오각형을 만들었습니다. 이 철사를 펴서 정삼각형을 만들려고 할 때 만들 수 있는 가장 큰 정삼각형의 한 변의 길이는 몇 cm인지 풀이 과정을 쓰고 답을 구해 보세요.

( )

[6. 다각형]

18 대각선을 그을 수 <u>없는</u> 도형을 모두 고르세요.

(,)

①   ②

③  ④

⑤

[6. 다각형]

19 마름모 모양의 종이를 대각선을 따라 자르면 4개의 삼각형이 만들어집니다. 이때 만들어지는 삼각형은 어떤 삼각형인가요?

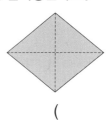

( )

[6. 다각형]

20 보기 의 모양 조각 중 2가지를 골라 정육각형을 만들려고 합니다. 서로 다른 방법으로 정육각형을 만들어 보세요.

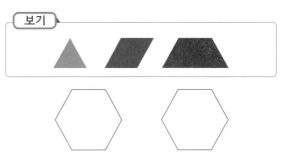

[1. ❶ 촌락과 도시의 특징]

1 다음 대화의 빈 곳에 들어갈 알맞은 말은 무엇입니까? (   )

> • 재호: 계절이나 날씨에 따라 촌락의 생활 모습이 달라지는 까닭은 무엇일까?
> • 연우: 그건 촌락이 ▭

① 교통수단이 발달했기 때문이야.
② 도시보다 인구가 많기 때문이야.
③ 다양한 공공 기관이 있기 때문이야.
④ 도시 사람들의 관심을 끌기 위해서야.
⑤ 자연환경의 영향을 많이 받기 때문이야.

[1. ❶ 촌락과 도시의 특징]

2 도시에 대한 설명으로 알맞지 <u>않은</u> 것은 어느 것입니까? (   )

① 교통이 불편하다.
② 높은 건물이 많다.
③ 많은 사람이 모여 살고 있다.
④ 크고 작은 도로가 연결되어 있다.
⑤ 사회, 정치, 경제 활동의 중심이 되는 곳이다.

[1. ❶ 촌락과 도시의 특징]

3 다음 그래프를 보고, 빈칸에 들어갈 알맞은 말에 ○표 하시오.

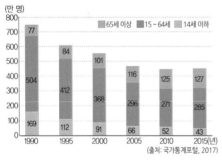

▲ 촌락의 인구 변화

> (귀농 , 고령화) 현상으로 촌락에 사는 노인의 인구는 조금씩 늘어나고 있지만, 어린이의 수는 크게 줄어들고 있다.

[1. ❷ 함께 발전하는 촌락과 도시]

4 다음 보기에서 교류를 하는 까닭을 모두 골라 기호를 쓰시오.

> 보기
> ㉠ 지역마다 자연환경이 다르기 때문에
> ㉡ 지역마다 기술 수준이 다르기 때문에
> ㉢ 지역마다 땅의 넓이가 다르기 때문에
> ㉣ 지역마다 생산되는 물건이 다르기 때문에
> ㉤ 지역 사람들의 여가 생활이 다르기 때문에

(   )

서술형 [1. ❷ 함께 발전하는 촌락과 도시]

5 농수산물 직거래 장터를 열면 도시 사람들에게 좋은 점은 무엇인지 쓰시오.

_____

_____

[1. ❷ 함께 발전하는 촌락과 도시]

6 도시 사람이 촌락에서 열리는 축제에 참여하면 좋은 점으로 알맞지 <u>않은</u> 것은 어느 것입니까?
(   )

① 여가를 즐겁고 보람 있게 보낼 수 있다.
② 도시와 촌락이 상생하고 도움을 주고받게 된다.
③ 도시 사람들이 경제적인 이익을 얻을 수 있다.
④ 도시에서 접하기 어려운 새로운 경험을 할 수 있다.
⑤ 촌락의 전통문화를 체험하거나 특산품을 구매할 수 있다.

[2. ❶ 경제 활동과 현명한 선택]

7 다음 그림의 가족이 다시 여행 계획을 짠다면 해야 할 일로 알맞은 것은 어느 것입니까?

( )

① 가격이 비싼 숙소를 선택한다.
② 무조건 부모님의 의견에 따른다.
③ 여행지에 가서 숙소를 자세히 알아본다.
④ 숙소의 가격, 거리, 시설 등을 비교한다.
⑤ 여행지와 가장 먼 곳으로 숙소를 정한다.

서술형

[2. ❶ 경제 활동과 현명한 선택]

8 일상생활에서 현명한 선택이 필요한 까닭은 무엇인지 쓰시오.

_____

_____

[2. ❶ 경제 활동과 현명한 선택]

9 다음 ㉠, ㉡에 들어갈 알맞은 말을 쓰시오.

생활에 필요한 물건을 만들거나 우리 생활을 편리하고 즐겁게 해 주는 활동을 (㉠)(이)라고 한다. 그리고 (㉠)한 것을 쓰는 것을 (㉡)라고 한다.

㉠: ( ) ㉡: ( )

[2. ❶ 경제 활동과 현명한 선택]

10 현명한 소비 생활을 하는 방법으로 알맞지 않은 것은 어느 것입니까? ( )

① 가계부를 쓴다.
② 소득의 일부를 저축한다.
③ 선택 기준을 세워 물건을 산다.
④ 물건의 가격과 정보를 확인한다.
⑤ 연예인이 광고하는 물건만 산다.

[2. ❷ 교류하며 발전하는 우리 지역]

11 우리 주변의 상품이 어디에서 왔는지 조사하는 방법으로 알맞지 않은 것은 어느 것입니까?

( )

① QR 코드 스캔하기
② 품질 인증 표시 확인하기
③ 상품의 크기와 무게 측정하기
④ 대형 할인점의 광고지 확인하기
⑤ 누리집에서 상품 소개 검색하기

[2. ❷ 교류하며 발전하는 우리 지역]

12 준하가 대형 할인점에서 조사한 상품 중 다른 나라에서 온 상품은 어느 것입니까? ( )

①

제품명	생물 고등어 (대)
원산지	국내산

②

제품명	냄비
제조국	대한민국
재질	도자기제(세라믹 코팅), 철

③

제품명	오렌지
원산지	미국
보관 방법	서늘한 곳에 보관

④

제품명	영광굴비
원산지	국산
가공지	영광 법성포

[2. ❷ 교류하며 발전하는 우리 지역]

13 다음 ㉠, ㉡에 들어갈 알맞은 말을 쓰시오.

> 옛날에는 주로 (㉠)에서 경제적 교류를 활발하게 했지만, 오늘날에는 (㉡)과 통신의 발달로 다양한 장소에서 여러 가지 방법으로 경제적 교류를 하고 있다.

㉠: (   ) ㉡: (   )

서술형 [3. ❶ 사회 변화로 나타난 일상생활의 모습]

14 다음 사진을 보고, 옛날과 오늘날의 교실 모습이 달라진 까닭은 무엇인지 쓰시오.

▲ 옛날의 교실   ▲ 오늘날의 교실

[3. ❶ 사회 변화로 나타난 일상생활의 모습]

15 고령화 문제를 해결하는 방법으로 알맞지 <u>않은</u> 것은 어느 것입니까? (   )

① 연금   ② 출산비 지원
③ 요양 서비스   ④ 의료 서비스
⑤ 노인 일자리 확대

[3. ❶ 사회 변화로 나타난 일상생활의 모습]

16 정보화로 달라지고 있는 일상생활의 모습을 두 가지 고르시오. (,   )

① 가게에 직접 가서 물건을 산다.
② 마을 뒷산에서 학교의 위치를 찾아본다.
③ 길도우미를 이용해 교통 정보를 얻는다.
④ 집안에서 세계 곳곳에서 일어나는 일들을 알기 어렵다.
⑤ 인터넷에서 자료를 검색해 모둠 과제를 함께 해결한다.

[3. ❶ 사회 변화로 나타난 일상생활의 모습]

17 세계 여러 나라가 다양한 분야에서 교류하고 가까워지는 것을 무엇이라고 합니까? (   )

① 문화   ② 귀촌   ③ 세계화
④ 고령화   ⑤ 정보화

[3. ❷ 다양한 문화에 대한 이해와 존중]

18 더운 지역에 사는 사람들의 옷차림에 ○표 하시오.

㉠    ㉡

(   )   (   )

서술형 [3. ❷ 다양한 문화에 대한 이해와 존중]

19 다음 일기에 나타난 편견과 차별을 없애는 학급 규칙을 쓰시오.

> 20○○년 ○○월○○일 ○요일
> 오늘 학교에서 다음 주에 할 '학급 체육의 날'에 어떤 경기를 할지 이야기하는 시간이 있었다. 남자아이들 몇 명이 남자는 축구, 여자는 피구를 하자고 말했다. 나와 몇몇 여자아이들이 축구를 하고 싶다고 말했지만, 여자라는 이유로 끼워주려고 하지 않았다. 여자라서 축구를 못할 거라면서 말이다.

[3. ❷ 다양한 문화에 대한 이해와 존중]

20 편견과 차별을 없애기 위한 노력으로 알맞지 <u>않</u>은 것은 어느 것입니까? (   )

① 법을 만들고 기관을 세운다.
② 편견과 차별의 뜻이 담긴 말을 바꾼다.
③ 한쪽 편에 치우친 생각을 하지 않는다.
④ 우리나라의 문화만 소중하게 생각한다.
⑤ 장애인을 차별로부터 보호하는 법을 만든다.

[1. 식물의 생활]

1 잎의 생김새 부분 중 다음에서 설명하는 곳은 어디인지 기호를 쓰시오.

> 잎에서 선처럼 보이는 부분이다.

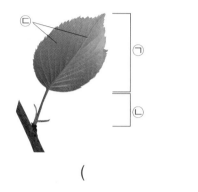

(　　　　　)

[1. 식물의 생활]

2 들이나 산에서 사는 식물의 공통적인 특징이 아닌 것은 무엇입니까? (　　)

① 뿌리, 줄기, 잎이 있다.
② 모두 한해살이 식물이다.
③ 잎의 색깔은 초록색이다.
④ 뿌리는 땅에 내리고 산다.
⑤ 필요한 양분을 스스로 만든다.

[1. 식물의 생활]

3 다음과 같은 특징의 식물이 사는 곳은 어디인지 기호를 쓰시오.

> • 물속에 잠겨서 산다.
> • 잎의 크기가 작다.
> • 줄기가 물의 흐름에 따라 잘 휜다.

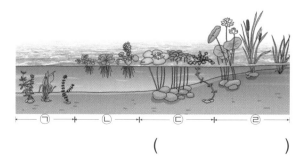

(　　　　　)

[1. 식물의 생활]

4 다음 생활용품을 설계하는 데 활용된 식물은 무엇입니까? (　　)

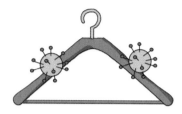

① 허브
② 연꽃잎
③ 부레옥잠
④ 도꼬마리 열매
⑤ 끈끈이주걱

서술형　　[2. 물의 상태 변화]

5 다음과 같은 현상이 나타나는 까닭을 쓰시오.

> • 페트병에 물을 가득 넣어 얼리면 페트병이 커진다.
> • 겨울철에 수도 계량기가 터진다.

[2. 물의 상태 변화]

6 ㉠과 ㉡에 들어갈 말을 바르게 쓰시오.

> (㉠)은 물 표면에서 물이 수증기로 상태가 변하고, (㉡)은 물 표면과 물속에서 물이 수증기로 상태가 변한다.

㉠: (　　　　　)
㉡: (　　　　　)

[2. 물의 상태 변화]

7 주스와 얼음을 넣은 플라스틱 컵 표면에서 나타나는 변화와 관계있는 현상은 무엇인지 쓰시오.

(　　　　　)

마무리 평가

[2. 물의 상태 변화]

8 가습기를 만들 때, ㉠ 부분을 만드는 데 사용되는 재료로 알맞지 <u>않은</u> 것은 어느 것입니까?

(   )

① 천   ② 종이
③ 한지   ④ 빨대
⑤ 부직포

서술형

[3. 그림자와 거울]

9 물체 하나에 불을 켠 손전등 두 개를 비추었을 때, 물체의 그림자가 어떻게 나타나는지 쓰시오.

_____

[3. 그림자와 거울]

10 도자기 컵과 유리컵의 그림자가 다르게 나타나는 까닭은 무엇 때문입니까? (   )

▲ 도자기 컵의 그림자   ▲ 유리컵의 그림자

① 물체의 모양
② 물체의 크기
③ 물체의 단단한 정도
④ 물체를 만졌을 때의 느낌
⑤ 빛이 물체를 통과하는 정도

[3. 그림자와 거울]

11 그림자에 대한 설명으로 바르지 <u>않은</u> 것은 무엇입니까? (   )

① 빛이 직진하기 때문에 생긴다.
② 물체의 모양과 그림자 모양은 비슷하다.
③ 물체를 놓는 방향이 달라도 그림자의 모양은 그대로이다.
④ 손전등–물체–스크린 순서로 놓아야 그림자를 만들 수 있다.
⑤ 삼각형 모양 종이에 손전등을 비추면 삼각형 모양 그림자가 생긴다.

[3. 그림자와 거울]

12 그림자의 크기가 더 큰 경우는 어느 것인지 기호를 쓰시오.

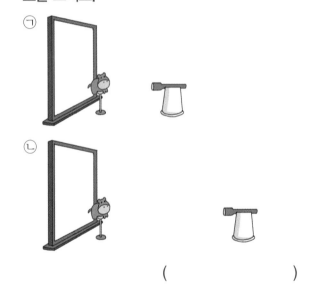

(   )

[3. 그림자와 거울]

13 다음은 세 장의 거울로 만든 것으로 여러 가지 모양의 무늬를 관찰할 수 있는 만화경입니다. 만화경을 만드는 데 이용된 빛의 성질을 쓰시오.

(   )

14 다음 화산의 특징으로 바른 것은 무엇입니까?

( )

▲ 후지산

① 우리나라 화산이다.
② 높이가 높고 뾰족하다.
③ 완만한 경사를 이룬다.
④ 분화구가 여러 개 있다.
⑤ 화산 활동이 자주 일어난다.

[4. 화산과 지진]

15 오른쪽 암석의 특징은 무엇입니까? ( )

① 알갱이의 크기가 크다.
② 불국사의 돌계단에서 볼 수 있다.
③ 색깔이 밝고, 여러 가지 색이 섞여 있다.
④ 마그마가 지표 가까이에서 식어서 만들어진다.
⑤ 마그마가 땅속 깊은 곳에서 식어서 만들어진다.

[4. 화산과 지진]

16 지진에 대한 설명으로 바르지 <u>않은</u> 것은 무엇입니까? ( )

① 땅이 끊어지면서 흔들리는 것이다.
② 지구 내부에서 작용하는 힘을 짧은 시간 동안 받아 일어난다.
③ 지진 발생 모형실험에서 우드록은 실제 자연에서 땅을 의미한다.
④ 지진 발생 모형실험에서 양손으로 미는 힘은 지구 내부에서 작용하는 힘을 의미한다.
⑤ 지진 발생 모형실험에서 우드록이 끊어지면서 손에 떨림이 전달되는 것은 지진을 의미한다.

[4. 화산과 지진]

17 지진 피해 사례를 조사하여 알게 된 점으로 바르지 <u>않은</u> 것은 무엇인지 기호를 쓰시오.

ㄱ 규모가 클수록 지진의 피해도 크다.
ㄴ 우리나라는 지진에 안전한 지역이다.
ㄷ 지진의 규모가 같아도 피해 정도가 다를 수 있다.

( )

서술형

[4. 화산과 지진]

18 학교에서 지진이 발생했을 때 대처 방법을 한 가지 쓰시오.

_____

_____

[5. 물의 여행]

19 실내 정원에 물을 주지 않아도 식물이 자라는 까닭입니다. ( ) 안에 들어갈 말을 쓰시오.

분무기를 이용해 주었던 물이 ( )하여 밖으로 나가지 못하고 플라스틱 컵 안에 머물기 때문이다.

( )

[5. 물의 여행]

20 물이 이동한 장소에 따른 물의 상태를 나타낸 것입니다. ㉠과 ㉡의 물의 상태를 쓰시오.

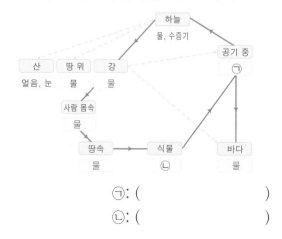

㉠: ( )
㉡: ( )

1~2

❶ 체육 시간에 피구를 하려고 편을 가르는데 선은 맨 마지막까지 선택을 받지 못한다.

❷ 언제나 혼자인 외톨이 선은 여름 방학을 시작하는 날, 전학생인 지아를 만나 친구가 된다.

❸ 지아와 선은 봉숭아 꽃물을 들이며 여름 방학을 함께 보내고 순식간에 세상 누구보다 친한 사이가 된다.

❹ 개학을 하고 학교에서 선을 만난 지아는 선을 따돌리는 보라 편에 서서 선을 외면한다.

❺ 선은 지아와 예전처럼 친해지려고 노력했지만 결국 크게 싸우고 만다.

❻ 선은 지아가 금을 밟지 않았다고 용기를 내어 친구들에게 말한다.

[1. 이어질 장면을 생각해요]

1 장면 ❹에 나타난 지아의 성격은 어떠합니까?
( )

① 정의롭다.　　② 비겁하다.
③ 순수하다.　　④ 용감하다.
⑤ 장난이 심하다.

서술형

[1. 이어질 장면을 생각해요]

2 다음은 일어난 사건을 간추린 것입니다. 알맞은 내용을 쓰시오.

> 영화 앞부분은 선과 지아가 친하게 지내는
>
> 내용이고, 영화 뒷부분은ㅤㅤㅤㅤㅤㅤ
>
> ㅤㅤㅤㅤㅤㅤㅤㅤㅤ입니다.

서술형

[2. 마음을 전하는 글을 써요]

3 마음을 전하는 글을 쓰는 방법을 생각하여 한 가지 쓰시오.

ㅤㅤㅤㅤㅤㅤㅤㅤㅤㅤㅤㅤㅤㅤ

4~5

존경하는 김하영 선생님께

선생님, 안녕하세요? 저는 전지우입니다. 그동안 잘 지내셨습니까? 선생님께 고마운 마음을 전하려고 이렇게 글을 쓰게 되었습니다.

지난 체험학습에서 도자기를 만들 때였습니다. 저는 진흙 반죽을 물레 위에 놓고 그릇 모양을 만들려고 했습니다. 그런데 생각처럼 잘되지 않았습니다. 만들고 나니 상상했던 모양과 너무 달라서 당황스러웠습니다.

제가 속상해서 어찌할 바를 모를 때 선생님께서 오셨습니다. 그리고 어떻게 모양을 내는지 시범을 보여 주셨습니다. 저는 선생님을 따라서 다시 해 보았습니다. 그랬더니 신기하게도 그릇 모양이 잘 만들어졌습니다.

그날 만든 그릇은 지금도 제 책상 위에 놓여 있습니다. 이 그릇을 보면 친절하게 가르쳐 주시던 선생님 모습이 생각납니다.

선생님, 제 마음에 드는 그릇을 만들도록 도와주셔서 고맙습니다. 안녕히 계세요.

20○○년 9월 24일
제자 전지우 올림

[2. 마음을 전하는 글을 써요]

4 지우가 편지를 쓴 까닭에 알맞은 말을 차례대로 써넣으시오.

• ((1)ㅤㅤㅤㅤㅤ)께(에게) ((2)ㅤㅤㅤㅤㅤ)
마음을 전하려고 썼다.

[2. 마음을 전하는 글을 써요]

5 속상해하는 지우를 보고 선생님께서는 어떻게 하셨습니까? ( )

① 그릇을 만들지 말라고 하셨다.
② 진흙 반죽을 다시 가져다주셨다.
③ 지우 대신 그릇을 만들어 주셨다.
④ 어떻게 모양을 내는지 시범을 보여 주셨다.
⑤ 선생님께서 직접 만든 그릇을 선물로 주셨다.

[3. 바르고 공손하게]

6~8

사회자: 친구들과 사이좋게 지내려면 실천해야 할 일이 무엇인지 발표해 주십시오. 박태영 친구가 의견을 발표해 주십시오.

박태영: 제 의견은 "듣기 싫은 별명으로 부르지 말자."입니다. 기분이 나빠지면 서로 사이좋게 지내기가 어려워지기 때문입니다.

사회자: 좋은 의견입니다. 다른 의견이 더 있습니까? 이희정 친구가 의견을 발표해 주십시오.

이희정: 저는 고운 말을……

강찬우: (끼어들며) 잠깐만. "심한 장난을 하지 말자."가 좋겠습니다. 왜냐하면 장난이 심해져서 싸우는 경우가 많기 때문입니다.

사회자: 강찬우 친구, 좋은 의견 감사합니다. 하지만 다른 사람이 의견을 발표할 때 끼어드는 것은 잘못입니다. 다음부터는 꼭 손을 들어 말할 기회를 얻고 나서 발표해 주시기 바랍니다. 이희정 친구는 계속 발표해 주시기 바랍니다. 이희정 친구는 계속 발표해 주십시오.

이희정: 네, 제 의견은 "고운 말을 사용하자."입니다. 친구들이 나쁜 말을 주고받으면 사이가 안 좋아지는 것을 자주 봤기 때문입니다.

[3. 바르고 공손하게]

6 학급 회의 주제는 무엇입니까? (　　)

① 급식을 남기지 말자.
② 쉬는 시간을 활용하자.
③ 교실을 깨끗이 사용하자.
④ 친구들과 사이좋게 지내자.
⑤ 일주일에 한 권씩 독서를 하자.

[3. 바르고 공손하게]

7 다음과 같은 근거를 들어 의견을 말한 사람은 누구인지 쓰시오.

> 친구들이 나쁜 말을 주고받으면 사이가 안 좋아지는 것을 자주 봤다.

(　　　　　　　　　)

[3. 바르고 공손하게]

8 회의를 할 때 지켜야 할 예절 가운데 강찬우가 잘못한 점은 무엇입니까? (　　)

① 너무 길게 말하였다.
② 공정하게 판정하지 않았다.
③ 다른 사람이 말하는데 끼어들었다.
④ 근거를 제시하며 주장을 말하지 않았다.
⑤ 토론자의 평소 행동과 토론 내용을 연관 지어 말하였다.

[4. 이야기 속 세상]

9 다음 글에서 알 수 있는 사라의 성격은 어떠합니까? (　　)

> "규칙을 따르지 못하겠다면 이제부터는 걸어가거라."
>
> 운전사가 '덜컹' 소리를 내며 문을 당겨 열었습니다. 사라는 외롭고 무서웠습니다. 사라 생각에 버스에서 내리는 것도, 학교까지 걸어가는 것도 그리 어려운 일은 아니었습니다. 하지만 걷기에는 꽤 먼 길이었습니다.
>
> 사라는 작지만 당당한 목소리로 말했습니다.
>
> "문 닫으셔도 돼요. 저는 학교까지 타고 가겠어요."

① 용감하다.　　② 내성적이다.
③ 장난스럽다.　　④ 욕심이 많다.
⑤ 마음이 여리다.

[4. 이야기 속 세상]

10 이야기를 꾸며 책을 만들려고 합니다. 알맞지 않은 방법은 무엇입니까? (　　)

① 이야기를 자연스럽게 꾸며 쓴다.
② 일어날 수 없는 일을 어색하게 쓴다.
③ 꾸밀 이야기의 구성 요소를 정리해 본다.
④ 친구들 관심을 끌 수 있게 표지를 꾸민다.
⑤ 인물, 사건, 배경이 서로 어울리게 바꾼다.

마무리 평가

[5. 의견이 드러나게 글을 써요]

11 다음 의견에 대한 까닭으로 적절한 것을 두 가지 고르시오. (,   )

> 일회용품 사용을 줄여야 한다.

① 일회용품을 쓰면 편리하다.
② 일회용품을 쓰면 건강해진다.
③ 일회용품을 쓰면 자원이 낭비된다.
④ 일회용품을 쓰면 경제가 발전된다.
⑤ 일회용품을 쓰면 쓰레기가 많아진다.

[6. 본받고 싶은 인물을 찾아봐요]

12 다음 글을 읽고 김만덕의 가치관에 대해 바르게 말한 것에 ○표를 하시오.

> 김만덕은 제주도에서 손꼽히는 큰 상인이 되었다. 많은 돈을 벌어들여 '제주도 부자 김만덕' 하면 모르는 사람이 없을 정도였다. 그러나 김만덕은 돈이 많다고 하여 함부로 돈을 낭비하지 않았다. 오히려 더 절약하고 검소한 생활을 하였다.
> "풍년에는 흉년을 생각하여 더욱 절약해야 돼. 그리고 편안히 사는 사람은 어렵게 사는 사람을 생각하여 하늘의 은혜에 감사하며 검소하게 살아야 하고……"
> 김만덕은 주위 사람들에게 늘 이렇게 말하였다.

(1) 많은 돈을 벌었는데도 검소하게 산 것으로 보아 김만덕은 스크루지처럼 인색한 삶을 산 것 같아.   (   )

(2) 하늘의 은혜에 감사하라는 말로 보아 김만덕은 자신의 능력으로만 사업이 번창한 게 아니므로 주위 사람에게 감사해야 한다고 생각해.   (   )

13~14

> 열 살이 된 헬렌은 퍼킨스학교에 있는 동안 자신처럼 장애를 지닌 어린이를 돕는 일에 나섰습니다. 펜실베이니아주에 살고 있는 토미를 퍼킨스학교에 데려와 교육받을 수 있도록 모금을 하기로 한 것입니다. 다섯 살의 토미는 헬렌처럼 보지도 듣지도 말하지도 못하는 아이였습니다. 토미는 부모님도 안 계시고 가난한 아이여서 학교에 갈 수 없었습니다. 헬렌은 토미가 퍼킨스학교에 다닐 수 있도록 도와 달라는 글을 여러 사람과 신문사에 보냈습니다. 헬렌도 이 모금에 참여하기 위해 사치스러운 물건을 사지 않고 돈을 보냈습니다. 다행히 많은 성금이 모여 토미는 아무 걱정 없이 학교에 다닐 수 있게 되었습니다. 헬렌은 매우 기뻤습니다. 남을 도우면 이렇게 큰 기쁨을 누릴 수 있다는 깨달음을 얻었습니다.

[6. 본받고 싶은 인물을 찾아봐요]

13 토미가 퍼킨스학교에 다닐 수 있도록 도와달라는 글을 여러 사람과 신문사에 보낸 까닭은 무엇입니까? (   )

① 토미의 부모님이 부탁했기 때문에
② 토미의 학습 능력이 뛰어났기 때문에
③ 가난해서 학교에 갈 수 없었기 때문에
④ 토미의 장애가 헬렌보다 심했기 때문에
⑤ 학교 선생님들이 교육하길 원했기 때문에

[6. 본받고 싶은 인물을 찾아봐요]

14 자신도 장애 때문에 힘든데도, 헬렌이 힘쓴 일은 무엇입니까? (   )

① 퍼킨스학교에 결석 없이 다녔다.
② 후배들을 위해 장학 재단을 설립했다.
③ 펜실베이니아주에서 환경 운동을 했다.
④ 가난한 친구를 위해 장학금을 양보했다.
⑤ 장애를 지닌 어린이를 돕는 일에 나섰다.

15 다음은 독서 감상문에 들어갈 내용 가운데 무엇입니까? ( )

[7. 독서 감상문을 써요]

> 책 표지의 도깨비 표정이 재미있어서 책을 골랐습니다.

① 책 내용
② 책 제목
③ 책을 읽은 동기
④ 책을 읽고 느낀 점
⑤ 책을 읽고 생각한 점

[7. 독서 감상문을 써요]

16 독서 감상문을 쓰는 방법으로 알맞은 것은 무엇입니까? ( )

① 책 내용만 자세하게 쓴다.
② 책을 읽고 느낀 점은 쓰지 않는다.
③ 제목은 꼭 책 제목을 그대로 붙인다.
④ 새롭게 안 내용이 적은 책을 고른다.
⑤ 생각이나 느낌에 대한 까닭을 함께 쓴다.

[8. 생각하며 읽어요]

17 글쓴이의 의견을 평가하는 방법으로 알맞지 않은 것은 무엇입니까? ( )

① 뒷받침 내용이 사실인지 확인한다.
② 의견이 주제와 관련 있는지 확인한다.
③ 의견과 뒷받침 내용이 관련 있는지 확인한다.
④ 여러 개의 의견을 확실히 제시했는지 확인한다.
⑤ 의견이 문제 상황을 해결할 수 있는지 확인한다.

18~20

가 넓적 가자미는 멸치 대왕한테 용이 되는 꿈이 아니라 큰 변을 당하게 될, 아주 나쁜 꿈이라고 말했어. 그러면서 하늘을 오르락내리락한다는 것은 낚싯대에 걸린 것이고, 구름은 모락모락 숯불 연기이고, 또 흰 눈은 소금이고, 추웠다가 더웠다가 한다는 것은 잘 익으라고 뒤집었다 엎었다 하는 것이라고 멸치 대왕의 꿈을 풀이했어.

나 꿈풀이를 다 듣고 난 뒤 멸치 대왕은 너무나도 화가 나 넓적 가자미의 뺨을 때렸는데 어찌나 세게 때렸던지 넓적 가자미의 눈이 한쪽으로 찍 몰려가 붙어 버리고 말았던 거야. 그 모양을 보고 있던 꼴뚜기는 자기도 뺨을 맞을까 봐 겁이 나서 자기의 눈을 떼어서 엉덩이에 찰싹 붙여 버렸고, 망둥 할멈은 너무 놀라 눈이 툭 튀어나와 버렸지.

[9. 감동을 나누며 읽어요]

18 멸치 대왕이 넓적 가자미의 꿈풀이를 듣고 했던 말은 무엇입니까? ( )

① 고맙다.
② 괘씸하다!
③ 마음에 든다.
④ 훌륭한 꿈풀이로다.
⑤ 기분이 무척 좋구나!

[9. 감동을 나누며 읽어요]

19 다음 생김새에 어울리는 인물을 찾아 쓰시오.

(1) ( ): 눈이 툭 튀어 나왔다.
(2) ( ): 눈이 엉덩이에 붙었다.

서술형

[9. 감동을 나누며 읽어요]

20 다음을 실감 나게 표현하는 방법을 쓰시오.

> 넓적 가자미: (뺨을 부여잡고) 나한테 너무하는군.

( )

마무리 평가 4 회

1 관계있는 것끼리 선으로 이어 보세요.
[1. 분수의 덧셈과 뺄셈]

(1) $\dfrac{5}{8}+\dfrac{4}{8}$ · · ㉠ $\dfrac{3}{8}$

(2) $1-\dfrac{5}{8}$ · · ㉡ $\dfrac{5}{8}$

(3) $\dfrac{7}{8}-\dfrac{2}{8}$ · · ㉢ $1\dfrac{1}{8}$

2 [1. 분수의 덧셈과 뺄셈]
어떤 대분수에서 $4\dfrac{8}{12}$을 뺐더니 $1\dfrac{9}{12}$가 되었습니다. 어떤 대분수를 구해 보세요.

(   )

3 [1. 분수의 덧셈과 뺄셈]
계산해 보세요.

(1) $4\dfrac{5}{8}+2\dfrac{4}{8}$

(2) $7\dfrac{1}{9}-4\dfrac{5}{9}$

4 [2. 삼각형]
효주는 길이가 30 cm인 철사를 남김없이 사용하여 정삼각형을 한 개 만들었습니다. 효주가 만든 정삼각형의 한 변의 길이는 몇 cm인가요?

(   )

서술형

5 [2. 삼각형]
승철이는 공부를 어제는 $1\dfrac{3}{5}$시간 동안 하고, 오늘은 어제보다 $\dfrac{4}{5}$시간 더 적게 하였습니다. 승철이가 어제와 오늘 공부한 시간은 모두 몇 시간인지 풀이 과정을 쓰고 답을 구해 보세요.

_____

_____

_____

(   )

6 [2. 삼각형]
□ 안에 알맞은 수를 써넣으세요.

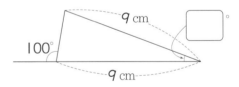

7 [2. 삼각형]
이등변삼각형이고 예각삼각형인 도형은 모두 몇 개인가요?

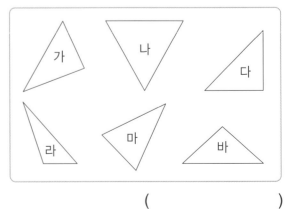

(   )

8 큰 수부터 순서대로 써 보세요.

[3. 소수의 덧셈과 뺄셈]

| 1.01 | 0.09 | 0.11 | 1.1 | 0.9 |

(, , , ,)

9 다음 수보다 2.75 큰 수를 구해 보세요.

[3. 소수의 덧셈과 뺄셈]

1이 6개, 0.1이 7개, 0.01이 9개인 수

( )

10 빈칸에 알맞은 수를 써넣으세요.

[3. 소수의 덧셈과 뺄셈]

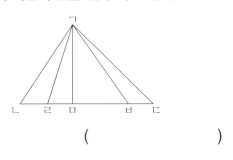

11 변 ㄴㄷ에 대한 수선을 찾아 써 보세요.

[4. 사각형]

( )

12 도형에서 사각형 ㄱㄴㄷㄹ은 평행사변형이고 삼각형 ㄹㄷㅁ은 이등변삼각형입니다. 각 ㄴㄱ ㄹ의 크기는 몇 도인지 풀이 과정을 쓰고 답을 구해 보세요.

[4. 사각형]

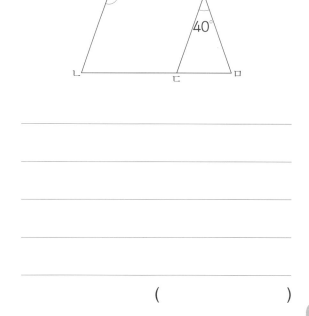

( )

13 마름모입니다. □ 안에 알맞은 수를 써넣으세요.

[4. 사각형]

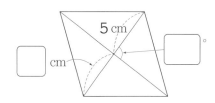

14 바르게 설명한 것을 모두 골라 기호를 써 보세요.

[4. 사각형]

ㄱ 사다리꼴은 평행사변형입니다.
ㄴ 평행사변형은 사다리꼴입니다.
ㄷ 평행사변형은 이웃하는 두 변의 길이가 같습니다.
ㄹ 평행사변형은 마주 보는 두 변의 길이가 같습니다.

(,)

❀ 어느 서점의 동화책 판매량을 조사하여 나타낸 꺾은선그래프입니다. 물음에 답하세요. [15~16]

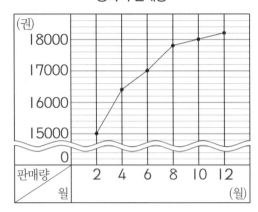

동화책 판매량

[5. 꺾은선그래프]

15 세로 눈금 한 칸은 몇 권을 나타내나요?

(   )

[5. 꺾은선그래프]

16 8월의 동화책 판매량은 몇 권인가요?

(   )

[5. 꺾은선그래프]

17 조사 내용을 꺾은선그래프로 나타내기에 더 알맞은 것을 모두 골라 기호를 써 보세요.

> ㉠ 좋아하는 과목별 학생 수
> ㉡ 도서관에 있는 종류별 책의 수
> ㉢ 어느 도시의 월별 전기 사용량
> ㉣ 일주일 동안의 최고 기온의 변화

(,   )

[6. 다각형]

18 이름이 <u>다른</u> 다각형을 찾아 기호를 써 보세요.

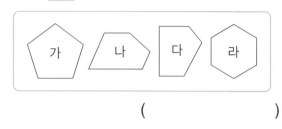

(   )

[6. 다각형]

19 두 대각선의 길이가 같은 사각형을 모두 고르세요. (,   )

① 마름모   ② 정사각형
③ 직사각형   ④ 사다리꼴
⑤ 평행사변형

[6. 다각형]

20 모양 조각을 주어진 개수만큼 사용하여 평행사변형을 채워 보세요.

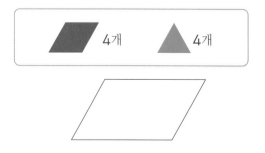

[1. ❶ 촌락과 도시의 특징]

1 다음 사진과 같은 촌락에서 볼 수 있는 것을 두 가지 고르시오. (,   )

▲ 제주특별자치도 제주시 구좌읍

① 시청   ② 바다
③ 높은 건물   ④ 지하철역
⑤ 풍력 발전소

[1. ❶ 촌락과 도시의 특징]

2 도시의 모습을 조사하는 방법으로 알맞지 <u>않은</u> 것은 어느 것입니까? (   )

① 직접 찾아가기
② 방위나 축척 알아보기
③ 지역을 잘 아는 분께 여쭤보기
④ 인터넷으로 관련 자료 수집하기
⑤ 지역 신문이나 방송 프로그램 찾아보기

[1. ❶ 촌락과 도시의 특징]

3 촌락과 도시의 공통점과 차이점을 알아보려고 할 때 살펴보아야 할 점으로 알맞지 <u>않은</u> 것은 어느 것입니까? (   )

① 땅을 이용하는 방법
② 발달한 산업의 모습
③ 사람들이 사는 집의 모습
④ 여가 생활을 즐기는 모습
⑤ 교통 시설을 이용하는 모습

[1. ❶ 촌락과 도시의 특징]

4 도시에서 발생하는 문제를 바르게 말한 친구는 누구인지 쓰시오.

헤나   종완

(   )

[1. ❷ 함께 발전하는 촌락과 도시]

5 촌락 사람들이 도시 사람들과 교류하기 위해 노력하는 모습으로 알맞은 것을 두 가지 고르시오. (,   )

① 지역 축제를 연다.
② 농촌 봉사 활동을 한다.
③ 다양한 체험 마을을 운영한다.
④ 값싼 외국의 농수산물을 수입한다.
⑤ 다양한 기계를 이용하여 농사를 짓는다.

[1. ❷ 함께 발전하는 촌락과 도시]

6 촌락 사람들이 도시로 가는 까닭으로 알맞지 <u>않</u>은 것은 어느 것입니까? (   )

① 공연을 보기 위해서
② 자연환경을 이용한 여가를 즐기기 위해서
③ 백화점이나 대형 상점가를 이용하기 위해서
④ 도청이나 시청, 법원 등을 이용하기 위해서
⑤ 첨단 의료 시설을 갖춘 종합 병원을 이용하기 위해서

[1. ❷ 함께 발전하는 촌락과 도시]

7 촌락과 도시의 관계에 대한 설명으로 바른 것에 ○표, 바르지 않은 것에 ×표 하시오.

(1) 촌락과 도시는 서로 교류하면서 상호 의존하고 있다.   (   )
(2) 촌락 사람들은 농수산물이나 원료를 도시로부터 얻는다.   (   )
(3) 촌락과 도시에 사는 사람들은 서로 부족한 것들을 채워 준다.   (   )

마무리 평가

[2. ❶ 경제 활동과 현명한 선택]

8 다음 대화의 빈칸에 들어갈 알맞은 말은 어느 것입니까? (   )

> • 예원: 일상생활에서 선택의 문제가 발생하는 까닭은 무엇일까?
> • 윤재: 그건 바로 (   ) 때문이야. 사람이 쓸 수 있는 돈이나 자원은 한정되어 있으므로 원하는 것을 모두 가질 수는 없어.

① 정보
② 자원
③ 편견
④ 희소성
⑤ 경제 활동

서술형

[2. ❶ 경제 활동과 현명한 선택]

9 물건을 살 때 최종적으로 고려해야 할 점은 무엇인지 쓰시오.

_____

_____

[2. ❶ 경제 활동과 현명한 선택]

10 다음 사진과 같이 생산 활동의 종류가 같은 것은 어느 것입니까? (   )

① 공연하기
② 버섯 따기
③ 건물 짓기
④ 환자 진료하기
⑤ 야구 경기 관람하기

[2. ❶ 경제 활동과 현명한 선택]

11 현명한 소비 생활을 하는 방법으로 알맞지 <u>않은</u> 것은 어느 것입니까? (   )

① 가계부를 쓴다.
② 소득의 일부를 저축한다.
③ 선택 기준을 세워 물건을 산다.
④ 물건의 가격과 정보를 확인한다.
⑤ 광고 내용만 믿고 물건을 구입한다.

[2. ❷ 교류하며 발전하는 우리 지역]

12 오른쪽과 같이 우리 주변의 많은 상품이 어디에서 왔는지 조사하는 방법은 무엇입니까? (   )

① QR 코드 스캔하기
② 통계 자료 분석하기
③ 품질 인증 표시 확인하기
④ 대형 할인점의 광고지 확인하기
⑤ 누리집에서 상품 소개 검색하기

서술형

[2. ❷ 교류하며 발전하는 우리 지역]

13 다음과 같이 지역 간에 경제적 교류를 하면 좋은 점은 무엇인지 쓰시오.

▲ 농수산물 직거래 장터

_____

_____

[2. ❷ 교류하며 발전하는 우리 지역]

14 우리 지역의 대표 상품을 소개하는 방법으로 알맞지 <u>않은</u> 것은 어느 것입니까? (   )

① 지역의 대표 상품을 직접 판매한다.

② 지역의 대표 상품에 담은 상표를 개발한다.

③ 지역의 대표 상품을 소개하는 전단지를 만든다.

④ 지역의 대표 상품을 판매하는 누리집을 만든다.

⑤ 지역의 대표 상품의 특징을 표현한 광고지를 그린다.

[3. ❶ 사회 변화로 나타난 일상생활의 모습]

15 밖에서도 인터넷으로 정보를 얻을 수 있게 되면서 달라진 모습은 어느 것입니까? (   )

① 노인 전문 시설이 많이 생겼다.

② 가족의 구성원 수가 줄어들고 있다.

③ 학교의 학급 수가 점점 줄어들고 있다.

④ 버스 도착 시간을 알려 주는 기계가 생겼다.

⑤ 다양한 나라의 음식을 파는 가게가 많아졌다.

[3. ❶ 사회 변화로 나타난 일상생활의 모습]

16 다음과 관련 있는 것은 무엇입니까? (   )

> • 학생 수가 줄어드는 학교가 늘어나고 있다.
> • 가족의 구성원 수가 줄어들고 있으며 가족의 형태가 변하고 있다.

① 귀촌   ② 저출산   ③ 고령화

④ 저작권   ⑤ 전통문화

[3. ❶ 사회 변화로 나타난 일상생활의 모습]

17 세계화가 우리 생활에 미치는 긍정적인 영향을 모두 찾아 ○표 하시오.

(1) 서로의 문화를 이해하지 못한다. (   )

(2) 다른 나라에서 만든 옷을 쉽게 살 수 있다. (   )

(3) 세계 여러 나라의 다양한 문화를 접할 수 있다. (   )

[3. ❷ 다양한 문화에 대한 이해와 존중]

18 다음 ㉠, ㉡에 들어갈 알맞은 말을 쓰시오.

> (㉠)(이)란 공정하지 못하고 한쪽으로 치우친 의견이나 생각을 말하고, (㉡)은(는) 어떤 기준을 두어 대상을 구별하고 다르게 대우하는 것이다.

㉠: (   )   ㉡: (   )

[3. ❷ 다양한 문화에 대한 이해와 존중]

19 다음 보기 에서 편견과 차별이 없는 세상을 만들기 위해 노력하는 기관을 모두 골라 기호를 쓰시오.

> **보기**
> ㉠ 노인정
> ㉡ 박물관
> ㉢ 국가 인권 위원회
> ㉣ 무지개 청소년 센터
> ㉤ 다문화 가족 지원 포털 다누리

(   )

[3. ❷ 다양한 문화에 대한 이해와 존중]

20 모두를 위한 학급 규칙을 정할 때 가져야 할 태도로 바르지 <u>않은</u> 것은 어느 것입니까?

(   )

① 배려하기

② 무시하기

③ 존중하기

④ 이해하기

⑤ 서로의 입장에서 생각하기

[1. 식물의 생활]

1 다음과 같이 식물의 잎을 분류한 기준은 무엇입니까? (　　　)

① 잎자루가 있는가?
② 잎맥이 나란한가?
③ 잎에 털이 있는가?
④ 잎의 끝 모양이 뾰족한가?
⑤ 잎의 가장자리가 톱니 모양인가?

[1. 식물의 생활]

2 들이나 산에서 사는 식물이 <u>아닌</u> 것은 어느 것입니까? (　　　)

① 민들레　　　② 토끼풀
③ 소나무　　　④ 개구리밥
⑤ 떡갈나무

[1. 식물의 생활]

3 다음은 부레옥잠의 어느 부분을 칼로 자른 것인지 쓰시오.

(　　　　　　)

[1. 식물의 생활]

4 선인장과 바오바브나무는 어떤 환경에 적응한 식물입니까? (　　　)

① 건조한 환경
② 매우 추운 환경
③ 비가 많이 내리는 환경
④ 바람이 많이 부는 환경
⑤ 강이나 연못과 같이 물이 많은 환경

[1. 식물의 생활]

5 솔방울의 특징을 활용해 빗물이 스며드는 것을 막아 주고, 몸의 열이 잘 배출되는 옷을 만들었습니다. 젖은 상태와 건조한 상태의 솔방울 모습은 어느 것인지 기호를 쓰시오.

> ㉠ 솔방울이 오므라든다.
> ㉡ 솔방울이 벌어진다.

⑴ 젖은 상태의 솔방울: (　　　　　　)
⑵ 건조한 상태의 솔방울: (　　　　　　)

[2. 물의 상태 변화]

6 물이 얼기 전의 플라스틱 시험관의 무게는 13g 입니다. 물이 완전히 얼고 난 후의 플라스틱 시험관의 무게는 얼마인지 쓰시오.

(　　　　　　　　　)

[2. 물의 상태 변화]

7 빨래를 말리거나 젖은 머리카락을 말리는 것과 관계있는 현상은 어느 것입니까? (　　　)

① 증발　　　② 얼음
③ 녹음　　　④ 끓음
⑤ 응결

8 다음에서 볼 수 있는 끓음 현상에 대한 설명으로 바르지 <u>않은</u> 것은 무엇입니까? (　　　)

① 물의 양이 빠르게 줄어든다.
② 물 표면에서만 천천히 일어난다.
③ 물 표면과 물속에서 빠르게 일어난다.
④ 물이 수증기로 상태가 변하는 현상이다.
⑤ 기포가 올라와 터지면서 물 표면이 울퉁불퉁해진다.

9 오른쪽과 같이 플라스틱 컵에 주스와 얼음을 넣었을 때 나타나는 현상을 모두 고르시오.
(　　　　　)

① 증발 현상이 나타난다.
② 처음 무게와 나중 무게가 같다.
③ 컵 안의 주스가 컵 밖으로 나온다.
④ 처음 무게보다 나중 무게가 더 무겁다.
⑤ 공기 중의 수증기가 컵 표면에 물방울로 맺힌다.

10 그림자를 보고 불투명한 물체와 투명한 물체를 구분하여 기호를 쓰시오.

(1) 투명한 물체: (　　　　　　　　)
(2) 불투명한 물체: (　　　　　　　　)

---

11 물체의 모양과 그림자의 모양이 비슷한 까닭은 무엇인지 쓰시오.

12 손전등을 화살표 방향으로 움직였을 때 그림자는 어떻게 변합니까? (　　　)

① 그림자가 생기지 않는다.
② 그림자가 진하게 변한다.
③ 그림자의 크기가 커진다.
④ 그림자의 크기가 작아진다.
⑤ 그림자의 모양이 달라진다.

13 우리 집에 햇빛을 보내려고 할 때 거울의 위치로 알맞은 곳은 어디인지 기호를 쓰시오.

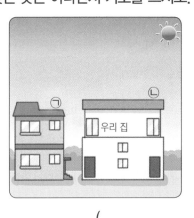

(　　　　　　　　)

마무리 평가

[4. 화산과 지진]

14 화산의 특징으로 바르지 <u>않은</u> 것은 어느 것입니까? (　　)

① 주변 지형보다 낮다.
② 화산의 생김새는 다양하다.
③ 산꼭대기에 분화구가 있다.
④ 마그마가 분출하여 생긴 지형이다.
⑤ 화산 분화구에는 물이 고여 있기도 하다.

[4. 화산과 지진]

15 다음은 어떤 암석을 이용해 만든 것인지 기호를 쓰시오.

> 석굴암이나 불국사의 돌계단

㉠　　　　　㉡

(　　　　　　)

[4. 화산과 지진]

16 지진이 발생하는 원인은 무엇인지 쓰시오.

_____

_____

[4. 화산과 지진]

17 다른 나라에서 발생한 지진 피해 사례를 조사한 것입니다. 가장 강한 지진이 발생한 나라는 어디인지 쓰시오.

연도	발생 지역	규모	피해 내용
2018	대만	6.0	사망자 및 실종자 발생, 호텔 붕괴
2017	일본	5.6	전봇대 파손, 건물 손상
2016	네팔	7.9	사망자 및 실종자 발생, 건물 붕괴

(　　　　　　)

[5. 물의 여행]

18 다음과 같이 물의 상태가 변하면서 육지, 바다, 공기 중, 생명체 등 여러 곳을 끊임없이 돌고 도는 과정을 무엇이라고 하는지 쓰시오.

(　　　　　　)

[5. 물의 여행]

19 우리 생활에서 물이 중요한 까닭으로 바르지 <u>않은</u> 것은 무엇입니까? (　　)

① 생명을 유지시켜 준다.
② 나무와 풀을 자라게 한다.
③ 지표면의 모양이 변하지 않게 한다.
④ 생명체에게 필요한 영양분을 공급해 준다.
⑤ 물이 떨어지는 높이 차이를 이용해 전기를 만든다.

[5. 물의 여행]

20 와카워터가 하는 일은 무엇입니까? (　　)

① 물을 모은다.
② 물을 끓인다.
③ 물을 이동시킨다.
④ 물을 증발시킨다.
⑤ 물을 정화시킨다.

교과서 종합평가

검정 교과서(수학 10종/사회 11종/과학 7종)를
완벽 분석하여 문제를 출제하였습니다.

국어 1회 교과서 종합평가

1~2

1 딸은 아버지를 「니모를 찾아서」의 누구와 같다고 생각하는지 찾아 쓰시오.

(   )

2 영화에 나오는 아빠 물고기가 다음과 같이 생각하는 사람을 찾아 ○표를 하시오.

> 니모를 무척 사랑한다고 생각한다.

(1) 딸 (   )   (2) 아버지 (   )

3 영화를 감상하는 방법으로 알맞지 <u>않은</u> 것은 어느 것입니까? (   )

① 인상 깊은 장면을 생각한다.
② 등장인물의 수를 세어 본다.
③ 기억에 남는 대사를 생각한다.
④ 영화 내용을 떠올려 보고 느낀 점을 써 본다.
⑤ 제목, 광고지, 예고편 따위를 보고 내용을 미리 상상한다.

4 마음을 전하는 글을 쓸 때 꼭 들어가야 할 내용이 <u>아닌</u> 것은 무엇입니까? (   )

① 있었던 일
② 마음을 전할 사람
③ 전하고 싶은 마음
④ 마음을 나타내는 표현
⑤ 읽는 사람에 대한 소개

5~7

> 윗마을 양반: 바우야, 쇠고기 한 근만 줘라.
>
> 박 노인: (건성으로 대답하며) 알겠습니다.
>
> 해설: 이번에는 아랫마을 양반이 고기를 주문했다.
>
> 아랫마을 양반: (깍듯이 부탁하는 말투로) 박 서방, 쇠고기 한 근만 주게.
>
> 박 노인: (웃으며 대답하며) 아이고, 네, 조금만 기다리시지요.

5 박 노인은 어떤 양반에게 고기를 더 많이 주었을지 찾아 ○표를 하시오.

• (윗마을 양반 , 아랫마을 양반)에게 더 많이 주었을 것이다.

6 위의 문제 **5**번의 답과 같이 생각하는 까닭을 쓰시오.

• 자신을 더 (   )해 주는 느낌이 들었을 것이기 때문이다.

7 이 글의 내용에 어울리는 속담은 무엇입니까? (   )

① 공든 탑이 무너지랴
② 빈 수레가 요란하다
③ 발 없는 말이 천 리 간다
④ 말 한마디에 천 냥 빚도 갚는다
⑤ 낮말은 새가 듣고 밤말은 쥐가 듣는다

8~10

가 "그런데 왜 저는 버스 앞자리에 타면 안 되나요?"
"㉠법이 그렇기 때문이야. 법이라고 다 좋은 것은 아니지만 말이다."
사라가 어머니의 피곤한 눈을 올려다보며 물었습니다.
"법은 절대 바뀌지 않나요?"
어머니께서 부드럽게 대답하셨습니다.
"언젠가는 바뀌겠지."

나 그날은 어떤 흑인도 버스를 타지 않았습니다. 그 다음 날도 마찬가지였습니다. 버스 회사는 당황했습니다. 시장도 어쩔 줄 몰라 했습니다. 그리하여 사람들은 마침내 법을 바꾸었습니다.

8 ㉠은 어떤 법입니까? (　　)

① 흑인은 버스를 타면 안 된다.
② 흑인은 버스 앞자리에 타면 안 된다.
③ 여자아이는 버스 앞자리에 타야 한다.
④ 흑인은 백인과 함께 버스를 타야 한다.
⑤ 아이는 부모와 함께 버스를 타야 한다.

9 사람들이 법을 바꿀 수 있었던 까닭은 무엇입니까? (　　)

① 버스 운전사가 양보해서
② 흑인들이 버스를 타지 않아서
③ 흑인과 백인이 함께 의논해서
④ 아이들이 버스를 타지 않아서
⑤ 많은 사람들이 정부에 건의해서

10 사라가 살고 있는 사회의 배경을 나타내는 낱말은 무엇입니까? (　　)

① 차별　　② 선거
③ 폭력　　④ 전쟁
⑤ 올림픽

11~13

가 늙은 농부의 세 아들은 게을렀습니다.

나 늙은 농부는 세 아들에게 밭에 보물이 있다고 말해 주었습니다.

다 세 아들은 밭으로 달려갔습니다.

라 아버지께서 밭에 묻어 두신 보물은 주렁주렁 열린 포도송이였습니다.

11 **가**에서 '누가'에 해당하는 부분을 찾아 쓰시오.
(　　　　　)

12 **나**와 **다**의 짜임을 생각하며 다음 빈칸에 들어갈 알맞은 말을 보기 에서 찾아 쓰시오.

보기
무엇이다　　어떠하다　　어찌하다

'누가 + ☐☐☐'의 짜임을 가진 문장이다.
(　　　　　)

13 **라**를 '무엇이 + 무엇이다'로 나누어 쓰시오.

(1) 무엇이	(2) 무엇이다

14 이야기에서 인물이 추구하는 삶을 파악할 때에 살펴보지 않아도 되는 것은 무엇입니까?
(　　)

① 인물이 한 말　　② 인물의 생김새
③ 인물이 한 행동　　④ 인물이 처한 상황
⑤ 인물이 그렇게 말한 까닭

"자, 이제 ㉠이걸 신어라."

거기서 어머니는 품속에 넣어 온 새 양말과 새 신발을 내게 갈아 신겼다. 학교 가기 싫어하는 아들을 위해 아주 마음먹고 준비해 온 것 같았다.

"앞으로는 매일 털어 주마. 그러니 이 길로 곧장 학교로 가. 중간에 다른 데로 새지 말고."

㉡그 자리에서 울지는 않았지만, 왠지 눈물이 날 것 같았다.

"아니, 내일부터는 나오지 마. 나 혼자 갈 테니까."

다음 날도 그다음 날도 어머니가 매일 이슬을 털어 준 것은 아니었다. 그러나 어떤 날 가끔 어머니는 그렇게 아들 학굣길에 이슬을 털어 주었다. 또 새벽처럼 일어나 그 길의 이슬을 털어놓고 올 때도 있었다.

어른이 된 지금도 나는 그렇게 생각한다. 그때 어머니가 이슬을 털어 주신 길을 걸어 지금 내가 여기까지 왔다고.

15 ㉠은 무엇을 가리키는지 글에서 두 가지를 찾아 쓰시오.

( )과 ( )

16 ㉡의 까닭을 알맞게 말한 것에 ○표를 하시오.

(1) 학교에 가기 싫은데 어머니께 억지로 끌려왔기 때문이야. ( )

(2) 자식을 바른길로 이끌려는 어머니의 노력을 알 수 있었기 때문이야. ( )

(3) 어머니께서 자신을 믿지 못한다는 것이 억울했기 때문이야. ( )

17 서술형
독서 감상문을 쓰면 좋은 점을 쓰시오.

_____

_____

"불쌍한 당나귀! 이 더운 날 두 명이나 태우고 가느라 힘이 다 빠졌네. 나라면 당나귀를 메고 갈 텐데."

청년의 말을 듣고 보니 그런 것 같았어요.

'그래, 이대로 가다가는 시장에 가기도 전에 당나귀가 지쳐 쓰러져 버릴 거야.'

둘은 당나귀에서 내렸어요. 그러고 나서 아버지는 당나귀의 앞발을, 아이는 뒷발을 각각 어깨에 올렸지요.

이제 외나무다리 하나만 건너면 시장이에요.

"으히힝."

그때 당나귀가 버둥거리는 바람에 두 사람은 그만 당나귀를 놓치고 말았답니다. 강에 빠진 당나귀는 물살에 떠내려가고 말았어요.

"다른 사람의 말만 듣다가 결국 귀한 당나귀를 잃고 말았구나!"

아버지와 아이는 뒤늦게 후회했지만 아무 소용이 없었답니다.

18 청년의 의견은 무엇입니까? ( )

① 당나귀를 메고 가야 한다.

② 아이가 당나귀를 타야 한다.

③ 아버지가 당나귀를 타야 한다.

④ 둘 다 당나귀를 타고 가야 한다.

⑤ 당나귀를 집으로 데리고 가야 한다.

19 서술형
아버지와 아이가 당나귀를 놓친 까닭을 쓰시오.

_____

_____

20 이 글에서 말하고자 하는 글쓴이의 생각은 무엇입니까? ( )

① 동물을 사랑하자.

② 당나귀를 잘 기르자.

③ 다른 사람의 말에 귀를 기울이자.

④ 아버지와 아이는 사이가 좋아야 한다.

⑤ 다른 사람의 의견을 들을 때에는 그 의견이 적절한지 판단하자.

1 ☐ 안에 알맞은 수를 써넣으세요.

$$\frac{7}{12} + \frac{8}{12} = \frac{\boxed{} + \boxed{}}{12}$$

$$= \frac{\boxed{}}{12} = \boxed{}\frac{\boxed{}}{12}$$

2 분수 카드 2장을 골라 합이 가장 큰 덧셈식을 만들어 계산해 보세요.

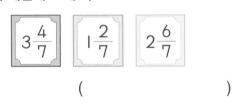

( )

3 설명하는 수는 얼마인가요?

6보다 $1\frac{5}{9}$만큼 더 작은 분수

( )

서술형

4 ☐ 안에 들어갈 수 있는 수 중 가장 큰 자연수는 얼마인지 풀이 과정을 쓰고 답을 구해 보세요.

$$\frac{11}{12} - \frac{\boxed{}}{12} > \frac{5}{12}$$

풀이 _____

_____

_____

_____

답 _____

5 ☐ 안에 알맞은 수를 써넣으세요.

(1) 이등변삼각형

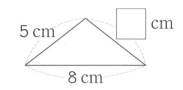

(2) 정삼각형

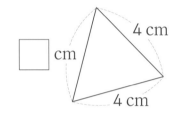

6 다음 삼각형에 대한 설명으로 옳은 것을 모두 찾아 ◯표 하세요.

정삼각형입니다.	
직각삼각형입니다.	
예각삼각형입니다.	
이등변삼각형입니다.	

7 예각삼각형과 둔각삼각형을 각각 그려 보세요.

| 예각삼각형 | 둔각삼각형 |

8 분수를 소수로 나타내고 읽어 보세요.

(1) $\frac{47}{100}$ 소수 (　　　　　)
　　　　　　　읽기 (　　　　　)

(2) $3\frac{52}{100}$ 소수 (　　　　　)
　　　　　　　읽기 (　　　　　)

9 큰 수부터 차례대로 기호를 써 보세요.

> ㉠ 0.768의 100배
> ㉡ 768의 $\frac{1}{100}$
> ㉢ 76의 $\frac{1}{10}$

(　　　　　　　　　)

서술형

10 태권도는 우리나라 고유의 전통 무술로 2000년 시드니 올림픽에서 정식 종목으로 채택되었습니다. 태권도 대회에 나간 현우와 진석이는  각각 5.74점과 4.36점을 얻었습니다. 현우는 진석이보다 몇 점 더 얻었는지 풀이 과정을 쓰고 답을 구해 보세요.

풀이 _____

_____

_____

_____

답 _____

11 짐이 들어 있는 가방의 무게는 2.4 kg입니다. 여기에 0.47 kg의 책을 더 넣으면 가방의 무게는 몇 kg이 되나요?

(　　　　　　　　　)

12 보기 에 있는 사각형을 보고 물음에 답해 보세요.

> 보기
> ㉠ 사다리꼴　　㉡ 평행사변형　　㉢ 마름모
> ㉣ 직사각형　　㉤ 정사각형

(1) 평행한 변이 두 쌍인 사각형을 모두 찾아 기호를 써 보세요.
(　　　　　　　　　)

(2) 네 각의 크기가 같은 사각형을 모두 찾아 기호를 써 보세요.
(　　　　　　　　　)

서술형

13 절편은 둥글거나 모나게 떡살로 눌러 만든 떡입니다. 도형은 절편을 본떠 만든 평행사변형입니다. 평행사변형에서 ㉠의 크기는 몇 도인지 풀이 과정을 쓰고 답을 구해 보세요.

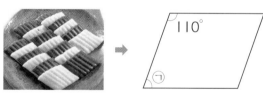

풀이 _____

_____

_____

_____

답 _____

14 막대 4개를 변으로 하여 만들 수 있는 사각형의 이름을 보기 에서 모두 찾아 써 보세요.

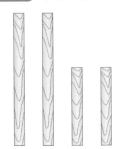

보기
사다리꼴   평행사변형
마름모   직사각형   정사각형

( )

[15~17] 어느 가게의 월별 과자 판매량을 조사하여 나타낸 표를 보고 꺾은선그래프로 나타내려고 합니다. 물음에 답해 보세요.

월별 과자 판매량

월(월)	5	6	7	8	9
판매량 (상자)	203	204	215	218	217

15 과자 판매량이 가장 적은 월과 가장 많은 월은 각각 몇 상자인가요?

가장 적은 월 ( )
가장 많은 월 ( )

16 표를 보고 꺾은선그래프로 나타내어 보세요.

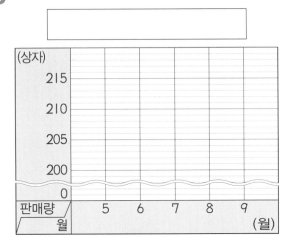

17 전월에 비해 과자 판매량이 가장 많이 증가한 때는 몇 월인가요?

( )

18 도형은 정팔각형입니다. ☐ 안에 알맞은 수를 써넣으세요.

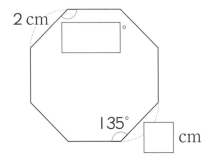

19 사각형 ㄱㄴㄷㄹ에 4개의 선분을 그었습니다. 대각선이 아닌 선분을 모두 찾아 써 보세요.

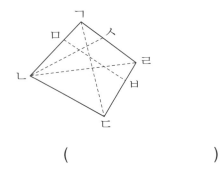

( )

20 꽃 모양을 만드는 데 사용된 사각형은 모두 몇 개인가요?

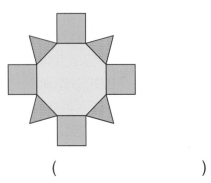

( )

1 다음 ㉠, ㉡에 들어갈 알맞은 말을 쓰시오.

> 사람들은 여러 지역에서 다양한 모습으로 살아간다. 그 가운데 사람들이 들이나 산, 바다와 같은 자연환경을 주로 이용하며 살아가는 곳을 (㉠)라고/이라고 한다. 한편 많은 사람이 모여 살며 사회, 정치, 경제활동의 중심이 되는 곳을 (㉡)라고/이라고 한다.

㉠ (   ) ㉡ (   )

2 다음 중에서 산지촌에서 볼 수 있는 시설은 무엇입니까? (   )

①
▲ 논

②
▲ 양식장

③
▲ 목장

④
▲ 비닐하우스

3 촌락과 도시의 차이점을 바르지 <u>않게</u> 이야기한 친구는 누구인지 쓰시오.

> • 현우: 촌락보다 도시에 사람들이 많이 살아.
> • 윤아: 촌락보다 도시에 높고 큰 건물이 많아.
> • 승민: 촌락보다 도시에 교통수단이 더 발달해 있어.
> • 채린: 촌락보다 도시에 자연환경을 이용한 산업이 발달했어.

(   )

4 도시의 교통 문제를 해결하기 위한 방법으로 알맞지 <u>않은</u> 것은 어느 것입니까? (   )

① 대중 교통수단을 늘린다.
② 버스 전용 차로제를 시행한다.
③ 자동차 혼자 타기 운동을 실시한다.
④ 자전거를 편리하게 이용하도록 돕는다.
⑤ 공영 주차장을 세워 주차 문제를 해결한다.

5 사람들이 서로 다른 지역을 오고 가거나 물건, 문화, 기술 등을 주고받는 것을 무엇이라고 하는지 쓰시오.

(   )

6 도시 사람들이 촌락을 찾는 까닭으로 알맞은 것을 모두 고르시오. (   )

① 지역 축제에 참여하기 위해서
② 자연에서 여가를 즐기기 위해서
③ 백화점이나 대형 할인점을 이용하기 위해서
④ 체험 마을에 방문하여 새로운 경험을 하기 위해서
⑤ 첨단 의료 시설을 갖춘 종합 병원에서 진료를 받기 위해서

서술형

7 오른쪽과 같은 주말농장을 통해 촌락 사람들과 도시 사람들이 교류했을 때의 좋은 점은 무엇인지 쓰시오.

(1) 촌락 사람: _____

_____

(2) 도시 사람: _____

_____

8 다음 ( ) 안에 공통으로 들어갈 알맞은 말을 쓰시오.

> 경제활동에서 무엇을 생산하고 소비하려는 사람들의 욕구는 끝이 없다. 이에 비해 사람들에게 주어진 자원은 한정되어 있다. 이처럼 사람들의 끊임없는 욕구에 비해 자원이 부족한 상태를 자원의 ( )라고/이라고 한다. 자원의 ( ) 때문에 사람들은 경제활동을 하면서 끊임없이 선택의 문제에 부딪힌다.

( )

9 같은 종류의 물건 중 하나를 고르기 위해 선택 기준표를 만들려고 합니다. 표의 선택 기준에 들어갈 내용으로 알맞지 <u>않은</u> 것은 어느 것입니까? ( )

① 나에게 꼭 필요한 것인가?
② 디자인과 성능이 만족스러운가?
③ 내가 가진 돈으로 살 수 있는가?
④ 나에게 도움이 되는 특징이 있는가?
⑤ 요즈음 연예인들이 사용하여 유행하는 것인가?

10 다음 생산 활동의 공통점은 무엇인지 보기 에서 찾아 기호를 쓰시오.

> 보기
> ㉠ 생활에 필요한 것을 만드는 활동
> ㉡ 생활을 편리하고 즐겁게 해 주는 활동
> ㉢ 생활에 필요한 것을 자연에서 얻는 활동

( )

11 현명한 소비 생활을 할 수 있는 방법으로 알맞은 것에 ○표 하시오.

(1) 선택 기준을 세우고, 그 기준에 맞게 물건을 고른다. ( )
(2) 친구들에게 자랑할 만한 것인지 생각하고 소비한다. ( )
(3) 물건의 품질, 장점과 단점 등 필요한 정보를 찾아 활용한다. ( )
(4) 돈을 어떻게 쓸지 미리 계획을 세우고, 소득의 일부를 저축한다. ( )

12 우리 주변의 상품이 어디에서 왔는지 조사하는 방법으로 알맞지 <u>않은</u> 것은 어느 것입니까?

( )

① 상점의 광고지를 확인한다.
② 품질 인증 표시를 확인한다.
③ 고장의 관광 안내도를 살펴본다.
④ 누리집에서 상품 소개를 검색하여 확인한다.
⑤ 상품의 정보 무늬(QR 코드)를 찍어서 확인한다.

13 개인이나 지역이 경제적 교류를 통해 주고받는 것과 거리가 <u>먼</u> 것은 어느 것입니까? ( )

① 물건 ② 기술
③ 정보 ④ 기후
⑤ 자원

서술형

14 다음과 같은 대중 매체를 이용하여 경제적 교류를 했을 때의 좋은 점은 무엇인지 쓰시오.

_____

_____

15 다음 일기에 나타난 교류의 모습 중에서 물자 교류에 해당하는 것을 찾아 기호를 쓰시오.

> 20○○년 ○○월 ○○일 ○요일
>
> 　오늘 엄마와 함께 시장에 다녀왔다. ㉠ 과일 가게 주인아저씨는 제주도에서 오늘 아침에 온 싱싱한 감귤을 팔고 있었다. 감귤은 내가 좋아하는 과일이라 한 상자 샀다.
> 　시장에서 나와 음악회를 보러 문화 예술 회관에 갔다. ㉡ △△시 오케스트라에서 우리 지역으로 음악 공연을 하러 왔는데, 많은 사람이 보러 왔다.
> 　음악회가 끝날 무렵 아빠가 우리를 데리러 오셨다. ㉢ 아빠는 다른 지역에 기술을 가르쳐 주기 위해 출장을 갔다 오는 길이라 하셨다. 다음에는 아빠도 함께 음악회를 봤으면 좋겠다.

(　　　　　　　　)

16 저출산 현상이 우리 사회에 미치는 영향으로 알맞은 것을 모두 고르시오. (　　　　　)

① 산부인과 병원이 줄어들고 있다.
② 노인 대학, 노인 복지관 등이 늘어나고 있다.
③ 생산 가능 인구가 줄어들어 일할 사람이 부족해지고 있다.
④ 교실의 학생 수가 줄어들고, 폐교하는 학교도 늘어나고 있다.
⑤ 노인을 대상으로 한 상품을 만들거나 서비스를 제공하는 산업이 발달하고 있다.

17 다음 글의 알맞은 말에 ○표 하여 바르게 완성하시오.

> 　오늘날 사람들은 휴대 전화나 인터넷 등을 이용하여 다양한 정보와 지식을 편리한 방법으로 쉽고 빠르게 얻는다. 또한 정보와 지식을 활용하여 새로운 자료를 만들고 다른 사람들과 (독점 , 공유)하기도 한다.

18 다음 빈곳에 알맞은 단어를 써넣어 완성하시오.

가 미친 영향	
긍정적 영향	부정적 영향
• 다른 나라에서 만든 물건이나 음식을 쉽게 살 수 있다. • 세계 여러 나라의 다양한 문화를 쉽게 접하고 체험할 수 있다.	• 서로 다른 문화를 이해하지 못해 갈등이 발생할 수 있다. • 다른 나라의 문화만 따르고 우리 문화를 소홀히 할 수 있다.

19 다음 그림에서 나타나는 차별의 모습은 무엇입니까? (　　　)

① 장애에 대한 차별
② 남녀에 대한 차별
③ 나이에 대한 차별
④ 종교에 대한 차별
⑤ 출신 지역에 대한 차별

20 다음 (　) 안에 들어갈 알맞은 말을 쓰시오.

> 　문화의 차이를 인정하고 이해하면 문화적 편견과 차별의 모습을 해결할 수 있다. 또한 우리의 문화가 소중하듯 다른 문화도 소중하다는 것을 알고 서로의 (　　　　)을/를 인정하는 문화 다양성을 존중하는 태도가 필요하다.

(　　　　　　　　)

1 잎의 생김새에 따라 식물을 분류할 때 분류 기준으로 알맞지 <u>않은</u> 것은 어느 것입니까?
( )

① 잎이 가벼운가?
② 잎의 끝 모양이 뾰족한가?
③ 잎맥의 모양이 그물 모양인가?
④ 잎의 전체적인 모양이 길쭉한가?
⑤ 잎의 가장자리 모양이 톱니 모양인가?

2 들이나 산에서 사는 식물 중 다음과 같은 특징을 가진 식물은 어느 것입니까? ( )

> • 키가 크고 줄기가 굵다.
> • 여러해살이 식물이다.
> • 해마다 조금씩 자란다.

①
▲ 민들레

②
▲ 강아지풀

③
▲ 명아주

④
▲ 닭의장풀

⑤
▲ 단풍나무

3 오른쪽 식물의 특징으로 바르지 <u>않은</u> 것은 어느 것입니까? ( )

① 잎이 둥글다.
② 물에 떠서 산다.
③ 뿌리는 수염처럼 생겼다.
④ 줄기가 물의 흐름에 따라 잘 휜다.
⑤ 잎자루가 볼록하게 부풀어 있는 모양이다.

4 사막에 주로 사는 식물의 특징입니다. ( ) 안에 공통으로 알맞은 말을 쓰시오.

> • 선인장은 굵은 줄기에 ( )을/를 저장하고 있다.
> • 바오바브나무는 키가 크고 줄기가 굵어서 많은 양의 ( )을/를 저장할 수 있다.

( )

5 식물과 식물의 특징을 활용한 예를 바르게 선으로 연결하시오.

(1) 우엉 열매 •
(2) 단풍나무 열매 •
(3) 연꽃잎 •

• ㉠ 찍찍이 테이프
• ㉡ 물이 스며들지 않는 천
• ㉢ 헬리콥터 회전 날개

서술형

6 꽁꽁 언 튜브형 얼음과자를 냉동실에서 꺼내 놓으면 얼음과자가 녹으면서 튜브 안에 공간이 생기는 까닭을 쓰시오.

▲ 얼음과자가 녹기 전

▲ 얼음과자가 녹은 후

_____

_____

7 우리 주변에서 물의 증발과 관련된 예가 <u>아닌</u> 것은 어느 것입니까? (   )

① 빨래를 햇볕에 널어 말린다.
② 비 온 뒤 젖어 있던 길이 마른다.
③ 머리 말리개로 젖은 머리카락을 말린다.
④ 운동 후 흘린 땀이 시간이 지나면 마른다.
⑤ 냉장고에서 꺼내 놓은 아이스크림이 녹는다.

8 물을 계속 가열하면 물속에서 투명한 기포가 빠르게 생기면서 물 위로 올라와 터집니다. 기포는 물이 무엇으로 변해서 생긴 것인지 쓰시오.

(   )

9 얼음과 주스를 넣은 컵 표면에 물방울이 맺히는 현상과 관계있는 것은 무엇입니까? (   )

▲ 얼음과 주스를 넣은 컵

① 증발   ② 응결
③ 흡수   ④ 끓음
⑤ 수증기

10 도자기 컵과 유리컵의 그림자 모양이 <u>다른</u> 까닭을 모두 고르시오. (,   )

▲ 도자기 컵   ▲ 유리컵

① 유리컵은 빛이 대부분 통과하기 때문에
② 유리컵은 빛이 통과하지 못하기 때문에
③ 도자기 컵은 빛이 대부분 통과하기 때문에
④ 도자기 컵은 빛이 통과하지 못하기 때문에
⑤ 유리컵과 도자기 컵의 색깔이 다르기 때문에

11 다음에서 설명하는 빛의 성질을 쓰시오.

• 빛이 곧게 나아가는 성질이다.
• 물체의 모양과 그림자의 모양이 비슷하게 나타난다.
• 같은 물체라도 물체를 놓는 방향에 따라 그림자 모양이 달라지기도 한다.

(   )

12 그림자의 크기가 더 크게 나타나는 것은 어느 것인지 기호를 쓰시오.

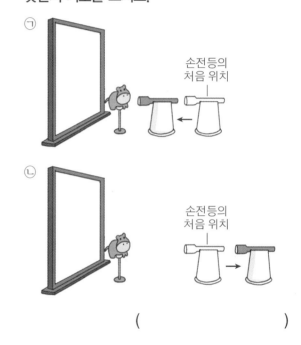

(   )

13 거울에 글자의 모습이 다음과 같이 보이는 까닭은 무엇입니까? (   )

① 물체의 상하가 바뀌어 보이기 때문에
② 물체의 좌우가 바뀌어 보이기 때문에
③ 물체의 색깔이 바뀌어 보이기 때문에
④ 물체의 크기가 더 크게 보이기 때문에
⑤ 물체의 진하기가 더 진하게 보이기 때문에

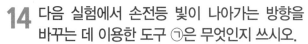

14 다음 실험에서 손전등 빛이 나아가는 방향을 바꾸는 데 이용한 도구 ㉠은 무엇인지 쓰시오.

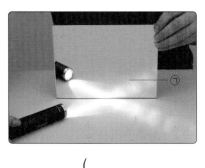

(   )

15 화산 분출 모형실험에서 알루미늄 포일 밖으로 흐르는 마시멜로는 실제 화산 분출물 중 무엇과 같습니까? (   )

① 용암
② 화산재
③ 수증기
④ 화산 가스
⑤ 화산 암석 조각

16 현무암과 화강암의 특징으로 바른 것은 어느 것입니까? (   )

① 화강암은 현무암보다 밝은 색이다.
② 화강암은 화산재가 굳어진 것이다.
③ 현무암은 화강암보다 알갱이 크기가 크다.
④ 화강암의 표면에는 크고 작은 구멍이 많다.
⑤ 현무암은 땅속 깊은 곳에서 서서히 식어 만들어진 암석이다.

17 우리 생활에서 화산이 주는 피해가 <u>아닌</u> 것은 어느 것입니까? (   )

① 화산재가 물을 오염시킨다.
② 화산재가 비행기의 운항을 어렵게 한다.
③ 화산 주변 땅속의 열로 온천을 개발한다.
④ 용암이 마을을 뒤덮거나 산불을 일으킨다.
⑤ 화산재와 화산 가스로 호흡기 질병에 걸릴 수 있다.

18 지진의 규모와 피해에 대한 설명으로 바른 것을 모두 고르시오. (,   )

① 모든 지진은 큰 피해를 준다.
② 규모의 숫자가 클수록 약한 지진이다.
③ 우리나라도 지진으로부터 안전한 지역이 아니다.
④ 지진의 세기는 건물이 무너지는 정도로만 나타낸다.
⑤ 규모가 큰 지진이 발생하면 인명과 재산 피해가 크게 발생한다.

19 물이 순환하는 모습입니다. ㉠에서 물의 상태를 쓰시오.

(   )

20 물이 쓰이는 곳과 물이 중요한 까닭에 대한 설명 중 바르지 <u>않은</u> 것은 어느 것입니까? (   )

① 전기를 만들 때 이용한다.
② 농작물을 키울 때 이용한다.
③ 인구 증가도 물 부족의 원인이다.
④ 생명체가 생명을 유지하는 데 이용한다.
⑤ 산업 발달 등으로 물의 이용량이 점점 줄어든다.

1~2

가 체육 시간에 피구를 하려고 편을 가르는데 선은 맨 마지막까지 선택을 받지 못한다.

나 언제나 혼자인 외톨이 선은 여름 방학을 시작하는 날, 전학생인 지아를 만나 친구가 된다.

다 지아와 선은 봉숭아 꽃물을 들이며 여름 방학을 함께 보내고 순식간에 세상 누구보다 친한 사이가 된다.

라 개학을 하고 학교에서 선을 만난 지아는 선을 따돌리는 보라 편에 서서 선을 외면한다.

마 선은 지아와 예전처럼 친해지려고 노력했지만 결국 크게 싸우고 만다.

바 선은 지아가 금을 밟지 않았다고 용기를 내어 친구들에게 말한다.

1 다음은 무엇을 중심으로 이야기한 것인지 알맞은 것에 ○표를 하시오.

> 장면 **가**에서 피구를 하려고 편을 나눌 때 선의 표정이 점점 변해 가는 것이 가장 인상 깊었어.

(1) 가장 기억에 남는 대사 ( )
(2) 가장 인상 깊은 장면 ( )

2 장면 **라**에서 선은 어떤 표정이겠습니까? ( )

① 기쁜 표정
② 속상한 표정
③ 설레는 표정
④ 신이 난 표정
⑤ 고마워하는 표정

3 영화를 보고 인물의 마음을 짐작할 수 있는 방법 두 가지를 고르시오. (,)

① 인물의 표정을 살펴본다.
② 배경의 변화를 살펴본다.
③ 인물의 행동을 살펴본다.
④ 등장인물의 수를 세어 본다.
⑤ 영화의 상영 시간을 살펴본다.

4~5

사랑하는 아들 필립
어머니의 편지를 받아 보았다. 네가 넘어져 팔을 다쳤다는 소식이 들어 있어 매우 걱정되는구나. 팔이 낫거들랑 내게 바로 알려라. 한 학년 올라가게 된 것을 축하한다. 아버지는 무척 기쁘구나. 나는 이곳에 편안히 잘 있다.

4 누가 누구에게 쓴 글인지 쓰시오.

•( )가 ( )
　에게 쓴 편지

5 글쓴이가 마음을 전하려고 쓴 표현이 <u>아닌</u> 것을 찾아 ×표를 하시오.

(1) 걱정되는구나. ( )
(2) 바로 알려라. ( )
(3) 축하한다. ( )

6~7

사슴

6 사슴이 예절을 지키며 토끼와 대화를 하려면 어떻게 해야 합니까? ( )

① 큰 소리로 말한다.
② 거친 말을 사용하지 않는다.
③ 토끼에게 질문을 하지 않는다.
④ 대화 도중에 끼어들지 않는다.
⑤ 토끼에게 귓속말로 이야기한다.

서술형

7 ㉠을 예의 바른 말로 고쳐 쓰시오.

_____

8~10

가 교실에 들어서니 나 말고도 다섯 명의 친구가 있었어요. 그중에는 윤아도 있었어요. 윤아와 나는 선생님이 오기 전까지 공기놀이를 하기로 했어요.

나 "우아, 윤아 공기 되게 잘한다!"
아이참, 정말 이상해요. 조금 전까지만 해도 윤아보다 내가 훨씬 더 잘했는데, 우진이가 나타나자마자 자꾸만 실수하는 거예요. ㉠우진이 칭찬을 듣고 헤벌쭉 웃는 윤아가 참 얄미웠어요.

다 우진이는 생각하면 할수록 참 멋진 아이예요. 이런 우진이를 어떻게 안 좋아할 수 있겠어요? 이런 우진이와 어떻게 짝이 되고 싶지 않을 수 있겠어요?

【서술형】

8 **가**에 대한 내용을 빈칸에 쓰시오.

(1) 배경	
(2) 사건	

9 '나'는 우진이에게 어떤 마음을 가지고 있습니까? ( )

① 좋아한다. ② 싫어한다.
③ 질투한다. ④ 미워한다.
⑤ 귀찮아한다.

10 ㉠을 통해 알 수 있는 '나'의 성격은 어떠한지 쓰시오.

(   )

11 다음 문장에서 '어찌하다'에 해당하는 말은 무엇인지 찾아 쓰시오.

> 발 없는 말이 천 리 간다.

(   )

12 '누가＋무엇이다/어찌하다/어떠하다'에 알맞게 나누지 **못한** 것은 무엇입니까? ( )

① 예지는＋초등학생이다.
② 초등학생인 예지는＋친절하다.
③ 친절한＋예지가 열심히 공부한다.
④ 과학자를 꿈꾸는 예지가＋바로 내 친구이다.
⑤ 열심히 공부를 하는 예지는＋과학자를 꿈꾼다.

13~14

아름다운 상수리가 댐 건설로 겪게 될 어려움을 잘 압니다. 하지만 상수리 주변에 사는 주민들이 홍수로 겪는 정신적·물질적 피해는 해마다 늘어나고 있습니다.

만강에 댐을 건설하면 여름철에 폭우로 생기는 문제를 막을 수 있습니다. 비가 내리는 대로 내버려 두면, 강 하류에서는 강물이 넘쳐서 논밭이 빗물에 잠기기도 합니다.

그리고 집과 길이 부서지고 심지어 사람이 목숨까지 잃을 만큼 위험합니다. 하지만 댐을 건설하면 ㉠홍수로 인한 이런 피해를 막을 수 있습니다.

13 이 글에서 짐작할 수 있는 댐 건설 기관 담당자의 의견을 쓰시오.

(   )

14 ㉠에 해당되지 않는 것은 무엇입니까? (   )

① 가뭄이 생긴다.
② 집과 길이 부서진다.
③ 사람이 목숨을 잃는다.
④ 논밭이 빗물에 잠긴다.
⑤ 강 하류의 강물이 넘친다.

15 다음은 의견을 바르게 제시하는 방법을 정리한 것입니다. 알맞은 말을 써넣으시오.

> 의견을 제시할 때는 문제 상황에 알맞고, 많은 사람이 받아들일 만한 ((1)　　　　　)을 제시해야 하며 의견을 뒷받침하는 ((2)　　　　　)도 함께 제시해야 합니다.

16~17

> 몇십 년이 흘렀다. 김만덕은 제주도에서 손꼽히는 큰 상인이 되었다. 많은 돈을 벌어들여 '제주도 부자 김만덕' 하면 모르는 사람이 없을 정도였다. 그러나 김만덕은 돈이 많다고 하여 함부로 돈을 낭비하지 않았다. 오히려 더 절약하고 검소한 생활을 하였다.
> ㉠"풍년에는 흉년을 생각하여 더욱 절약해야 돼. 그리고 편안히 사는 사람은 어렵게 사는 사람을 생각하여 하늘의 은혜에 감사하며 검소하게 살아야 하고……"
> 김만덕은 주위 사람들에게 늘 이렇게 말하였다.

16 이 글과 같이 인물의 삶을 사실대로 기록한 글을 무엇이라고 하는지 쓰시오.

(　　　　　　　　)

17 ㉠의 말로 알 수 있는 김만덕의 가치관은 무엇인지 쓰시오.

(　　　　　　　　　　　)

18 다음은 독서 감상문에 들어갈 내용 가운데 무엇인지 ○표를 하시오.

> 학교 도서관에서 책을 고르다가 『세시 풍속』이라는 책을 읽었습니다.

(1) 책을 읽은 동기　　　　　　(　　　)
(2) 책 내용　　　　　　　　　　(　　　)
(3) 책을 읽고 생각하거나 느낀 점 (　　　)

19~20

> 지하 주차장으로
> 차 가지러 내려간 아빠
> 한참 만에
> 차 몰고 나와 한다는 말이
>
> 내려가고 내려가고 또 내려갔는데 글쎄, 계속 지하로 계단이 있는 거야! 그러다 아이쿠, 발을 헛디뎠는데 아아아…… 이상한 나라의 앨리스처럼 깊은 동굴 속으로 끝없이 떨어지지 않겠니? 정신을 차려 보니까 호빗이 사는 마을이었어. 호박처럼 생긴 집들이 미로처럼 뒤엉켜 있는데 갑자기 흰머리 간달프가 나타나 말하더구나. 이 새 자동차가 네 자동차냐? 내가 말했지. 아닙니다. 제 자동차는 10년 다 된 고물 자동차입니다. 오호, 정직한 사람이구나. 이 새 자동차를…….
>
> 에이, 아빠!
> 차 어디에 세워 놨는지 몰라서 그랬죠?
> 차 찾느라
> 온 지하 주차장 헤매고 다닌 거
> 다 알아요.
> 피이!

19 지하 주차장에 가신 아빠께 어떤 일이 일어났겠습니까? (　　　)

① 큰 동굴을 발견하셨을 것이다.
② 새 자동차를 사 오셨을 것이다.
③ 발을 헛디뎌 크게 다치셨을 것이다.
④ 이리저리 차를 찾아다니셨을 것이다.
⑤ 우연히 할아버지를 만나셨을 것이다.

20 이 시에 나오는 인물의 마음에 알맞게 선으로 이으시오.

(1) 아빠　·　　　　·㉮ 기다리다 지친 마음

(2) 아이　·　　　　·㉯ 걱정되고 다급한 마음

1 두 막대의 길이의 합은 몇 m인가요?

$1\frac{7}{9}$ m

3 m

( )

2 두 사람이 설명하는 분수의 합을 구해 보세요.

$\frac{1}{7}$이 6개인 수 $\frac{1}{7}$이 4개인 수

( )

3 계산 결과가 $1\frac{3}{11}$인 것을 모두 찾아 기호를 써 보세요.

㉠ $4\frac{6}{11}-3\frac{3}{11}$ ㉡ $\frac{45}{11}-3\frac{4}{11}$

㉢ $3\frac{5}{11}-1\frac{2}{11}$ ㉣ $2\frac{1}{11}-\frac{9}{11}$

( )

4 도형을 모두 찾아 기호를 써 보세요.

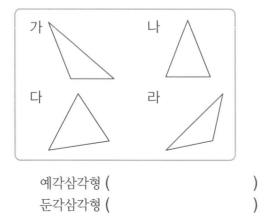

예각삼각형 ( )
둔각삼각형 ( )

서술형

5 은지는 길이가 18 m인 끈을 가지고 있습니다. 은지가 만들 수 있는 가장 큰 정삼각형의 한 변의 길이는 몇 m인지 풀이 과정을 쓰고 답을 구해 보세요.

풀이 _____

_____

_____

_____

답 _____

6 삼각형의 세 각의 크기를 보고 예각삼각형, 직각삼각형, 둔각삼각형을 알맞게 써 보세요.

(1)   55°, 30°, 95°

( )

(2)   70°, 25°, 85°

( )

(3)   60°, 30°, 90°

( )

7 주어진 소수를 보고 ☐ 안에 알맞은 수나 말을 써넣으세요.

4.17

4는 일의 자리 숫자이고 ☐ 을/를 나타냅니다.

1은 소수 첫째 자리 숫자이고 ☐ 을/를 나타냅니다.

7은 소수 ☐ 자리 숫자이고 ☐ 을/를 나타냅니다.

8 조건을 모두 만족하는 수를 구해 보세요.

- 소수 세 자리 수입니다.
- 0.1이 9개인 수입니다.
- 0.01이 3개인 수입니다.
- 0.001이 6개인 수입니다.
- 일의 자리 숫자는 4입니다.

(   )

9 어떤 수에서 3.5를 더해야 할 것을 잘못하여 뺐더니 5.92가 되었습니다. 바르게 계산하면 얼마인지 구해 보세요.

(   )

[10~11] 그림을 보고 물음에 답해 보세요.

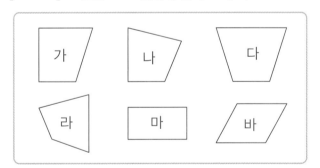

10 사다리꼴을 모두 찾아 기호를 써 보세요.

(   )

11 평행사변형을 모두 찾아 기호를 써 보세요.

(   )

12 도형은 마름모입니다. ☐ 안에 알맞은 수를 써 넣으세요.

(1)
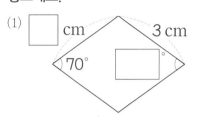

(2)
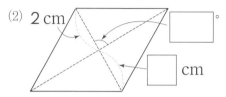

13 점판에서 꼭짓점을 한 개만 옮겨서 평행사변형을 만들어 보세요.

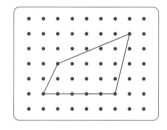

14 어느 한 서점에서 위인전의 판매량을 조사하여 나타낸 꺾은선그래프입니다. 9월의 판매량은 5월의 판매량보다 몇 권이 더 많았는지 풀이 과정을 쓰고 답을 구해 보세요.

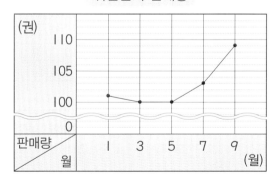

풀이 _____

_____

답 _____

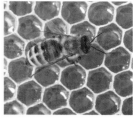

[15~17] 어느 나라 출생아 수를 2년마다 조사하여 나타낸 표를 꺾은선그래프로 나타내려고 합니다. 물음에 답해 보세요.

어느 나라 출생아 수

연도(년)	2013	2015	2017	2019	2021
출생아 수 (만 명)	47	43	43	35	30

15 그래프를 그리는 데 꼭 필요한 부분은 몇 명부터 몇 명까지인가요?

(   )부터 (   )까지

16 표를 보고 꺾은선그래프로 나타내어 보세요.

어느 나라 출생아 수

(   ) 50
      45
      40
      35
      30
      0
      2013 2015 2017 2019 2021
                       (   )

17 2023년의 출생아 수는 어떻게 될 것인지 예상해 보세요.

(   )

서술형

18 벌집은 벌이 알을 낳고 먹이와 꿀을 저장하며 생활하는 집으로 그림과 같은 육각형 모양의 방이 여러 개 모여 있습니다. 방 하나의 변의 수와 꼭짓점의 수의 차는 몇인지 풀이 과정을 쓰고 답을 구해 보세요.

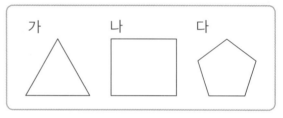

풀이 _____

_____

_____

답 _____

19 다각형을 보고 물음에 답해 보세요.

가   나   다

⑴ 다각형의 대각선을 모두 그어 보세요.

⑵ 대각선이 가장 많이 그어진 다각형을 찾아 기호를 써 보세요.

(   )

20 2가지 모양 조각을 모두 사용하여 주어진 모양을 빈틈없이 채우려고 합니다. ▲ 모양 조각은 몇 개 필요한가요?

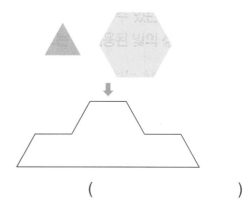

(   )

1 다음 ㉠, ㉡에 들어갈 알맞은 말을 쓰시오.

> 송이네 할머니께서는 산에서 버섯을 기르신다. 할머니께서 하시는 일처럼 산에서 버섯을 기르거나 산나물을 캐고, 나무를 가꾸어 베는 일 등을 (㉠)라고/이라고 한다. 사람들이 주로 (㉠)을/를 하거나 산지에서 가축을 기르며 살아가는 마을을 (㉡)라고/이라고 한다.

㉠ (   ) ㉡ (   )

2 다음에서 설명하는 우리나라의 도시는 어디인지 보기 에서 찾아 기호를 쓰시오.

> **보기**
> ㉠ 서울특별시   ㉡ 부산광역시
> ㉢ 세종특별자치시   ㉣ 전라남도 여수시

(1) 큰 항구가 있는 우리나라 제2의 도시
(   )

(2) 행정의 중심지로 새롭게 계획하여 만든 도시
(   )

(3) 교통·산업·행정의 중심지인 우리나라 최대의 도시 (   )

3 촌락의 어려움을 해결하기 위한 노력과 거리가 먼 것은 어느 것입니까? (   )

① 농기계를 이용하여 생산량을 늘린다.
② 품질 좋은 농수산물을 생산하여 소득을 올린다.
③ 집을 많이 지어 사람들이 쉽게 집을 구할 수 있게 해 준다.
④ 귀촌하려는 사람들이 촌락에 잘 적응하도록 적극적으로 지원한다.
⑤ 폐교나 마을 회관 등을 이용하여 영화관, 미술관 등 문화 시설을 만든다.

4 다음 중 교류의 모습에 해당하는 것에 ○표 하시오.

(1)

(2)

(   )   (   )

5 촌락 사람들이 도시에 가는 까닭은 바르지 <u>않게</u> 이야기한 친구는 누구인지 쓰시오.

> • 희창: 대형 종합 병원에서 검사를 받기 위해 도시에 가요.
> • 영인: 백화점이나 대형 할인점에서 필요한 물건을 사려고 도시에 가요.
> • 서현: 깨끗한 자연환경과 잘 보존된 전통문화를 체험하기 위해 도시에 가요.

(   )

6 촌락과 도시 지역 사람들에게 다음과 같은 경제적 도움을 주는 교류 모습은 무엇인지 쓰시오.

촌락 주민   도시 주민

(   )

7 촌락 지역과 도시 지역의 교류 사례 중 하나로, 어떤 지역이나 단체가 다른 지역이나 단체와 서로 밀접한 관계를 맺는 것을 무엇이라고 하는지 쓰시오.

( )

[8~9] 나은이 할머니의 칠순 잔치 이야기를 살펴보고 물음에 답하시오.

8 위 그림에서 나은이네 가족이 후회를 한 까닭은 무엇 때문입니까? ( )

① 음식값이 너무 비쌌기 때문에
② 칠순 잔치 장소가 찾아오기 힘들었기 때문에
③ 거리만 생각하고 칠순 잔치 장소를 예약했기 때문에
④ 친척들에게 칠순 잔치 소식을 알리기 못했기 때문에
⑤ 칠순 잔치에 참석하는 손님의 수를 잘못 예약했기 때문에

서술형

9 위의 이야기를 참고하여 현명한 선택을 해야 하는 까닭은 무엇인지 쓰시오.

_____

_____

10 다음은 물건을 살 때 현명한 선택을 하기 위한 과정입니다. 순서대로 기호를 쓰시오.

ㄱ 선택하기
ㄴ 정보 모으기
ㄷ 가진 돈 파악하기
ㄹ 사고 싶은 물건 생각해 보기
ㅁ 선택 기준을 정해 물건 평가하기

( )

11 생활에 필요한 물건을 사거나 서비스를 이용하는 활동을 통틀어 무엇이라고 하는지 쓰시오.

( )

12 다음 생산 활동 중 생활에 필요한 것을 만드는 활동에 해당하는 것은 어느 것입니까? ( )

① 공연하기
② 물고기 잡기
③ 벼농사 짓기
④ 자동차 만들기
⑤ 물건 배달하기

13 다음 (가), (나) 지역 중에서 자동차를 다른 지역에 팔고, 해산물을 다른 지역에서 사들여 오는 곳은 어디인지 쓰시오.

( )

14 지역 간에 경제적 교류가 활발해졌을 때의 좋은 점은 무엇인지 쓰시오.

_____

_____

15 다음 자료는 지역 간에 무엇을 교류하는 모습과 관계가 깊습니까? (   )

> **철원군, 서귀포시와 농산물 교류**
>
> 강원도 철원군이 추석을 앞두고, 자매결연을 한 제주도 서귀포시와 농산물을 교류하였다. 철원군은 햅쌀인 철원 오대쌀 1,200 포대를 서귀포시로 보냈고, 서귀포시는 당도 높은 감귤 1,800 상자를 철원군으로 보냈다. 철원군과 서귀포시는 1995년부터 지금까지 57회에 걸쳐 약 33억 원어치의 농산물을 교환하며 경제적 교류를 이어왔다.

① 기술　　　　　② 문화
③ 정치　　　　　④ 스포츠
⑤ 생산물

16 다음 (   ) 안에 들어갈 알맞은 말을 쓰시오.

> 오늘날 우리 사회는 자녀 양육에 대한 경제적 부담, 결혼과 자녀에 대한 가치관의 변화 등의 이유로 아이를 적게 낳는 사람들이 많아지고 있다. 이처럼 아이를 적게 낳아 사회 전반적으로 출산율이 감소하는 현상을 (   )라고/이라고 한다.

(   )

17 정보화 사회에서 나타나는 문제점과 거리가 <u>먼</u> 것은 어느 것입니까? (   )

① 저작권 침해
② 개인 정보 유출
③ 가상 현실 기술 활용
④ 인터넷, 스마트폰 중독
⑤ 악성 댓글과 사이버 폭력

18 우리 사회에서 볼 수 있는 다양한 문화의 모습으로 알맞은 것에 ○표 하시오.

(1) 다양한 행사를 통해 세계 여러 나라의 음악과 춤을 즐길 수 있다. (   )

(2) 우리나라의 운동 경기에서 뛰는 외국인 선수의 모습을 찾아볼 수 없다. (   )

(3) 외국인 노동자들이 여러 분야의 일자리에서 일하며 우리나라의 산업 발전에 이바지한다. (   )

(4) 우리 주변에서 세계의 다양한 음식을 파는 가게를 쉽게 찾아 여러 음식을 맛볼 수 있다. (   )

19 다음 자료에 나타난 편견의 모습과 가장 관계 깊은 것은 무엇입니까? (   )

① 나이　　　　　② 남녀
③ 종교　　　　　④ 언어
⑤ 피부색

20 편견과 차별이 없는 사회를 만들기 위한 노력으로 알맞지 <u>않은</u> 것은 어느 것입니까? (   )

① 상대방의 입장에서도 생각해 본다.
② 서로 간의 차이와 다름을 인정한다.
③ 서로 다른 문화를 이해하고 존중한다.
④ 차별과 편견이 포함된 표현을 쓰지 않는다.
⑤ 나와 다르고 익숙하지 않은 것은 무시한다.

과학 2회 교과서 종합평가

1 식물의 잎을 다음과 같이 분류했을 때 알맞은 분류 기준은 무엇입니까? (   )

분류 기준:

그렇다.

토끼풀
감나무

그렇지 않다.

소나무
강아지풀
단풍나무

① 잎맥이 나란한가?
② 잎의 모양이 둥근가?
③ 잎의 끝이 뾰족한가?
④ 잎의 가장자리가 갈라졌는가?
⑤ 잎의 가장자리가 톱니 모양인가?

2 오른쪽 식물의 특징으로 바른 것은 어느 것입니까? (   )

① 줄기가 굵다.
② 한해살이 식물이다.
③ 여러해살이 식물이다.
④ 해마다 조금씩 자란다.
⑤ 겨울철에도 줄기를 볼 수 있다.

3 강이나 연못에서 볼 수 있는 식물을 보기 에서 골라 기호를 쓰시오.

보기
㉠ 부들   ㉡ 수련
㉢ 검정말   ㉣ 개구리밥

(1) 물속에 잠겨서 사는 식물: (   )
(2) 물에 떠서 사는 식물: (   )
(3) 잎과 꽃이 물에 떠 있는 식물: (   )
(4) 물가 식물: (   )

4 선인장과 바오바브나무가 사막에서 살 수 있는 공통점은 무엇입니까? (   )

① 키가 크다.
② 줄기가 굵다.
③ 잎이 두껍다.
④ 잎이 가시 모양이다.
⑤ 뿌리가 수염뿌리이다.

5 바람을 타고 회전하며 떨어지는 드론은 어떤 식물의 특징을 생활 속에서 활용한 것입니까?
(   )

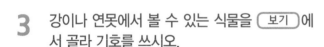

① 연잎
② 장미 덩굴
③ 단풍나무 열매
④ 도꼬마리 열매
⑤ 나뭇가지가 뻗은 모양

6 물이 얼어 얼음이 될 때와 얼음이 녹아 물이 될 때의 무게와 부피 변화에 대한 설명으로 바른 것을 모두 고르시오. (,   )

① 물이 얼면 부피가 늘어난다.
② 물이 얼면 무게가 늘어난다.
③ 얼음이 녹으면 부피가 늘어난다.
④ 얼음이 녹으면 무게가 줄어든다.
⑤ 물이 얼거나 얼음이 녹을 때 무게 변화는 없다.

7 다음을 읽고 증발과 끓음을 구분하여 쓰시오.

(1) 물의 표면뿐만 아니라 물속에서 물이 수증기로 상태가 변하는 현상이다.
(   )

(2) 물의 표면에서 액체인 물이 기체인 수증기로 상태가 변하는 현상이다.
(   )

8 플라스틱 컵에 주스와 얼음을 넣은 후 뚜껑을 덮었을 때 시간이 지남에 따라 나타나는 변화는 무엇입니까? ( )

① 변화가 없다.
② 주스의 색깔이 점점 진해진다.
③ 주스의 표면에 기포가 생긴다.
④ 플라스틱 컵 뚜껑이 볼록하게 올라온다.
⑤ 플라스틱 컵 표면에 작은 물방울이 맺힌다.

9 물의 상태 변화를 이용한 예 중 나머지와 <u>다른</u> 하나는 어느 것입니까? ( )

① 스팀 청소기로 바닥을 닦는다.
② 건조한 방 안에 가습기를 튼다.
③ 스팀다리미로 옷의 주름을 편다.
④ 동생과 팥빙수를 만들어 먹었다.
⑤ 냄비에 물을 붓고 가스레인지 위에 올려 고구마를 찐다.

10 ㉠과 ㉡에 알맞은 말을 바르게 짝 지은 것은 어느 것입니까? ( )

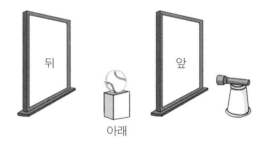

물체에 (㉠)을 비추면서 물체의 (㉡) 쪽에 스크린을 놓으면 그림자를 만들 수 있다.

구분	㉠	㉡
①	빛	앞
②	빛	뒤
③	거울	뒤
④	거울	아래
⑤	거울	아래

11 물체의 모양과 그림자의 모양에 대한 설명입니다. 바르면 ○표, 바르지 <u>않으면</u> ×표 하시오.

(1) 물체 모양과 그림자 모양은 비슷하다.
( )

(2) 물체를 놓는 방향이 달라지면 그림자의 모양도 달라진다. ( )

(3) 물체의 모양에 따라 그림자의 모양이 변하는 것은 빛의 반사 때문이다. ( )

12 손전등, 물체, 스크린을 다음과 같이 놓고 물체를 화살표 방향으로 움직였을 때 그림자의 크기에 대한 설명으로 바른 것의 기호를 쓰시오.

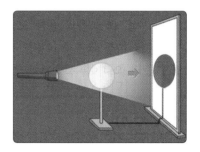

㉠ 그림자의 크기가 점점 커진다.
㉡ 그림자의 크기가 점점 작아진다.
㉢ 그림자의 크기에 아무런 변화가 없다.

( )

13 거울에 비친 모습을 설명한 것으로 바르지 <u>않은</u> 것은 어느 것입니까? ( )

① 실제 옷의 색깔과 같게 보인다.
② 실제 눈과 코의 개수와 같게 보인다.
③ 거울에 비친 친구들의 크기는 변화가 없다.
④ 지우는 실제로 왼쪽 손으로 머리를 말리고 있다.
⑤ 시현이는 실제로 오른쪽 손으로 양치질을 하고 있다.

14 우리 생활에서 거울을 이용한 예가 <u>아닌</u> 것은 어느 것입니까? (   )

① 유리온실
② 옷 가게 거울
③ 무용실 거울
④ 자동차 뒷거울
⑤ 승강기 안 거울

15 다음에서 설명하는 것은 무엇인지 쓰시오.

> • 화산이 분출할 때 나오는 물질이다.
> • 기체인 화산 가스, 액체인 용암, 고체인 화산재와 화산 암석 조각 등이 있다.

(   )

16 화강암과 현무암의 같은 점은 무엇입니까?
(   )

▲ 화강암   ▲ 현무암

① 색깔이 같다.
② 알갱이의 모양과 크기가 같다.
③ 표면에 구멍이 많이 뚫려 있다.
④ 화산 활동으로 만들어진 암석이다.
⑤ 지표면 가까이에서 만들어진 암석이다.

17 지진에 대한 설명이 바른 것을 모두 고르시오.
(,   )

① 지진은 한 지역에서만 발생한다.
② 규모의 숫자가 작을수록 강한 지진이다.
③ 지진은 다른 나라에서만 나타나는 현상이다.
④ 지진이 발생했을 때는 승강기 대신 계단을 이용한다.
⑤ 같은 규모의 지진이 발생해도 지진에 대비한 정도에 따라 피해 정도가 달라질 수 있다.

18 지진이 발생했을 때 대처 방법으로 바르지 <u>않</u>은 것은 어느 것입니까? (   )

① 학교 – 책상 아래로 들어가 머리와 몸을 보호한다.
② 승강기 – 흔들림이 느껴지면 승강기를 타지 않는다.
③ 대형 할인점 – 밖으로 나와 건물 벽에 바짝 붙어 있는다.
④ 집 – 흔들림이 멈추면 전기와 가스를 차단하고 밖으로 나간다.
⑤ 버스 – 넘어지지 않도록 손잡이나 기둥, 선반 등을 꼭 잡고 기다린다.

19 물의 순환 과정을 알아보는 모형실험에 대한 설명으로 바르지 <u>않</u>은 것은 어느 것입니까?
(   )

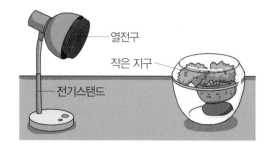

열전구
작은 지구
전기스탠드

① 그릇 안이 뿌옇게 흐려진다.
② 그릇 안쪽 뚜껑과 벽면에 물방울이 맺힌다.
③ 그릇 안의 물은 조금씩 증발하여 3~4일 후 모두 없어진다.
④ 전기스탠드는 작은 지구와 약 50 cm 떨어진 지점에 놓는다.
⑤ 열 전구를 손으로 만지거나 오랫동안 쳐다보지 않도록 한다.

20 오른쪽과 같은 물 모으는 장치에서 물을 모을 수 있는 까닭과 관련된 현상은 무엇입니까?
(   )

① 증발
② 가열
③ 끓음
④ 흡수
⑤ 응결

국어

1회 1~3쪽

1 아빠 물고기   2 (2) ○   3 ②   4 ⑤   5 아랫마을 양반   6 ⑩ 존중   7 ④   8 ②   9 ②   10 ①   11 늙은 농부의 세 아들은   12 어찌하다   13 (1) 아버지께서 밭에 묻어 두신 보물은 (2) 주렁주렁 열린 포도송이였습니다.   14 ②   15 새 양말, 새 신발   16 (2) ○   17 ⑩ 읽은 책 내용을 다시 한번 생각할 수 있다.   18 ①   19 ⑩ 외나무다리를 건널 때 어깨에 멘 당나귀가 버둥거렸기 때문이다.   20 ⑤

1 그림 ③을 살펴보면 알 수 있습니다.

2 딸은 아빠 물고기가 니모를 많이 걱정한다고 생각합니다.

3 등장인물의 마음을 생각해 보는 것은 영화를 감상하는 데 도움이 되지만 등장인물의 수를 세어 보는 것은 영화를 감상하는 방법과 관계가 없습니다.

더 알아볼까요!

영화를 감상하는 방법
제목, 광고지, 예고편 따위를 보고 내용을 미리 상상합니다. 기억에 남는 대사나 인상 깊은 장면을 생각합니다. 영화 내용을 떠올려 보고 느낀 점을 글로 씁니다.

4 마음을 전하는 글을 쓸 때에는 자신의 마음이 잘 드러나게 쓰고 그러한 마음을 갖게 된 까닭이나 상황을 함께 써야 합니다.

5 윗마을 양반은 박 노인에게 높임말을 쓰지 않았습니다.

6 박 노인은 아랫마을 양반이 자신을 더 존중해 준다고 느꼈을 것입니다.

7 말을 잘한 양반이 좋은 고기를 얻었다는 내용과 관계 있는 속담을 찾아봅니다.

더 알아볼까요!

⑩ 말과 관계 있는 속담

① 가는 말이 고와야 오는 말이 곱다.	자기가 남에게 말이나 행동을 좋게 해야 남도 자기에게 좋게 한다는 말.
② 빈 수레가 요란하다	실속 없는 사람이 겉으로 더 떠들어 댐을 비유적으로 이르는 말.
③ 발 없는 말이 천리 간다	말을 삼가야 함을 비유적으로 이르는 말.
④ 말 한마디에 천 냥 빚도 갚는다	말만 잘하면 어려운 일이나 불가능해 보이는 일도 해결할 수 있다는 말.
⑤ 낮말은 새가 듣고 밤말은 쥐가 듣는다	아무도 안 듣는 데서라도 말조심해야 한다는 말.

8 흑인은 버스 앞자리에 타면 안 된다는 법입니다.

9 어떤 흑인도 버스를 타지 않았습니다. 그 까닭은 잘못된 법을 따르고 싶지 않았고, 잘못된 법을 바꾸고 싶었기 때문입니다.

10 배경은 이야기가 펼쳐지는 시간과 장소를 뜻합니다. 이를 통해 현재 사회적 배경은 백인과 흑인을 버스에 앉는 자리까지도 구분하고 차별하고 있음을 알 수 있습니다.

11 문장에서 '누가/무엇이'에 해당하는 부분을 주어라고 하고, 가에서 주어는 '늙은 농부의 세 아들은'입니다.

12 나와 다는 '누가 + 어찌하다'의 짜임을 가진 문장입니다.

13 문장을 두 부분으로 나누어 보고 자연스러운 문장인지 판단해 봅니다.

14 인물이 처한 상황을 먼저 떠올려 보고, 인물이 한 말과 인물이 한 행동, 인물이 그렇게 말하고 행동한 까닭을 알아봅니다.

15 어머니는 학교 가기 싫어하는 아들을 위해 품속에 새 양말과 새 신발을 넣어 오셨습니다.

16 어머니는 학교에 가기 싫어하는 아들의 마음을 돌리기 위해 노력하셨고 '나'는 그로 인해 눈물이 날 것 같은 감동을 받았습니다.

17 감명 깊게 읽은 부분이나 인상 깊었던 장면을 기억할 수도 있습니다. 그리고 책을 읽은 동기와 책 내용, 읽고 난 뒤의 생각이나 느낌 따위를 정리할 수 있습니다.

18 청년은 "나라면 당나귀를 메고 갈 텐데."하고 말하였습니다.

19 아버지와 아이는 당나귀를 어깨에 멨고, 당나귀가 버둥거리는 바람에 두 사람은 당나귀를 놓치고 말았습니다.

20 아버지와 아이는 당나귀를 잃고 난 후에야 후회하였습니다. 다른 사람의 의견을 판단하지 않고 무조건 받아들이면 어떤 일이 벌어질지를 알고 의견이 적절한지 판단해야 하는 까닭을 살펴봅니다.

수학

1회   4~6쪽

1 7, 8 ; 15, 1, 3   **2** $6\frac{3}{7}$ **3** $4\frac{4}{9}$

4 예 $\frac{11}{12}-\frac{\square}{12}=\frac{11-\square}{12}>\frac{5}{12}$ 이므로 $11-\square$ 가 5보다 커야 합니다. $\square$ 안에 들어갈 수 있는 자연수는 6보다 작은 1, 2, 3, 4, 5입니다. ; 5

5 (1) 5 (2) 4   **6** 풀이 참조   **7** 풀이 참조

8 (1) 0.47 ; 영 점 사칠 (2) 3.52 ; 삼 점 오이

9 ㉠, ㉡, ㉢   **10** 예 (더 얻은 점수)=(현우의 점수)−(진석이의 점수)=5.74−4.36=1.38(점) ; 1.38점   **11** 2.87 kg

12 (1) ㉡, ㉢, ㉣, ㉤ (2) ㉣, ㉤

13 예 평행사변형에서 이웃하는 두 각의 크기의 합은 180°이므로 110°+㉠=180°입니다. 따라서 ㉠=70°입니다. ; 70°

14 사다리꼴, 평형사변형, 직사각형

15 203상자, 218상자   **16** 풀이 참조

17 7월   **18** 135, 2   **19** 선분 ㄴㅅ, 선분 ㅁㅂ

20 4개

---

1 분모가 같은 분수의 덧셈은 분모는 그대로 쓰고 분자끼리 더합니다.

2 합이 가장 큰 덧셈식을 만들려면 (가장 큰 분수)+(둘째로 큰 분수)를 계산합니다.

⇨ $3\frac{4}{7}+2\frac{6}{7}=5\frac{10}{7}=6\frac{3}{7}$

3 $6-1\frac{5}{9}=5\frac{9}{9}-1\frac{5}{9}=4\frac{4}{9}$

5 (1) 이등변삼각형은 두 변의 길이가 같은 삼각형이므로 나머지 한 변의 길이는 5 cm입니다.
(2) 정삼각형은 세 변의 길이가 같은 삼각형이므로 나머지 한 변의 길이는 4 cm입니다.

6

정삼각형입니다.	
직각삼각형입니다.	
예각삼각형입니다.	○
이등변삼각형입니다.	○

나머지 한 각의 크기는 180°−75°−30°=75°입니다.
따라서 세 각이 모두 예각인 예각삼각형이고, 두 각의 크기가 같은 이등변삼각형입니다.

7

예각삼각형	둔각삼각형
	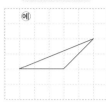

예각삼각형은 세 각이 모두 예각이 되도록 그리고 둔각삼각형은 한 각이 둔각이 되도록 그립니다.

8 소수를 읽을 때 자연수 부분은 숫자와 자릿값을 모두 읽고, 소수점 아래의 수는 자릿값을 읽지 않고 숫자만 차례대로 읽습니다.

9 ㉠ 76.8, ㉡ 7.68, ㉢ 7.6
→ 큰 수부터 차례대로 기호를 쓰면 ㉠, ㉡, ㉢입니다.

11 (책을 더 넣은 가방의 무게)
=(짐이 들어 있는 가방의 무게)+(책의 무게)
=2.4+0.47
=2.87(kg)

12 (1) 평행한 변이 두 쌍인 사각형은 평행사변형, 마름모, 직사각형, 정사각형입니다.
(2) 네 각의 크기가 모두 같은 사각형은 직사각형, 정사각형입니다.

14 막대의 길이가 2개씩 같으므로 사다리꼴과 평행사변형, 직사각형을 만들 수 있습니다.

16

월별 과자 판매량

17 선분이 가장 많이 기울어진 때는 6월과 7월 사이입니다.
따라서 전월에 비해 과자 판매량이 가장 많이 증가한 때는 7월입니다.

18 정다각형은 변의 길이가 모두 같고, 각의 크기가 모두 같습니다.

19 대각선은 서로 이웃하지 않는 두 꼭짓점을 이은 선분입니다. 대각선은 선분 ㄱㄷ과 선분 ㄴㄹ이고 대각선이 아닌 선분은 선분 ㄴㅅ과 선분 ㅁㅂ입니다.

20 주어진 모양을 만드는 데 각각 □ 모양 4개, △ 모양 4개, ○ 모양 1개를 사용했습니다.

사회

1회   7~9쪽

1 ㉠ 촌락 ㉡ 도시   2 ③   3 채린   4 ③   5 교류   6 ①, ②, ④   7 (1) ⑩ 사용하지 않는 땅을 주말농장으로 운영할 수 있다. (2) ⑩ 주말농장에서 채소를 직접 길러 먹을 수 있다.   8 희소성 9 ⑤   10 ㉡   11 (1) ○ (3) ○ (4) ○   12 ③ 13 ④   14 ⑩ 시간과 장소의 제한을 받지 않고 쉽고 편리하게 물건을 사고 팔 수 있다.   15 ㉠ 16 ①, ③, ④   17 공유   18 세계화   19 ① 20 다름

1 우리는 촌락과 도시에서 다양한 모습으로 살아갑니다.

2 산지촌에서는 목장, 계단식 논, 삼림욕장 등을 볼 수 있습니다.

3 촌락에서는 자연환경을 이용한 산업이, 도시에서는 인문환경을 이용한 산업이 발달해 있습니다.

4 도시의 교통 문제를 해결하기 위해서는 자동차 함께 타기 운동을 펼쳐야 합니다.

5 사람들은 필요한 것들을 얻으려고 여러 지역을 오고 가면서 교류를 합니다.

6 ③, ⑤는 촌락 사람들이 도시를 찾는 까닭입니다.

7 도시 사람들은 촌락의 빈 땅을 주말농장으로 사용하면서 직접 채소를 길러 먹을 수 있습니다.

더 알아볼까요!

촌락 사람들과 도시 사람들의 다양한 교류

체험 학습을 통한 교류	• 촌락 사람: 도시 사람들이 촌락을 체험할 수 있도록 도와주고, 지역도 홍보할 수 있음. • 도시 사람: 촌락 체험을 통해 자연의 소중함을 느끼고 색다른 경험을 할 수 있음.
주말농장을 통한 교류	• 촌락 사람: 농사를 짓지 않아 비어 있는 땅을 도시 사람들에게 빌려 줌. • 도시 사람: 휴일에 와서 과일이나 채소를 직접 가꿀 수 있음.
문화 공연을 통한 교류	• 촌락 사람: 쉽게 접할 수 없는 문화 공연을 볼 수 있음. • 도시 사람: 익히고 연습한 것을 여러 사람 앞에서 공연할 수 있음.

8 희소성은 사람들이 원하는 것에 비하여 쓸 수 있는 돈이나 자원이 한정되어 있는 것을 말합니다. 선택의 문제는 희소성 때문에 발생합니다.

9 같은 종류의 물건 중 하나를 고를 때에는 가격, 품질, 성능 등을 비교하여 가장 좋은 것을 골라야 합니다.

10 공연하기, 환자 진료하기, 운전하기, 물건 판매하기 등은 생활을 편리하고 즐겁게 해 주는 활동에 속합니다.

11 현명한 소비 생활을 하기 위해서는 나에게 꼭 필요한 것인지 생각하고 소비해야 합니다.

12 이밖에도 상품 판매대의 정보를 확인하거나 포장지의 상품 정보를 확인합니다.

13 개인이나 지역이 경제적 이익을 얻으려고 물건, 기술, 정보, 자원 등을 서로 주고받는 것을 경제적 교류라고 합니다.

14 요즈음에는 통신수단이 발달하면서 인터넷, 텔레비전 등의 대중 매체를 이용한 경제적 교류가 늘어나고 있습니다. 인터넷 쇼핑이나 텔레비전 홈쇼핑을 이용하면 시간과 장소의 제한을 받지 않고 물건을 살 수 있습니다.

15 제시된 글에서 ㉠은 물자 교류, ㉡은 문화 교류, ㉢은 기술 교류의 사례에 해당합니다.

16 ②, ⑤는 우리 사회에서 고령화 현상으로 인해 나타나고 있는 모습입니다.

더 알아볼까요!

저출산으로 변화하는 사회 모습

• 가족 구성원의 수가 줄어들고 있습니다
• 출산을 도와주는 병원이 줄어들고 있습니다.
• 학생 수가 줄어들고 폐교되는 학교가 늘어나고 있습니다.
• 일할 사람이 줄어들어 경제활동에도 영향을 미칩니다.

17 정보와 지식을 활용하여 만든 새로운 자료를 공유하면서 사람들의 생활은 더욱 편리해지고 다양하게 변화하고 있습니다.

18 세계화는 교통·통신의 발달로 세계 여러 나라들이 다양한 분야에서 교류하고 가까워지는 현상을 말합니다.

19 제시된 그림은 장애를 가진 사람은 제대로 일을 하지 못할 것이라는 편견을 가지고 차별하는 모습입니다.

20 우리 문화만 인정하는 태도에서 벗어나 서로 다름을 인정하고 다른 문화를 존중하는 태도가 필요합니다.

과학

1회　　　　　　　　　　　　　10~12쪽

1 ①　2 ⑤　3 ④　4 물　5 (1) ㉠ (2) ㉢ (3) ㉡
6 예 얼음과자가 녹으면서 부피가 줄어들었기 때문이다.　7 ⑤　8 수증기　9 ②　10 ①, ④
11 빛의 직진　12 ㉠　13 ②　14 거울　15 ①
16 ①　17 ③　18 ③, ⑤　19 수증기　20 ⑤

1 잎의 무게는 잎의 특징이 아니므로 '잎이 가벼운가?'는 분류 기준으로 알맞지 않습니다.

2 들이나 산에서 사는 식물 중 나무의 특징입니다. 민들레, 강아지풀, 명아주, 닭의장풀은 풀이고, 단풍나무는 나무입니다.

3 부레옥잠은 물에 떠서 사는 식물로 몸의 대부분이 잎이고 수염처럼 생긴 뿌리가 있습니다. 잎자루에 많은 공기주머니가 있습니다.

4 선인장은 굵은 줄기에 물을 저장하고, 바오바브나무는 키가 크고 줄기가 굵어서 많은 양의 물을 저장할 수 있습니다.

5 우엉 열매의 생김새를 활용하여 찍찍이 테이프를 만들었고, 연꽃잎의 특징을 활용하여 물이 스며들지 않는 천을 만들었습니다.

▲ 단풍나무 열매

더 알아볼까요!

연꽃잎

　연꽃잎 표면은 아주 작은 돌기들이 가득한데, 이러한 미세 돌기는 물을 밀어 내는 왁스로 덮여 있습니다. 연꽃잎이 물에 젖지 않는 까닭은 미세 돌기가 물방울과 연꽃잎이 닿는 각도를 크게 만들기 때문입니다. 이때 물방울은 거의 공 모양이 되어 연꽃잎에 공처럼 동글동글 맺힙니다. 이러한 현상은 나비나 매미의 날개, 소금쟁이의 다리 등에서도 볼 수 있습니다.

6 냉동실에서 꺼내 놓은 꽁꽁 언 튜브형 얼음과자가 녹으면 부피가 줄어들기 때문에 튜브 안에 공간이 생깁니다.

7 액체인 물이 기체인 수증기로 상태가 변해 공기 중으로 흩어지는 현상을 증발이라고 합니다. 냉장고에서 꺼내 놓은 아이스크림이 녹은 것은 증발과 관련이 없습니다.

8 기포는 물이 수증기로 변해서 생긴 것입니다. 물의 표면뿐만 아니라 물속에서도 물이 수증기로 변하는 현상을 끓음이라고 합니다.

9 기체인 수증기가 액체인 물로 상태가 변하는 현상을 응결이라고 합니다.

더 알아볼까요!

생활 속의 응결 현상
- 겨울철 아침 유리창 안쪽에 물방울이 생기는 현상
- 온실이나 목욕탕의 차가운 벽에 물이 맺히는 현상
- 차가운 곳에 있다가 실내로 들어가면 안경알이 뿌옇게 되는 현상

10 유리컵은 빛이 대부분 통과하고 도자기 컵은 빛이 통과하지 못하기 때문에 유리컵의 그림자는 연하고 도자기 컵의 그림자는 진합니다.

11 빛이 곧게 나아가는 성질을 빛의 직진이라고 합니다.

12 손전등을 동물 모양 조각에 가깝게 하면 그림자의 크기가 커지고, 손전등을 동물 모양 조각에서 멀게 하면 그림자의 크기가 작아집니다.

13 물체를 거울에 비춰 보면 물체의 상하는 바뀌어 보이지 않지만 좌우는 바뀌어 보입니다.

14 손전등의 빛을 거울에 비추면 거울에서 빛의 방향이 바뀝니다. 빛이 물체의 표면에 부딪쳐 나아가는 방향이 바뀌는 성질을 빛의 반사라고 합니다.

15 화산 활동 모형에서 알루미늄 포일 밖으로 흐르는 마시멜로는 용암이 흐르는 것과 같고, 굳은 마시멜로는 용암이 굳어서 된 암석과 같습니다.

16 현무암은 화강암보다 알갱이 크기가 작으며, 표면에 크고 작은 구멍이 많습니다. 현무암 중에는 암석 표면에 구멍이 없는 것도 있고, 현무암이 아닌 암석 중에는 현무암처럼 구멍이 있는 것도 있습니다.

▲ 구멍이 없는 현무암

17 화산 주변 땅속의 열로 온천을 개발하거나 전기를 얻는 것은 화산 활동이 주는 이로운 점입니다.

18 지진의 세기는 규모로 나타내며 규모의 숫자가 클수록 강한 지진입니다.

19 물은 상태가 변하면서 육지, 바다, 공기, 생명체 등 여러 곳을 끊임없이 순환합니다. 식물의 잎에서는 수증기가 되어 증발합니다.

20 인구 증가, 산업 발달 등으로 물의 이용량이 증가하여 쓸 수 있는 물이 점점 부족합니다.

국어

1 (2) ○   **2** ②   **3** ①, ③   **4** 아버지, 아들 (필립)
5 (2) ×   **6** ④   **7 예** "미안해. 네가 끝날 때까지
기다릴게."   **8** (1) 교실 (2) **예** 교실에 들어선 '나'
는 친구들과 공기놀이를 하기로 했다.   **9** ①   **10**
예 샘이 많다.   **11** 천 리 간다.   **12** ③   **13 예** 댐
을 건설해야 한다.   **14** ①   **15** (1) 의견 (2) 까닭
16 전기문   **17 예** 자신이 가진 것을 나누고 베푸
는 삶   **18** (1) ○   **19** ④   **20** (1) ㉯ (2) ㉮

1 인상 깊은 장면에 대한 것으로 등장인물의 표정
에 대하여 이야기하고 있습니다. 기억에 남는 대
사나 인상 깊은 장면을 친구들과 이야기하면서
영화를 보고 든 생각이나 느낌이 서로 다를 수 있
다는 것을 알게 됩니다.

2 선은 믿었던 지아에게 따돌림을 당했으므로 속상
한 표정을 짓는 것이 알맞습니다.

3 인물의 표정과 행동을 살펴보면 인물의 마음을
짐작할 수 있습니다. 표정, 몸짓, 말투에서 성격
을 짐작하며 영화를 감상하면 내용을 이해하는
데 도움이 됩니다.

4 아버지(안창호)가 아들(필립)에게 쓴 편지입니다.

5 '걱정되는구나.', '축하한다.'로 글쓴이의 마음을
전하고 있습니다.

6 사슴이 토끼가 이야기하는 도중에 끼어들어 토끼
는 할 말을 다 하지 못했습니다.

7 친구를 배려하는 예의 바른 말로 고쳐 써 봅니다.
예절을 지키며 대화를 주고받으면 친구에게 배려
받는 것 같아서 친구와 사이가 더 좋아집니다.

8 사건이 일어난 장소가 어디인지 생각해 보고 일
어난 사건을 간추려 봅니다.

더 알아볼까요!

이야기의 구성 요소

인물	이야기에서 어떤 일을 겪는 사람이나 사물
사건	이야기에서 일어나는 일
배경	이야기가 펼쳐지는 시간과 장소

9 '이런 우진이를 어떻게 안 좋아할 수 있겠어요?'
라는 말은 우진이를 좋아한다는 말입니다.

10 '나'는 질투가 많은 성격임을 알 수 있습니다.

11 '누가/무엇이 + 어찌하다'에서 '어찌하다'는 사물의
움직임을 나타냅니다.

12 '친절한 예지가+열심히 공부한다.'로 나누는 것이
자연스럽습니다. '누가/무엇이' 부분과 뒷부분이
자연스럽게 연결되는지 생각해야 합니다.

13 댐 건설 기관 담당자는 폭우나 홍수로 인한 피해
를 막을 수 있기 때문에 댐을 건설하여야 한다는
의견을 제시하였습니다.

14 여름철 폭우로 강 하류의 강물이 넘쳐서 논밭이
빗물에 잠기고, 집과 길이 부서지며 사람의 목숨
까지 잃을 만큼 위험하다고 하였습니다.

15 글쓴이가 어떤 대상에 대하여 가지는 생각을 의
견이라고 하는데 의견을 제시할 때는 제시한 까
닭도 밝혀야 합니다. 의견을 제시하는 글을 쓸 때
에는 읽는 사람이 들어줄 수 있는 의견인지도 생
각해 봐야 합니다.

16 김만덕의 삶을 기록한 전기문의 일부입니다. 전
기문은 인물의 삶을 사실에 근거해 쓴 글이며, 전
기문에는 인물이 살았던 시대 상황, 가치관이 나
타나 있습니다.

17 인물이 한 말과 행동으로 그 인물의 가치관을 알
수 있습니다. 전기문에 나오는 인물이 살았던 시
대는 어떠했고, 자신이 인물과 같은 상황에 처했
다면 어찌했을지 생각해 봅니다. 말과 행동으로
김만덕이 지닌 생각을 알 수 있습니다. 가치관은
사람이 어떤 행동이나 일을 선택하고 실천하는
데 바탕이 되는 생각을 말합니다.

18 『세시 풍속』을 읽게 된 동기가 나와 있습니다.

19 지하 주차장으로 차를 가지러 가신 아빠는 지하
주차장에서 차를 찾지 못해 헤맨 것임을 알 수 있
습니다.

더 알아볼까요!

예 「지하 주차장」을 읽고 묻고 답하는 활동하기

물음	답
차를 가지러 지하 주차장에 가신 아빠께 어떤 일이 일어났을까요?	아빠께서 차를 어디에 두었는지 기억나지 않아 이러저리 찾아다니셨을 것 같습니다.
아빠의 변명에서 재미있는 부분은 어디인가요?	앨리스, 간달프처럼 책에 나온 인물을 만났다고 말씀하시는 부분입니다.

20 아빠는 차를 찾지 못해 걱정되고 다급한 마음이고,
아이는 아빠를 기다리느라 지친 마음일 것입니다.

수학

1 $4\frac{7}{9}$ m   **2** $1\frac{3}{7}$ **3** ㉠, ㉣   **4** 나, 다 ; 가, 라

5 ⑩ 정삼각형은 세 변의 길이가 모두 같습니다. 정삼각형의 한 변의 길이를 □ m라고 하면 □+□+□=18(m)이므로 □×3=18, □=6 입니다. ; 6 m

6 (1) 둔각삼각형 (2) 예각삼각형 (3) 직각삼각형

7 4 ; 0.1 ; 둘째, 0.07   **8** 4.936

9 12.92   **10** 가, 다, 마, 바   **11** 마, 바

12 (1) (왼쪽부터) 3, 70 (2) (위쪽부터) 90, 2

13 풀이 참조   **14** ⑩ 9월에는 109권, 5월에는 100권이 판매되었습니다.
➡ 109-100=9(권) ; 9권

15 30만 명, 47만 명   **16** 풀이 참조

17 ⑩ 줄어들 것입니다.   **18** ⑩ 방 하나의 모양은 육각형이므로 (육각형의 변의 수)=6, (육각형의 꼭짓점의 수)=6이므로 6-6=0입니다. ; 0

19 (1) 풀이 참조 (2) 다   **20** 6개

---

1 (두 막대의 길이의 합)
$$=1\frac{7}{9}+3=4\frac{7}{9}(m)$$

2 $\frac{1}{7}$이 6개인 수는 $\frac{6}{7}$, $\frac{1}{7}$이 4개인 수는 $\frac{4}{7}$입니다.
$$\Rightarrow \frac{6}{7}+\frac{4}{7}=\frac{10}{7}=1\frac{3}{7}$$

3 ㉠ $4\frac{6}{11}-3\frac{3}{11}=1\frac{3}{11}$

㉡ $\frac{45}{11}-3\frac{4}{11}=\frac{45}{11}-\frac{37}{11}=\frac{8}{11}$

㉢ $3\frac{5}{11}-1\frac{2}{11}=2\frac{3}{11}$

㉣ $2\frac{1}{11}-\frac{9}{11}=1\frac{12}{11}-\frac{9}{11}=1\frac{3}{11}$

4 예각삼각형은 세 각이 모두 예각인 삼각형이므로 나, 다이고, 둔각삼각형은 한 각이 둔각인 삼각형이므로 가, 라입니다.

6 (1) 한 각이 둔각(95°)이므로 둔각삼각형입니다.
(2) 세 각이 모두 예각이므로 예각삼각형입니다.
(3) 한 각이 직각이므로 직각삼각형입니다.

8 일의 자리 숫자는 4이고, 0.1이 9개이면 0.9,

0.01이 3개이면 0.03, 0.001이 6개이면 0.006이므로 구하는 수는 4.936입니다.

9 어떤 수를 □라고 하면
□-3.5=5.92, □=5.92+3.5, □=9.42입니다.
따라서 바르게 계산하면 9.42+3.5=12.92입니다.

10 사다리꼴은 평행한 변이 있는 사각형입니다.

11 평행사변형은 마주 보는 두 쌍의 변이 서로 평행한 사각형입니다.

12 (1) 마름모는 네 변의 길이가 같고 마주 보는 두 각의 크기가 같습니다.
(2) 마름모는 마주 보는 꼭짓점끼리 이은 선분이 수직으로 만나고 서로 이등분합니다.

13 ⑩

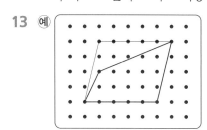

15 가장 작은 30만 명부터 가장 큰 47만 명까지 나타낼 수 있어야 합니다.

16

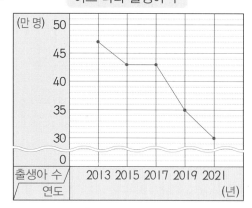

어느 나라 출생아 수

17 2017년부터 그래프의 꺾은선이 내려가고 있으므로 계속해서 출생아 수는 줄어들 것으로 예상할 수 있습니다.

19 (1) 가   나   다

(2) 대각선이 가장 많이 그어진 다각형은 다입니다.

20

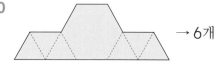

→ 6개

사회

2회   19~21쪽

1 ㉠ 임업 ㉡ 산지촌　2 (1) ㉡ (2) ㉢ (3) ㉠　3 ③
4 (2) ○　5 서현　6 직거래 장터　7 자매결연
8 ③　9 ㉽ 여러 가지 상황을 고려하여 현명한 선택을 하면 돈과 자원의 낭비를 막을 수 있고 더 큰 만족감을 얻을 수 있기 때문이다.　10 ㉣ → ㉢ → ㉡ → ㉤ → ㉠　11 소비　12 ④　13 (나) 지역　14 ㉽ 여러 지역에서 생산된 다양한 상품을 시장에서 쉽게 구할 수 있다.　15 ⑤　16 저출산
17 ③　18 (1) ○ (3) ○ (4) ○　19 ⑤　20 ⑤

1 산을 이용하여 생산 활동을 하며 살아가는 곳을 산지촌이라고 합니다.

더 알아볼까요!

각 촌락과 발달한 산업

농촌	• 사람들이 주로 농업을 하며 살아가는 마을 • 논과 밭에서 곡식을 키우거나 과일, 채소, 꽃, 가축을 기르는 일 등을 농업이라고 함.
어촌	• 사람들이 주로 어업을 하며 살아가는 마을 • 바다에서 물고기와 조개를 잡거나 김과 미역을 기르는 일 등을 어업이라고 함.
산지촌	• 사람들이 주로 임업을 하거나 산지에서 가축을 기르며 살아가는 마을 • 산에서 버섯을 기르거나 산나물을 캐고, 나무를 가꾸어 베는 일 등을 임업이라고 함.

2 전라남도 여수시는 큰 공장이 있고 산업이 발달한 도시입니다.

3 주택을 많이 지어 사람들이 쉽게 집을 구할 수 있게 해 주는 것은 도시의 어려움을 해결하기 위한 노력입니다.

4 사람들이 오가거나 물건, 문화, 경험, 기술 등을 주고받는 것을 교류라고 합니다. (1)은 무인도에서 혼자 지내며 오가거나 주고받는 것이 없으므로 교류라고 할 수 없습니다.

5 깨끗한 자연환경 체험과 잘 보존된 전통문화 체험은 도시 사람들이 촌락에 가는 까닭입니다.

6 직거래 장터에서 촌락 사람들은 생산물을 제값을 받고 팔아 소득을 올릴 수 있고, 도시 사람들은 신선한 농수산물을 저렴하게 살 수 있습니다.

7 촌락과 도시 지역은 자매결연을 하여 체험 활동이나 문화·예술 교류 등 다양한 분야에서 서로 도움을 주고받습니다.

8 거리만 생각하다보니 친척들이 오기는 편했지만, 음식이 맛이 없고 직원이 친절하지 않는 등의 문제가 발생하였습니다.

9 현명한 선택을 하면 자신에게 가장 알맞은 것을 고르게 되어 만족감을 얻을 수 있고, 돈과 자원을 절약할 수 있습니다.

10 선택 기준을 정해 물건을 평가한 다음에 평가표를 보고 점수가 가장 높은 물건을 선택합니다.

11 생활에 필요한 물건이나 서비스를 돈을 내고 사용하는 활동을 소비라고 합니다.

12 공연하기와 물건 배달하기는 생활을 편리하고 즐겁게 해 주는 활동에 속하고, 물고기 잡기와 벼농사 짓기는 생활에 필요한 것을 자연에서 얻는 활동에 속합니다.

13 (나) 지역에서는 자동차를 만드는 기술이 뛰어나 자동차가 많이 생산되기 때문에 자동차를 다른 지역에 팔고, 생산되지 않는 해산물은 다른 지역에서 들여옵니다.

14 이밖에도 지역끼리 협력하여 새로운 상품을 만들기도 하고 지역 간 화합을 이루는 데 도움을 줍니다.

15 제시된 자료는 각 지역이 풍부한 생산물을 중심으로 경제적 교류를 하고 있는 모습입니다.

16 태어나는 아이의 수가 줄어드는 현상을 저출산이라고 합니다.

17 가상 현실 기술을 활용하여 장소에 직접 가보지 않고도 경험해 볼 수 있는 것은 정보화 사회의 기술 발전과 관계가 있습니다.

더 알아볼까요!

정보화 사회의 문제점

• 인터넷 및 스마트폰 중독: 인터넷이나 스마트폰을 과다하게 사용하면 일상생활에 방해가 됩니다.
• 사이버 폭력: 사이버 폭력은 당하는 사람에게 큰 피해를 줍니다.
• 개인 정보 유출: 비밀번호나 전화번호와 같은 개인 정보가 유출되면 사생활을 보호받지 못합니다.
• 저작권 침해: 다른 사람이 만든 창작물을 허락 없이 사용하면 만든 사람에게 손해를 끼칩니다.

18 우리나라의 운동 경기에서 뛰는 외국인 선수들의 모습을 쉽게 볼 수 있으며, 외국에 진출하여 경기를 뛰는 우리나라 선수들도 늘어나고 있습니다.

19 사람을 능력에 따라 평가하는 것이 아니라, 피부색이 어두운 사람보다는 피부색이 밝은 사람이 영어를 더 잘 가르칠 것이라는 생각을 하고 있습니다.

20 나와 다르고 익숙하지 않다고 해서 무시해서는 안 됩니다. 그 문화를 이해하고 다름을 인정해야 합니다.

과학

1 ②   **2** ②   **3** (1) ㉢ (2) ㉣ (3) ㉡ (4) ㉠   **4** ②
5 ③   **6** ①, ⑤   **7** (1) 끓음 (2) 증발   **8** ⑤   **9**
④   **10** ②   **11** (1) ○ (2) ○ (3) ×   **12** ㉡   **13**
⑤   **14** ①   **15** 화산 분출물   **16** ④   **17** ④, ⑤
18 ③   **19** ③   **20** ⑤

1 토끼풀, 감나무는 잎의 모양이 둥글고 소나무, 강아지풀, 단풍나무는 잎의 모양이 둥글지 않습니다.

2 강아지풀은 한해살이 식물로 겨울철에 줄기와 잎을 볼 수 없습니다. ①, ③, ④, ⑤는 나무의 특징입니다.

3 연못이나 강처럼 물이 있는 곳에서 자라는 식물을 수생 식물이라고 합니다. 수생 식물은 특징에 따라 연못이나 강에서 사는 곳이 다릅니다.

▲ 부들   ▲ 수련

▲ 검정말   ▲ 개구리밥

4 선인장과 바오바브나무는 줄기가 굵어 줄기에 물을 저장할 수 있습니다.

5 바람을 타고 빙글빙글 돌며 떨어지는 단풍나무 열매의 특징을 활용하여 바람을 타고 회전하며 떨어지는 드론을 만들었습니다.

6 얼음이 녹아 물이 되면 부피가 줄어들지만 무게는 변하지 않습니다.

7 증발은 물 표면에서 천천히 일어나고, 끓음은 물 표면과 물속에서 빠르게 일어납니다.

8 공기 중의 수증기가 차가운 플라스틱 컵 표면에 닿아 물방울이 맺힙니다.

9 동생과 팥빙수를 만든 것은 물이 얼음으로 되는 상태 변화를 이용한 것입니다.

10 물체에 빛을 비추면서 물체의 뒤쪽에 스크린을 놓으면 그림자를 만들 수 있습니다.

11 빛이 직진하기 때문에 물체 모양과 그림자의 모양이 비슷합니다.

12 물체를 손전등에서 멀게 하면 그림자의 크기가 작아집니다.

13 시현이는 실제로 왼쪽 손으로 양치질을 하고 있습니다.

14 유리온실은 빛이 유리를 통과하는 것을 이용해 식물이 잘 자라게 하는 예입니다.

▲ 유리온실

15 화산 가스는 대부분 수증기이고, 화산 암석 조각의 크기는 매우 다양합니다.

16 화강암과 현무암은 화산 활동으로 만들어진 암석으로, 화강암은 땅속 깊은 곳에서, 현무암은 지표면 가까이에서 만들어집니다.

17 지진은 세계 여러 나라에서 발생하며 규모의 숫자가 클수록 강한 지진입니다.

더 알아볼까요!

우리나라의 지진
• 우리나라에서 일어난 지진에 관한 기록은 『삼국사기』에서부터 확인할 수 있습니다. 779년 경주에 지진이 일어나서 백성들의 집이 무너지고 죽은 사람이 100명이 넘는다는 기록이 『삼국사기』에 남아 있습니다. 그후로도 『고려사』와 『고려사절요』, 『조선왕조실록』, 『승정원일기』 등에서 지진이 일어났다는 것을 확인할 수 있습니다.
• 20세기에 들어서도 1936년 지리산 쌍계사 지진, 1978년 속리산 지진, 1996년 영월 지진, 2016년 경주 지진 등이 일어났습니다.

18 대형 할인점에 있을 때 지진이 발생하면 장바구니를 이용해 떨어지는 물건으로부터 머리를 보호하고 계단이나 기둥 근처로 일단 피한 다음 흔들림이 멈추면 안내에 따라 이동합니다.

19 그릇 안의 물이 증발하고, 증발해 만들어진 수증기가 그릇 안쪽 뚜껑과 벽면에서 응결했기 때문에 그릇 안쪽에 물방울이 생깁니다. 이 과정은 계속 반복됩니다.

20 와카워터는 공기 중의 수증기가 응결하여 물방울이 되는 것을 이용하여 그물망에 맺힌 물방울을 아래에 놓인 그릇에 모으는 장치입니다.

전과목

단원평가
총정리

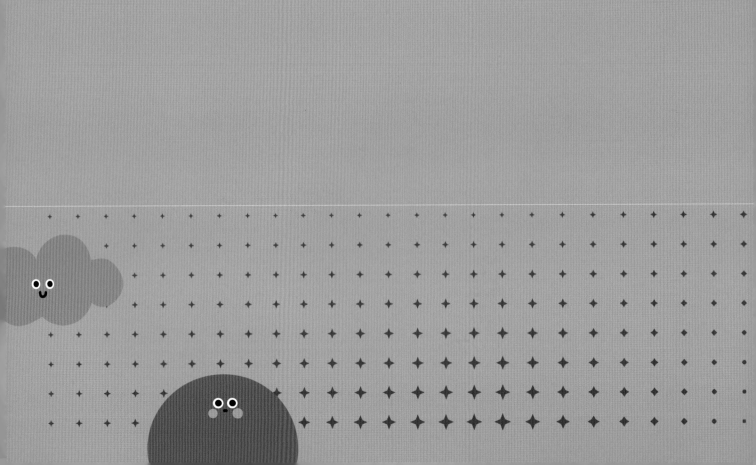

단원평가
총정리

정답과 풀이

4·2

정답과 풀이

단원 평가

[국어]

 **1** 회   10~13쪽

1 『니모를 찾아서』 2 ④ 3 다르다 4 재경 5 ②
6 (1) 매일이 (2) 구름이 (3) 이무기 7 ⑤ 8 (1) 태웅이
가 (2) 반 친구들에게 9 운동회 10 (1) ㉯ (2) ㉮ (3) ㉯
11 ④, ⑤ 12 ② 13 ② 14 ㉢ 15 ⑳ 우리 반 이어
달리기 선수로 뽑힌 일

국어 활동 확인

1 ⑳ 임금님은 큰 귀를 백성의 소리에 귀를 기
     울이는 어진 임금이 되라는 뜻으로 받아들
     였다.
2 (1) ⑳ 엄마가 딸들에게 보내는 편지
     (2) ⑳ 엄마가 딸들을 사랑하는 마음

풀이

1 그림 ③을 살펴보면 알 수 있습니다.
2 딸은 아빠 물고기가 니모를 많이 걱정한다고 생각합
   니다.
3 같은 만화 영화를 보았지만 두 사람의 생각이나 느낌은
   차이가 있었습니다.

다시 한 번 확인해요!

등장인물에 대한 생각 말하기
• 딸은 아빠 물고기가 니모를 많이 걱정한다고 생각합니다.
• 아버지는 아빠 물고기가 니모를 무척 사랑한다고 생각합
   니다.

4 피구를 하려고 편을 가를 때 맨 마지막까지 선택을 받지
   못한 선은 실망하는 마음이 들었을 것입니다.
5 여름 방학을 함께 보내고 순식간에 세상 누구보다 친한
   사이가 되었던 선을 외면한 것은 비겁한 행동입니다.
6 오늘이는 원천강으로 돌아가는 길에 매일이, 연꽃나무,
   구름이, 이무기를 만났습니다.
7 어려운 일(원천강으로 돌아가는 일)에도 결코 포기하지
   않고 목표를 이루어 내는 성격임을 알 수 있습니다.
8 태웅이가 반 친구들에게 쓴 편지입니다.

9 태웅이는 운동회 날이 기쁘면서도 두려웠습니다.
10 어디론가 숨고 싶었다는 것은 부끄러운 마음을 나타낸
   표현입니다.

다시 한 번 확인해요!

태웅이가 쓴 편지 읽기
• 마음을 나타내는 낱말: 쑥스러워서, 미안한, 고마워
• 전한 마음: 고마운 마음

11 지우가 당황했던 까닭은 도자기를 만들 때 생각처럼 잘
   되지 않았고, 만든 도자기가 상상했던 모양과 너무 달랐
   기 때문입니다.
12 지우가 체험학습 때 도자기 만드는 것을 도와주신 선생
   님께 고마운 마음을 전하려고 쓴 편지입니다.
13 아들의 안부를 묻고 좋은 사람이 되려고 힘써야 한다는
   당부의 말을 전하기 위해서 편지를 썼습니다.
14 '돌아갈 거란다'라는 말은 글쓴이가 어떻게 할 것인지를
   알리는 말입니다.
15 친구들이 관심을 보일 만한 내용을 소식으로 정하는 게
   좋습니다.

국어 활동 확인

1 앞으로 어떤 일이 일어날지 생각하며 그림을 참고하여
   이어질 내용을 써 봅니다.
2 편지에서 글쓴이의 마음을 느낄 수 있는 부분을 찾아봅
   니다.

 **2** 회   16~19쪽

1 ② 2 ⑤ 3 (2) ○ 4 ⑳ 다른 사람이 발표할 때 끼
어들었다. 5 ⑤ 6 @,@ 7 ④ 8 ③ 9 ② 10 ⑳
뒷자리로 돌아갈 까닭이 없었기 때문이다. 11 (1) 조심
성이 많다. (2) 소심하다. 12 ①, ③ 13 창훈 14 ②
15 ③

국어 활동 확인

1 (1) ○ (2) ○
2 ⑳ 그래, 괜찮아. 다음에는 더 조심하면 좋겠어.
3 ③

정답과 풀이 **1**

풀이

1 '주게.'는 '줘라.'보다 존중해 주는 듯한 느낌이 드는 말입니다.

2 자기에게 공손하게 대한 사람에게 고기를 더 많이 주었다는 뜻입니다.

3 "친구들과 사이좋게 지내려면……"으로 짐작할 수 있습니다.

4 찬우는 희정이가 발표할 때 끼어들었습니다.

5 다른 사람이 발표할 때 끼어들지 않아야 합니다. 의견을 말할 때에는 손을 들어 말할 기회를 얻고 발표합니다.

6 영철이가 쓴 대화명은 @.@입니다.

7 생각을 정확하게 표현하기 더 어려워질 것입니다.

8 이야기가 펼쳐지는 장소는 '버스 안'입니다.

9 사라는 버스의 앞쪽 자리에 특별한 게 있는지 궁금했지만 흑인은 늘 뒷자리에 앉아야 했습니다.

10 사라는 '뒷자리로 돌아갈 아무런 이유가 없어!'라고 생각했습니다.

11 윤아의 말을 듣고 손을 얼른 뺀 '나'의 행동에서 짐작할 수 있는 성격은 소심하고, 내성적입니다.

12 인물의 성격은 인물의 말이나 행동을 통해 파악할 수 있습니다.

13 창훈이가 애교를 부리는 것을 보면 장난을 좋아한다는 것을 짐작할 수 있습니다.

14 '이런 우진이를 어떻게 안 좋아할 수 있겠어요?'라는 말은 우진이를 좋아한다는 말입니다.

15 실제로 있는 일같이 생각하도록 이야기를 자연스럽게 꾸며 써야 하며 인물, 사건, 배경이 서로 어울리게 바꿔야 합니다.

국어 활동 확인

1 상대가 하는 이야기에 따라 적절하게 반응하며 들어야 합니다. 예절을 지키며 대화를 주고받으면 배려받는 것 같아 기분이 좋아집니다.

2 듣는 사람의 마음을 떠올려 보고 어떤 말을 해야 할지 생각해 씁니다.

3 이야기를 읽고 누가 어디에서 어떤 일을 하였는지 확인해 봅니다. '곱게 지어', '한복 짓는 아주머니'를 통해 이야기의 공간적 배경이 한복 만드는 집이라는 것을 알 수 있습니다.

 **국어 3 회** 22~25쪽

1 ④ 2 ② 3 ② 4 ⑤ 5 ⑩ 큰 손해를 입게 되었다.
6 ⑤ 7 ② 8 ③ 9 ⑩ 전 재산을 들여 곡식을 사 오게 하고 그것을 제주도 사람들에게 나누어 주었다.
10 ④ 11 ❹, ❷, ❶, ❸ 12 (3) ○ 13 ③ 14 ②, ⑤ 15 ⑩ 나라를 사랑하는 마음

국어 활동 확인

1 ⑩ 진짜 선진국이 되려면 겉모습뿐만 아니라 내면도 성숙해야 한다.

2 (1) 책 (2) 오류

3 (2) ○

풀이

1 '누가/무엇이+어찌하다'에서 '어찌하다'는 움직임을 나타내는 말인데 '빨갛다'는 '누가/무엇이'의 성질이나 상태를 나타내는 말입니다.

2 ①, ③, ④는 '누가/무엇이+어떠하다', ⑤는 '누가/무엇이+어찌하다'의 형식입니다.

3 ①, ⑤는 '누가+무엇이다', ③, ④는 '누가+어찌하다'와 같이 나눌 수 있습니다.

4 목화를 보관한 광에 쥐가 많아 목화를 어지럽히기도 하고 오줌을 싸기도 했기 때문에 고양이를 기르기로 하고 똑같이 돈을 내어 고양이를 샀습니다.

5 사건의 흐름을 생각하며 내용을 간추려 봅니다. 앞부분과 이야기의 흐름에 맞게 씁니다.

6 어제 만강에 댐을 건설할 수 있는지 알아보려고 담당자들이 상수리 마을을 방문하였습니다.

7 글쓴이는 상수리 마을에 댐 건설을 반대한다는 의견을 주장하였습니다. '우리 상수리에 댐을 건설하면 ……'에 댐 건설을 반대하는 까닭이 나타나 있습니다.

8 제주 목사가 '양반도 아닌 상인이 피땀 흘려 모은 재산을 제주도 사람들을 구하겠다고 모두 내놓다니 정말 어진 사람이구나.'라고 생각한 내용에서 김만덕이 상인 신분이라는 것을 알 수 있습니다.

9 김만덕은 "제가 전 재산을 들여 육지에서 사들인 곡식입니다. 굶주린 사람들에게 나누어 주십시오."라고 말하였습니다.

10 김만덕은 자신이 가진 것을 나누고 베푸는 삶을 살았습니다.

11 아버지를 따라 한양을 간 것은 열다섯 살, 거중기를 만든 것은 서른한 살, 『목민심서』라는 책을 펴낸 것은 쉰일곱 살입니다.

12 정약용은 백성의 어려운 삶을 지켜보면서 백성에게 도움이 되려고 맡은 일을 열심히 했습니다.

다시 한 번 확인해요!

정약용(1762~1836)

조선 후기 학자 겸 문신. 다산 정약용은 18세기 실학사상을 집대성한 한국 최대의 실학자이자 개혁가입니다. 주요 저서는 『목민심서』, 『경세유표』 등이 있습니다.

13 전기문은 인물의 삶을 업적 중심으로 쓴 글로, 가치관이나 신념, 당시의 현실 등이 나타납니다.

14 글 **다**를 읽어 봅니다.

15 유관순은 백여 년이 지난 지금까지도 나라를 사랑하는 마음을 일깨워 준다고 하였습니다.

국어 활동 확인

1 마지막 문장에 글쓴이의 의견이 제시되어 있습니다.

2 유희춘은 선조에게 책의 재미를 깨닫게 하였으며, 편찬된 책들의 오류를 바로잡고 새로이 찍어 냈습니다.

3 선조는 유희춘을 만난 뒤 책의 재미를 알게 되었습니다. 유희춘이 한 일을 살펴봅니다.

 **국어 ④ 회**   28~31쪽

1 (1) ② (2) ① (3) ③   2 예 책을 읽고 생각한 점이 잘 드러나게 제목을 붙일 수도 있어.   3 ②   4 ③   5 예 자식이 학교 가기 싫어하는 마음을 되돌리려고 노력하는 어머니의 마음이 느껴졌기 때문이다.   6 ②   7 ①   8 ⑤   9 예 아이 대신 아버지가 당나귀를 타고 가야 한다.   10 예 아이 대신 아버지가 당나귀에 탔을 것이다.   11 ⑤   12 ②   13 ㉠   14 ②   15 (1) ○ (2) ○

국어 활동 확인

1 (1) ② (2) ③ (3) ④ (4) ①
2 예 숲을 보호하자.

풀이

1 독서 감상문에는 책을 읽은 동기, 책 내용, 책을 읽고 생각하거나 느낀 점 등이 들어갑니다.

2 독서 감상문의 형식이 돋보이는 제목을 쓸 수 있습니다. 책을 읽고 생각한 점이 나타나게 붙일 수도 있습니다.

3 '나'는 학교에 가기 싫어합니다.

4 어머니는 지겟작대기로 풀잎의 이슬을 털면서 앞으로 나아가셨습니다.

5 어머니는 '나'의 옷에 이슬이 묻지 않도록 이슬을 털며 '나'의 앞에 서서 산길을 걸었습니다.

6 일기로 주인공의 생각이나 느낌을 표현한 것입니다.

7 읽는 사람이 정해져 있는 것은 편지글의 특징입니다. 이 글은 일기 형식으로 표현한 독서 감상문입니다.

8 농부는 당나귀를 끌고 가는 아버지와 아이를 미련하다며 비웃었습니다.

9 노인은 아이 대신 아버지가 당나귀를 타고 가야 한다고 하였습니다.

10 '노인의 말을 듣고 보니 정말 그렇지 않겠어요?' 라고 하였으므로 그대로 따랐을 것입니다.

11 글 **가**와 **나**는 모두 바람직한 독서 방법을 주제로 글을 썼습니다.

12 글쓴이의 의견을 평가할 때에는 가장 먼저 주제와 관련 있는지 살펴봐야 합니다.

13 한 분야의 책만 읽으면 시력이 나빠진다는 내용은 믿을 만하지 않습니다.

14 뒷받침 내용의 출처를 썼습니다.

15 문화재를 직접 관람하면 조상이 살았던 때를 생생하게 느낄 수 있다고 하였습니다.

국어 활동 확인

1 **가**에는 책을 읽게 된 동기, **나**에는 책 내용, **다**에는 책 내용과 관련해 자신을 되돌아보는 내용, **라**에는 책을 읽고 생각한 앞으로의 다짐을 썼습니다.

2 '우리는 이런 숲을 보호하고 생물들의 보금자리를 지켜 주어야 합니다.'에 글쓴이의 생각이 나타나 있습니다. '자원의 낭비를 막아야 합니다.', '나무를 베어 낸 숲은 다시 가꾸어야 합니다.'는 의견을 뒷받침하는 내용입니다. 의견과 뒷받침 내용은 밀접하게 관련 있어야 합니다.

1 ② 2 예 물어볼 필요 없이 정해져 있기 때문이다.
3 ③ 4 ① 5 ①, ② 6 예 아빠께서 차를 어디에 두
었는지 기억이 나지 않아 이리저리 찾아다니셨을 것이
다. 7 ①, ② 8 ② 9 ④ 10 예 동숙이는 김밥을 준
친구가 고맙게 느껴질 것 같다. 11 ❸ 12 꿈풀이
13 예 가기 싫은 마음 14 나쁜 15 ①

국어 활동 확인

1 ④ 2 ①, ⑤ 3 (1) ◯ (2) ◯

풀이

1 말하는 이는 비행기를 좋아합니다.
2 말하는 이의 머릿속에 온통 가득 찬 생각은 비행기입니
다. 그 점을 떠올려 써 봅니다.
3 말하는 이는 비행기 조종석이나 조수석에 앉아 있는 상
상을 합니다.
4 자신이 관심을 기울이는 일을 떠올린 경험이어야 합니
다. ②는 아쉽거나 부끄러웠던 일, ③은 선생님께 고마
웠던 일을 떠올린 경험입니다.

다시 한 번 확인해요!

시를 읽고 경험 말하기
• 시를 읽고 떠오르는 장면을 생각합니다.
• 자신의 머릿속에는 어떤 생각이 들어 있
  는지 나타내 봅니다.
• 시에서 말하는 이처럼 자신의 머릿속에 온통 가득 찬 생
  각이 무엇인지 떠올려 봅니다.

5 시에 담긴 마음을 알아보려면 인물의 말과 행동을 살펴
보고, 비슷한 경험을 떠올려 봅니다.
6 지하 주차장으로 차를 가지러 가신 아빠께서 차를 찾지
못하고 헤매고 다니셨습니다.
7 아빠께서는 걱정되고 다급했을 것 같습니다.
8 '아빠'와 '아이'의 역할이 있습니다. 아빠 역할을 맡은 친
구는 아빠의 속마음을 잘 표현하고 있습니다.
9 넘어지지만 않았어도 달걀이 들어간 김밥을 먹을 수 있
었을 것이기 때문에 동숙이는 무척 억울할 것 같습니다.
10 자신을 생각해 준 친구에게 어떤 마음이 들었는지 경험
을 떠올려 써 봅니다.

다시 한 번 확인해요!

「김밥」에서 동숙이에게 일어난 일

소풍에 달걀이 들어간 김밥
을 가져가고 싶었다.

쑥을 팔아서 달걀을 사고
싶은데 사 주지 않았다.

선생님 김밥을 싸야 한다고
어머니께 말씀드려서 아버
지의 병원비로 달걀 한 줄
을 사 오다가 넘어졌다.

11 망둥 할멈을 데리러 간 것은 멸치 대왕의 꿈이 아니라
현실에서 넓적 가자미가 겪은 일입니다.
12 멸치 대왕은 자신이 꾼 꿈이 무슨 꿈인지 몹시 궁금해서
넓적 가자미한테 꿈풀이를 잘한다는 망둥 할멈을 데려
오라고 했습니다.
13 넓적 가자미는 너무너무 졸려서 정말 가기 싫었지만 대
왕님의 명령이라 어쩔 수 없이 갔습니다.
14 넓적 가자미는 멸치 대왕한테 용이 되는 꿈이 아니라 큰
변을 당하게 될, 아주 나쁜 꿈이라고 말했습니다.
15 멸치 대왕은 넓적 가자미의 꿈풀이를 다 듣고 기분이 나
빠져서 넓적 가자미의 뺨을 때렸습니다.

다시 한 번 확인해요!

「멸치 대왕의 꿈」에 나오는 인물의 특성

인물	행동	성격
멸치 대왕	넓적 가자미의 뺨을 때린다.	화를 참지 못하고 기분이 쉽게 변한다.
넓적 가자미	삐쳐서 멸치 대왕의 꿈풀이를 나쁘게 한다.	속이 좁다.
망둥 할멈	멸치 대왕의 꿈풀이를 좋게 한다.	윗사람에게 아부를 잘한다.

국어 활동 확인

1 이 시의 제목은 「제기차기」입니다.
2 아이들은 신나게 제기차기를 하고 있습니다.
3 인물의 특성을 살려 표현하고, 이야기의 내용이 잘 전달
되었는지 확인합니다.

1 (1) 5 (2) 13, 1, 4　**2** $1\frac{3}{6}$ 시간　**3** 1, 2, 3, 4, 5

4 2, 3, 1　**5** $\frac{7}{12}$　**6** 예 어떤 수를 □라고 하면 □

$+\frac{4}{9}=1$, □$=1-\frac{4}{9}=\frac{5}{9}$ 이므로 바르게 계산한 값은

$\frac{5}{9}-\frac{4}{9}=\frac{1}{9}$ 입니다. 따라서 바르게 계산한 값과 잘못

계산한 값의 차는 $1-\frac{1}{9}=\frac{8}{9}$ 입니다. ; $\frac{8}{9}$　**7** (위에서

부터) $2\frac{2}{5}$, $2\frac{4}{5}$　**8** $2\frac{3}{4}+1\frac{2}{4}=4\frac{1}{4}$　**9** (1) $8\frac{5}{7}$

(2) $8\frac{3}{10}$　**10** 예 집에서 약국을 거쳐 병원까지 가는

거리는 $1\frac{2}{4}+\frac{7}{4}=1\frac{2}{4}+1\frac{3}{4}=3\frac{1}{4}$ (km)이므로 집

에서 곧바로 병원까지 가는 거리보다 $3\frac{1}{4}-2\frac{3}{4}=$

$\frac{2}{4}$ (km) 더 멉니다. ; $\frac{2}{4}$ km　**11** $\frac{3}{5}$　**12** $3\frac{3}{10}$ kg

13 $1\frac{2}{7}$　**14** 9, 9, 3, 4, 3 4　**15** $=5\frac{8}{6}-3\frac{5}{6}=2\frac{3}{6}$

16 $=4\frac{13}{9}-2\frac{7}{9}=(4-2)+(\frac{13}{9}-\frac{7}{9})=2+\frac{6}{9}=2\frac{6}{9}$

17 ⑤　**18** $7\frac{5}{8}$ cm　**19** $\frac{2}{5}$ m　**20** 7, 5, 2, 4 ; $5\frac{1}{10}$

탐구 서술형 평가

1 예 (㉠에서 ㉢까지의 거리)=(㉠에서 ㉡까지의

거리)+(㉢에서 ㉣까지의 거리)$=4\frac{4}{5}+3\frac{4}{5}$

$=7\frac{8}{5}=8\frac{3}{5}$ (km)입니다. (㉠에서 ㉡까지의

거리)=(㉠에서 ㉣까지의 거리)-(㉡에서 ㉣까

지의 거리)$=8\frac{3}{5}-5\frac{4}{5}=7\frac{8}{5}-5\frac{4}{5}$

$=2\frac{4}{5}$ (km)입니다. ; $2\frac{4}{5}$ km

2 예 직사각형의 세로를 □ cm라고 하면 □

$+3\frac{3}{4}+$□$+3\frac{3}{4}=15\frac{2}{4}$, □$+$□$+7\frac{2}{4}$

$=15\frac{2}{4}$, □$+$□$=8$, □$=4$입니다. 따라서

세로가 $4-3\frac{3}{4}=\frac{1}{4}$ (cm) 더 깁니다. ; 세로,

$\frac{1}{4}$ cm

풀이

1 (1) $\frac{2}{7}+\frac{3}{7}=\frac{2+3}{7}=\frac{5}{7}$

(2) $\frac{7}{9}+\frac{6}{9}=\frac{7+6}{9}=\frac{13}{9}=1\frac{4}{9}$

2 (어제와 오늘 책을 읽은 시간)$=\frac{4}{6}+\frac{5}{6}=\frac{9}{6}=1\frac{3}{6}$

3 분모가 13인 가장 큰 진분수는 $\frac{12}{13}$이고

$\frac{7}{13}+\frac{□}{13}=\frac{7+□}{13}$입니다. 따라서 □ 안에 들어갈

수 있는 자연수는 1, 2, 3, 4, 5입니다.

4 $1-\frac{5}{12}=\frac{12}{12}-\frac{5}{12}=\frac{7}{12}$, $\frac{3}{12}+\frac{2}{12}=\frac{5}{12}$,

$\frac{11}{12}-\frac{3}{12}=\frac{8}{12}$ ➡ $\frac{8}{12}>\frac{7}{12}>\frac{5}{12}$

5 (두 수의 합)$=\frac{6}{12}+\frac{5}{12}=\frac{11}{12}$ ➡ $\frac{11}{12}-\frac{4}{12}=\frac{7}{12}$

7 $1\frac{3}{5}+\frac{4}{5}=1+\frac{7}{5}=1+1\frac{2}{5}=2\frac{2}{5}$

$1\frac{3}{5}+1\frac{1}{5}=2+\frac{4}{5}=2\frac{4}{5}$

8 수직선에서 작은 눈금 한 칸은 $\frac{1}{4}$ 을 나타냅니다.

9 (2) $4\frac{7}{10}+3\frac{6}{10}=7+\frac{13}{10}=8\frac{3}{10}$

11 어떤 수를 □라고 하면 □$+1\frac{2}{5}=3\frac{1}{5}$,

□$=3\frac{1}{5}-1\frac{2}{5}=1\frac{4}{5}$ ➡ $1\frac{4}{5}-1\frac{1}{5}=\frac{3}{5}$

12 $60-56\frac{7}{10}=59\frac{10}{10}-56\frac{7}{10}=3\frac{3}{10}$ (kg)

13 $5-3\frac{5}{7}=4\frac{7}{7}-3\frac{5}{7}=1\frac{2}{7}$

14 빼어지는 분수의 자연수에서 1만큼을 가분수로 바꾸어

자연수는 자연수끼리, 분수는 분수끼리 빼어 계산합니다.

15 $6\frac{2}{6}$를 $5\frac{8}{6}$로 바꾸어 자연수는 자연수끼리, 분수는 분수끼리 빼서 나온 값을 더합니다.

16 $\frac{4}{9}$에서 $\frac{7}{9}$을 뺄 수 없으므로 $5\frac{4}{9}$를 $4\frac{13}{9}$으로 바꾸어 계산해야 합니다.

17 ①, ②, ③, ④$=3\frac{3}{8}$, ⑤$=4\frac{3}{8}$

18 $15\frac{2}{8}-7\frac{5}{8}=14\frac{10}{8}-7\frac{5}{8}=7\frac{5}{8}$ (cm)

19 겹쳐지기 전의 두 색 테이프의 길이는 $1\frac{1}{5}+\frac{4}{5}=2$ (m)입니다. 겹쳐진 부분의 길이를 □라고 하면 □$=2-1\frac{3}{5}=\frac{2}{5}$(m)입니다.

20 계산 결과가 가장 큰 수가 되려면 가장 큰 분수에서 가장 작은 분수를 빼야 합니다.

➡ $7\frac{5}{10}-2\frac{4}{10}=5\frac{1}{10}$ 입니다.

탐구 서술형 평가

1

상	㉠~㉣의 거리를 구하는 것을 바르게 서술하고, ㉠~㉡의 거리는 몇 km인지 구하는 것을 바르게 서술하였습니다.
중	㉠~㉣의 거리를 구하는 것을 바르게 서술하였지만, ㉠~㉡의 거리는 몇 km인지 구하는 것을 바르게 서술하지 못했습니다.
하	㉠~㉣의 거리를 구하는 것과, ㉠~㉡의 거리는 몇 km인지 구하는 것을 바르게 서술하지 못했습니다.

2

상	직사각형의 세로를 구하는 것을 바르게 서술하고, 가로와 세로 중 어느 쪽이 몇 cm 더 긴지 구하는 것을 바르게 서술하였습니다.
중	직사각형의 세로를 구하는 것을 바르게 서술하였지만, 가로와 세로 중 어느 쪽이 몇 cm 더 긴지 구하는 것을 바르게 서술하지 못했습니다.
하	직사각형의 세로를 구하는 것과, 가로와 세로 중 어느 쪽이 몇 cm 더 긴지 구하는 것을 바르게 서술하지 못했습니다.

수학 2회
48~51쪽

1 가, 다 **2** (1) 9 (2) 8 **3** 7 **4** 7 cm **5** 예 사각형 ㄱㄴㄹㅁ의 네 변의 길이의 합은 정삼각형의 한 변의 길이의 5배와 같으므로 정삼각형의 한 변의 길이는

45÷5=9 (cm)입니다. 따라서 삼각형 ㄱㄷㅁ의 세 변의 길이의 합은 $9×3=27$ (cm)입니다. ; 27 cm **6** 풀이 참조 **7** 30, 30 **8** 35° **9** 풀이 참조 **10** ⑤ **11** 풀이 참조 ; 정삼각형 **12** 120° **13** 예 (각 ㄴㄱㄷ)=60°, (각 ㄹㄱㄷ)=(각 ㄹㄷㄱ)=180°−50°=130°이므로 (각 ㄹㄱㄷ)=130°÷2=65입니다. 따라서 ㉠=60°+65°=125°입니다. ; 125° **14** 가, 나, 마 **15** 3개 **16** 풀이 참조 **17** ㉠, ㉡, ㉢ **18** ②, ④ **19** ㉡ **20** ②, ⑤

탐구 서술형 평가

1 예 삼각형 ㄱㄴㄹ은 이등변삼각형이므로 (변 ㄱㄹ)=8 cm입니다. 정삼각형의 한 변인 변 ㄴㄷ의 길이를 □ cm라고 하면 $8+□+□+8=26$, $□+□=10$, $□=5$ (cm)입니다. 따라서 정삼각형 ㄴㄷㄹ의 세 변의 길이의 합은 $5+5+5=15$ (cm)입니다. ; 15 cm

2 예 삼각형 ㄱㄷㄹ은 이등변삼각형이므로 (각 ㄱㄷㄹ)=180°−20°−20°=140° 입니다. (각 ㄱㄷㄴ)=180°−140°=40°이고 삼각형 ㄱㄷㄴ은 이등변삼각형이므로 ㉠+(각 ㄷㄱㄴ)=180°−40°=140°, ㉠=140°÷2=70°입니다. 따라서 각 ㉠의 크기는 70입니다. ; 70°

풀이

1 자를 사용하여 두 변의 길이가 같은 삼각형을 찾으면 가와 다입니다.

3 (정삼각형의 세 변의 길이의 합)=$6×3=18$ (cm)이므로 □+□+4=18, □+□=14, □=7

4 길이가 같은 두 변의 길이의 합은 $24−10=14$ (cm)이므로 길이가 같은 두 변 중 한 변의 길이는 $14÷2=7$ (cm)입니다.

6 예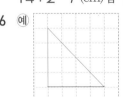
주어진 선분과 같은 길이의 변을 그려서 이등변삼각형을 완성합니다.

7 이등변삼각형은 두 각의 크기가 같으므로
$120°+□+□=180°$, $□+□=60°$, $□=30°$

8 ㉠=180°−35°−35°=110°
㉡=180°−35°=145°
㉡−㉠=145°−110°=35°

9 ㉖ 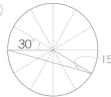 반지름을 이용하여 그린 삼각형은 이등변삼각형입니다. 이등변삼각형의 크기가 같은 두 각 중 한 각이 15°이면

180°−15°−15°=150°로 크기가 같지 않은 한 각이 150°가 됩니다. 따라서 30°를 5번 포함하는 반지름을 두 변으로 하는 삼각형을 그립니다.

10 모든 정삼각형은 이등변삼각형이라고 할 수 있습니다.

11 각 변의 길이는 2.5 cm, 2.5 cm, 2.5 cm입니다. 세 변의 길이가 같으므로 정삼각형입니다.

12 (각 ㄱㄷㄴ)=60°이므로 ㉠=180°−60°=120°

14 가, 나, 마는 예각삼각형, 다는 직각삼각형, 라, 바는 둔각삼각형입니다.

15 예각삼각형은 나, 마, 바로 모두 3개입니다.

16 ㉖ 세 각이 모두 예각인 이등변삼각형을 그립니다.

17 만들 수 있는 삼각형은 세 변의 길이가 같은 삼각형이므로 정삼각형입니다. 정삼각형은 이등변삼각형이라고 할 수 있고 세 각이 모두 60°이므로 예각삼각형입니다.

18 ② 모든 정삼각형은 이등변삼각형이라고 할 수 있지만, 모든 이등변삼각형이 정삼각형이라고 할 수는 없습니다. ④ 이등변삼각형 중 한 각이 둔각인 삼각형만 둔각삼각형입니다.

19 나머지 한 각의 크기를 알아봅니다.
㉠ 180°−15°−75°=90° ➡ 직각삼각형
㉡ 180°−40°−25°=115° ➡ 둔각삼각형
㉢ 180°−85°−45°=50° ➡ 예각삼각형
㉣ 180°−65°−40°=75° ➡ 예각삼각형

20 (나머지 한 각의 크기)=180°−70°−40°=70°이므로 이 삼각형의 세 각의 크기는 70°, 70°, 40°입니다. 따라서 이등변삼각형과 예각삼각형입니다.

1

상	변 ㄱㄹ과 변 ㄴㄷ의 길이를 구하는 것을 바르게 서술하고 삼각형 ㄴㄷㄹ의 세 변의 길이의 합은 몇 cm인지 바르게 구했습니다.
중	변 ㄱㄹ과 변 ㄴㄷ의 길이를 구하는 것을 바르게 서술하였지만 삼각형 ㄴㄷㄹ의 세 변의 길이의 합은 몇 cm인지 바르게 구하지 못했습니다.
하	변 ㄱㄹ과 변 ㄴㄷ의 길이를 구하는 것과 삼각형 ㄴㄷㄹ의 세 변의 길이의 합은 몇 cm인지 구하는 것을 바르게 서술하지 못했습니다.

2

상	각 ㄱㄷㄹ과 각 ㄱㄷㄴ의 크기를 구하는 것을 바르게 서술하고 ㉠의 크기는 몇 도인지 바르게 구했습니다.
중	각 ㄱㄷㄹ과 각 ㄱㄷㄴ의 크기를 구하는 것을 바르게 서술하였지만 ㉠의 크기는 몇 도인지 바르게 서술하지 못했습니다.
하	각 ㄱㄷㄹ과 각 ㄱㄷㄴ의 크기를 구하는 것과, ㉠의 크기는 몇 도인지 구하는 것을 바르게 서술하지 못했습니다.

수학 **3**회

1 ㉠ 0.82 ㉡ 영 점 팔이 **2** 0.73 m **3** 풀이 참조 **4** ①, ④ **5** 12.807 **6** (1) < (2) > **7** 놀이터 **8** ③ **9** 0.375 kg **10** ㉖ ㉠은 일의 자리 숫자이므로 나타내는 수는 5이고, ㉡은 소수 둘째 자리 숫자이므로 나타내는 수는 0.05입니다. 5는 0.05의 100배인 수이므로 ㉠이 나타내는 수는 ㉡이 나타내는 수의 100배입니다. ; 100배 **11** (1) 2.5 (2) 21.81 **12** 14.96 **13** 풀이 참조 **14** 2.1 kg **15** 3.8 **16** 3.56 **17** 5.07 **18** (위에서부터) 3, 7, 1 **19** 0.37 m **20** ㉖ 어떤 수를 □라고 하면 □+1.75=5.02, □=5.02−1.75=3.27입니다. 따라서 바르게 계산한 값은 3.27−1.75=1.52입니다. ; 1.52

탐구 서술형 평가

1 ㉖ 강아지는 토끼보다 0.25 kg 더 무겁고 고양이는 토끼보다 0.32 kg 더 무거우므로 가장 무거운 동물은 고양이, 가장 가벼운 동물은 토끼입니다. 따라서 가장 가벼운 동물인 토끼의 무게는 3.1−0.32=2.78 (kg)입니다. ; 2.78 kg

2 예 만들 수 있는 가장 큰 소수 두 자리 수는 94.01, 가장 작은 소수 두 자리 수는 10.49 입니다. 따라서 두 소수의 차를 구하면 94.01−10.49=83.52입니다. ; 83.52

풀이

1 작은 눈금 한 칸은 0.01을 나타내므로 색칠한 부분의 크기는 0.82이고 '영 점 팔이'라고 읽습니다.

2 1 m=100 cm이므로 1 cm는 분수로 $\frac{1}{100}$ m, 즉 0.01 m입니다. 따라서 73 cm=0.73 m입니다.

3
```
├──┼──┼──┼──┼──┼──┼──┼──┼──┼──┤
 0.72              0.727         0.73
```
작은 눈금 한 칸은 0.001을 나타내므로 0.72에서 오른쪽으로 7칸 간 곳에 ↑로 나타냅니다.

4 ② 육 점 영팔사라고 읽습니다.
③ 0.01 큰 수는 6.094입니다.
⑤ 소수 셋째 자리 숫자는 4입니다.

5
```
1이 12개      → 12
0.1이 8개     →  0.8
0.001이 7개   →  0.007
              12.807
```

6 (1) 0.27 < 0.28   (2) 4.01 > 4.009
      7<8   1>0

7 590 m=0.59 km이므로 0.509<0.54<0.59입니다.

8 ① 0.36 ② 0.63 ③ 0.306 ④ 0.6 ⑤ 0.603

9 금 100돈의 무게는 금 한 돈의 무게의 100배이므로 375 g입니다. 375 g=0.375 kg

11 (1)
```
   0.8
+ 1.7
   2.5
```
(2)
```
  18.6 5
+  3.1 6
  21.8 1
```

12 ㉠=13.6, ㉡=1.36
➡ ㉠+㉡=13.6+1.36=14.96

13
```
   0.9 5
+  0.4
   1.3 5
```
소수점의 자리를 맞추어 계산합니다.

14 (처음에 봉지에 들어 있던 밀가루의 무게)
   =(사용한 밀가루의 무게)+(사용하고 남은 밀가루의 무

게)=1.35+0.75=2.1 (kg)

15 □+0.7=4.5이므로 □=4.5−0.7=3.8

16 가장 큰 수는 7.56이므로
   7.56−3.58−0.42=3.98−0.42=3.56입니다.

17 ㉠=8.3 ㉡=3.23 ➡ ㉠−㉡=8.3−3.23=5.07

18
```
   4.5 ㉠
−  2.㉡ 6
   ㉢.7 7
```
㉠+10−6=7, ㉠=3
5−1+10−㉡=7, ㉡=7
4−1−2=㉢, ㉢=1

19 (한 달 전에 잰 강낭콩의 길이)
   =(오늘 잰 길이)−(한 달 동안 자란 길이)
   =0.91−0.54=0.37 (m)

탐구 서술형 평가

1

상	가장 무거운 동물과 가장 가벼운 동물을 바르게 구하고, 가장 가벼운 동물의 무게를 구하는 것을 바르게 서술하였습니다.
중	가장 무거운 동물과 가장 가벼운 동물을 바르게 구하였지만, 가장 가벼운 동물의 무게를 구하는 것을 바르게 서술하지 못했습니다.
하	가장 무거운 동물과 가장 가벼운 동물을 구하는 것과, 가장 가벼운 동물의 무게를 구하는 것을 바르게 서술하지 못했습니다.

2

상	만들 수 있는 가장 큰 소수 두 자리 수와 가장 작은 소수 두 자리 수를 바르게 구하고, 그 차는 얼마인지 구하는 것을 바르게 서술했습니다.
중	만들 수 있는 가장 큰 소수 두 자리 수와 가장 작은 소수 두 자리 수를 바르게 구했지만, 그 차는 얼마인지 구하는 것을 바르게 서술하지 못했습니다.
하	만들 수 있는 가장 큰 소수 두 자리 수와 가장 작은 소수 두 자리 수를 구하는 것과, 그 차는 얼마인지 구하는 것을 바르게 서술하지 못했습니다.

수학 ④ 회

60~63쪽

1 ③, ⑤ 2 풀이 참조 3 풀이 참조 4 ㉢ 5 변 ㅇㅅ, 변 ㅂㅁ, 면 ㄹㄷ 6 3개 7 풀이 참조 ; 3 cm 8 ⑤ 9 ㉠, ㉢ 10 ㉠ 60° ㉡ 120° 11 6 12 (왼쪽부터) 120, 9 13 가, 나, 다, 라 ; 가, 다, 라 ; 가, 라 14 ④, ⑤ 15 10 cm 16 예 마름모에서 서로 이웃한 두 각의 크기의 합이 180°이므로 (각 ㄴㄷㄹ)=180°−65° =115°입니다. (각 ㄴㄷㄹ)+㉠=180°이므로 115°

+㉠=180°, ㉠=180°-115°=65°입니다. ; 65°
17 (위에서부터) 90, 8 **18** ㉡, ㉣ **19** ②, ④, ⑤
20 예 가로에 6장씩 세로로 2줄 놓을 수 있으므로 모두 6×2=12(장)이 필요합니다. ; 12장

1 예 평행사변형에서 이웃한 두 각의 크기의 합은 180°이므로 (각 ㄴㄷㅂ)=180°-125°=55°입니다. 정사각형은 네 각이 모두 90°이므로 (각 ㄹㄷㅂ)=90°입니다. 따라서 ㉠=55°+90°=145°입니다. ; 145°

2 예 수선이 있는 글자는 ㄱ, ㄷ, ㄹ, ㅋ, ㅍ이고, 평행선이 있는 글자는 ㄷ, ㄹ, ㅊ, ㅋ, ㅍ, ㅎ입니다. 따라서 수선도 있고 평행선도 있는 글자는 ㄷ, ㄹ, ㅋ, ㅍ으로 모두 4개입니다. ; 4개

풀이

1 두 직선이 만나서 이루는 각이 직각인 것은 ③, ⑤입니다.

2 예

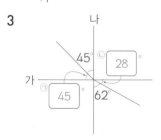

수선을 그을 때에는 삼각자의 직각 부분을 이용하거나 각도기에서 90°인 부분을 이용합니다.

3

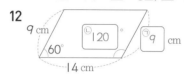

45°+㉠=90° ➡ ㉠=45°, ㉡+62°=90° ➡ ㉡=28°

4 ㉢ 평행한 두 직선은 서로 만나지 않으므로 이루는 각이 없습니다.

5 변 ㄱㄴ과 만나지 않는 변을 찾습니다.

7

삼각자의 한 변은 직선 ㄴㄷ에 맞추고 다른 한 변이 점 ㄱ을 지나도록 놓은 후 다른 삼각자를 사용하여 점 ㄱ을 지나고 직선

ㄴㄷ에 평행한 직선을 긋습니다. 그은 평행선 사이의 거리를 재어 보면 3 cm입니다.

8 ⑤는 평행한 변이 없습니다.

9 적어도 한 쌍의 변이 평행하도록 그려지는 점은 ㉠과 ㉢입니다.

10 평행사변형은 마주 보는 두 각의 크기가 같으므로 ㉠=60°입니다. 또 이웃하는 두 각의 크기의 합이 180°이므로 60°+㉡=180°, ㉡=180°-60°=120°입니다.

11 (가의 네 변의 길이의 합)=8×4=32 (cm)이므로
10+□+10+□=32, □+□=12, □=6

12

9 cm, 60°, 14 cm, ㉡ 20, ㉠ 9 cm

평행사변형은 마주 보는 두 변의 길이가 서로 같으므로

㉠=9, 이웃한 두 각의 크기의 합이 180°이므로 60°+㉡=180°, ㉡=180°-60°=120°입니다.

18 직사각형은 마주 보는 두 쌍의 변이 서로 평행하므로 평행사변형이고 사다리꼴입니다.

19

다		
바	마	

다 마 바

다 마 바

20 예

(모눈 위에 화살표 모양 3개)

1

상	각 ㄴㄷㅂ과 각 ㄹㄷㅂ의 크기를 구하는 것을 바르게 서술하였고 ㉠의 크기는 몇 도인지 구하는 것을 바르게 서술하였습니다.
중	각 ㄴㄷㅂ과 각 ㄹㄷㅂ의 크기를 구하는 것을 바르게 서술하였지만, ㉠의 크기는 몇 도인지 구하는 것을 바르게 서술하지 못했습니다.
하	각 ㄴㄷㅂ과 각 ㄹㄷㅂ의 크기를 구하는 것과, ㉠의 크기는 몇 도인지 구하는 것을 바르게 서술하지 못하였습니다.

2

상	수선이 있는 글자와 평행선이 있는 글자를 바르게 찾고, 수선도 있고 평행선도 있는 글자는 모두 몇 개인지 구하는 것을 바르게 서술하였습니다.
중	수선이 있는 글자와 평행선이 있는 글자를 바르게 찾았지만, 수선도 있고 평행선도 있는 글자는 모두 몇 개인지 구하는 것을 바르게 서술하지 못했습니다.
하	수선이 있는 글자와 평행선이 있는 글자를 바르게 찾지 못하여 답을 구하지 못했습니다.

1 (나) 그래프   2 같은 점: 예 가로는 월, 세로는 키를 나타냅니다. 다른 점: 예 (가) 그래프는 막대로, (나) 그래프는 점과 선으로 나타냈습니다.   3 ㉠ 시각 ㉡ 온도
4 1℃   5 교실의 온도 변화   6 예 약 18℃   7 150상자   8 예 110상자 줄었습니다.   9 ㉠ 요일 ㉡ 체온
10 ①   11 예 0℃와 36.5℃ 사이   12 풀이 참조
13 막대그래프   14 꺾은선그래프   15 풀이 참조
16 30, 28, 36 ; 풀이 참조   17 예 월요일부터 금요일까지 판매한 공책은 모두 12+18+30+28+36 =124(권)이므로 판매 금액은 124×600= 74400(원)입니다. ; 74400원   18 풀이 참조
19 예 44명   20 4점

탐구 서술형 평가

1 풀이 참조 ; 예 10일의 기온이 21℃이므로 9일의 기온은 21-0.4=20.6(℃)입니다. 따라서 표와 그래프를 완성해 보면 기온이 가장 높은 날은 8일이고 가장 낮은 날은 9일이므로 온도 차는 22.6-20.6=2(℃)입니다. ; 2℃

2 예 수현이가 4월에 읽은 책 수를 □권이라고 하면, 14+11+5+□+□=44, 30+□ +□=44, □+□=14, □=7입니다. 따라서 수현이가 4월에 읽은 책은 7권입니다. ; 7권

풀이

4 세로 눈금 5칸이 5℃를 나타내므로 세로 눈금 한 칸은 5÷5=1(℃)를 나타냅니다.

6 오후 1시 30분의 온도는 오후 1시와 오후 2시 사이의 온도입니다.

7 사과 판매량이 가장 많았던 때는 1월이고 이때의 배 판매량은 150상자입니다.

8 전월에 비해 사과 판매량이 가장 많이 늘어난 때는 11월이고, 190-80=110(상자) 줄었습니다.

10 체온의 변화를 0.1℃ 단위로 나타내고 있으므로 세로 눈금 한 칸은 0.1℃로 하면 좋습니다.

11 가장 낮은 체온이 36.6℃이기 때문에 0°에서 36.5℃ 사이에 물결선을 넣으면 좋겠습니다.

12 예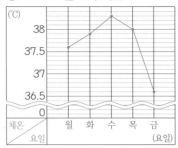
길호의 체온

13 각 자료의 상대적인 크기를 비교할 때는 막대그래프, 연속적으로 변화하는 모양을 알아볼 때는 꺾은선그래프가 알맞습니다.

14 자료의 변화 정도를 알아볼 때는 꺾은선그래프가 알맞습니다.

15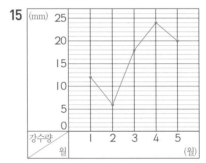

16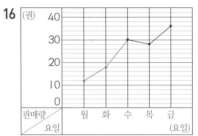

18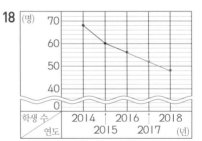

세로 눈금 한 칸은 2명을 나타내므로 2018년의 학생 수는 48명입니다. 따라서 2017년의 학생 수는 48+4=52(명)입니다.

19 학생 수가 2015년부터 매년 4명씩 줄어들고 있으므로 2019년의 학생 수는 2018년에서 4명 줄어든 44명으로 예상할 수 있습니다.

20 영어 점수가 가장 높을 때는 점이 가장 높이 찍혀 있는 7월입니다. 7월의 영어 점수는 96점, 수학 점수는 92점이므로 점수의 차는 96-92=4(점)입니다.

1

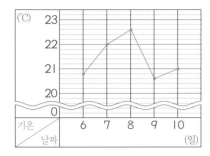

상 그래프를 완성하고, 기온이 가장 높은 날과 가장 낮은 날의 온도 차를 구하는 것을 바르게 서술하였습니다.

중 그래프를 완성하였지만, 기온이 가장 높은 날과 가장 낮은 날의 온도 차를 구하는 것을 바르게 서술하지 못했습니다.

하 그래프를 완성하지 못하고, 기온이 가장 높은 날과 가장 낮은 날의 온도 차를 구하는 것을 바르게 서술하지 못했습니다.

2

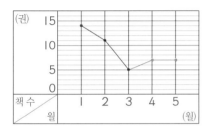

상 수현이가 4월과 5월에 읽은 책은 모두 몇 권인지 구하는 것을 바르게 서술하고, 4월에 읽은 책 수를 구하는 것을 바르게 서술하였습니다.

중 수현이가 4월과 5월에 읽은 책은 모두 몇 권인지 구하는 것을 바르게 서술했지만, 4월에 읽은 책 수를 구하는 것을 바르게 서술하지 못했습니다.

하 수현이가 4월과 5월에 읽은 책은 모두 몇 권인지 구하는 것과, 4월에 읽은 책 수를 구하는 것을 바르게 서술하지 못했습니다.

 **6 회**　　72~75쪽

1 (1) 육각형 (2) 팔각형　**2** 풀이 참조　**3** ①　**4** 정육각형　**5** 가 ; 예 변의 길이와 각의 크기가 모두 같지 않기 때문입니다.　**6** (위에서부터) 6, 120　**7** 정구각형　**8** 5 cm　**9** ③　**10** 15개　**11** 정사각형, 2개　**12** 720°　**13** 마름모, 정사각형　**14** 이등변삼각형
15 예 마름모의 한 대각선은 다른 대각선을 똑같이 반으로 나누므로 (선분 ㄱㅁ)=(선분 ㅁㄷ)=6 cm입니다. (선분 ㄱㄷ)=6+6=12 (cm)이므로 (선분 ㄴㄹ)=30−12=18 (cm)이고, (선분 ㄴㅁ)=18÷2= 9 (cm)

입니다. ; 9 cm　**16** 3개　**17** 3개　**18** 풀이 참조
19 ㉣　**20** 36°

1 예 (변 ㄱㄴ)=(변 ㄹㄷ)=10 cm입니다. 직사각형은 두 대각선의 길이가 같고, 한 대각선이 다른 대각선을 똑같이 반으로 나누므로 (선분 ㄱㅁ)=(선분 ㅁㄷ)=(선분 ㄴㅁ)=(선분 ㅁㄹ)=13 cm입니다. 따라서 (삼각형 ㄱㄴㅁ의 세 변의 길이의 합)=10+13+13=36 (cm)입니다. ; 36 cm

2 예 정팔각형은 사각형 3개로 나누어지므로 (모든 각의 크기의 합)=360°×3=1080°이고, (한 각의 크기)=1080°÷8=135°입니다. 정삼각형의 한 각의 크기는 60°이므로 ㉠=135°+60°=195°입니다. ; 195°

풀이

1 (1) 변이 6개인 다각형은 육각형입니다.
　(2) 변이 8개인 다각형은 팔각형입니다.

2 예

칠각형은 7개의 선분으로 둘러싸인 도형입니다.

3 ① 변의 길이와 관계없이 선분으로만 둘러싸여 있으면 다각형입니다.

4 6개의 선분으로 둘러싸인 다각형은 육각형이고, 변의 길이와 각의 크기가 모두 같으므로 정육각형입니다.

6 정다각형은 변의 길이가 모두 같고 각의 크기가 모두 같습니다.

7 정다각형은 변의 길이가 모두 같으므로 (변의 수)=63÷7=9(개)이므로 정구각형입니다.

8 (정오각형의 변의 길이의 합)=6×5=30 (cm)이므로 (정육각형의 한 변의 길이)=30÷6=5 (cm)입니다.

9 ③ 선분 ㄱㅁ은 두 꼭짓점을 이은 선분이 아니므로 대각선이 아닙니다.

10 오각형의 대각선 수는 5개, 팔각형의 대각선 수는 20개이므로 차는 20−5=15(개)입니다.

12

	정사각형	정오각형	정육각형
대각선 수(개)	2	5	9

대각선이 9개인 정다각형은 정육각형입니다. 정육각형은 사각형 2개로 나누어지므로
(모든 각의 크기의 합)=360°×2=720°입니다.

13

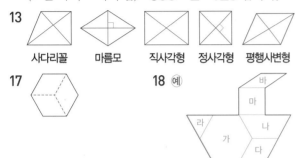

사다리꼴　마름모　직사각형　정사각형　평행사변형

17　　　　　　**18** 예

19 다각형으로 바닥을 빈틈없이 채우려면 꼭짓점을 중심으로 360°가 되어야 합니다. 정오각형은 한 각이 108°이므로 꼭짓점을 중심으로 360°를 만들 수 없습니다.

20 정오각형은 삼각형 3개로 나누어지므로 모든 각의 크기의 합은 180°×3=540°이고 한 각의 크기는
540°÷5=108°입니다. ➡ (각 ㄴㄱㅁ)=108°
삼각형 ㄱㄴㅁ은 이등변삼각형이므로
㉠+(각 ㄱㅁㄴ)=180°−108°=72°,
㉠=72°÷2=36°입니다.

탐구 서술형 평가

1

상	변 ㄱㄴ, 선분 ㄱㅁ, 선분 ㄴㅁ의 길이를 구하는 것을 바르게 서술하고, 삼각형 ㄱㄴㅁ의 세 변의 길이의 합은 몇 cm인지 구하는 것을 바르게 서술했습니다.
중	변 ㄱㄴ, 선분 ㄱㅁ, 선분 ㄴㅁ의 길이를 구하는 것을 바르게 서술했지만, 삼각형 ㄱㄴㅁ의 세 변의 길이의 합은 몇 cm인지 구하는 것을 바르게 서술하지 못했습니다.
하	변 ㄱㄴ, 선분 ㄱㅁ, 선분 ㄴㅁ의 길이를 구하는 것과, 삼각형 ㄱㄴㅁ의 세 변의 길이의 합은 몇 cm인지 구하는 것을 바르게 서술하지 못했습니다.

2

상	정팔각형의 한 각의 크기를 구하는 것을 바르게 서술하고, ㉠의 크기는 몇 도인지 구하는 것을 바르게 서술했습니다.
중	정팔각형의 한 각의 크기를 구하는 것을 바르게 서술했지만, ㉠의 크기는 몇 도인지 구하는 것을 바르게 서술하지 못했습니다.
하	정팔각형의 한 각의 크기를 구하는 것과, ㉠의 크기는 몇 도인지 구하는 것을 바르게 서술하지 못했습니다.

[사회]

 **1**회　　　　80~83쪽

1 촌락　**2** ③　**3** ⑤　**4** ㉠, ㉣, ㉫　**5** ⑤　**6** ⑤　**7** 예 촌락에는 높은 건물이 많지 않으나, 도시에는 높은 건물이 많다.　**8** 현승　**9** ③, ④　**10** 예 우리나라는 전체 인구 중 도시에 사는 인구가 매우 많기 때문이다.　**11** ③　**12** ㉡　**13** ②　**14** ②　**15** 생산물　**16** ③　**17** 예 깨끗한 자연환경 속에서 여유로운 생활을 체험하기 위해서이다.　**18** ⑤　**19** ⑤　**20** 상호 의존

서술형 평가

1 (1) 촌락 (2)

농촌	예 논과 밭에서 곡식이나 채소를 기르는 일을 한다.
어촌	예 바다에서 물고기를 잡거나 기르고, 김과 미역을 기르는 일을 한다.
산지촌	예 산에서 나무를 가꾸어 베거나 산나물을 캐는 일을 한다.

2

촌락 사람	예 도시 사람들이 축제에 참여하는 동안 촌락의 식당, 상점, 숙박 시설을 많이 이용하기 때문에 촌락의 경제에 도움을 준다.
도시 사람	예 지역 축제에 참여해 여가를 즐겁고 보람있게 보낼 수 있다.

풀이

1 자연환경을 이용하여 살아가는 지역을 촌락이라고 합니다.

4 인구가 밀집해 있고 사회, 정치, 경제 활동의 중심이 되는 곳을 도시라고 합니다.

6 도시의 모습을 조사할 때에는 조사할 도시 결정하기→조사 내용 정하기→조사 방법 결정하기→조사하기→조사 결과 정리와 발표하기의 순서로 합니다.

8 고령화 현상으로 촌락에 사는 노인의 인구는 조금씩 늘어나고 있지만, 어린이의 수는 크게 줄어들고 있습니다.

10 도시에 인구가 많아지면서 주택 문제, 교통 문제, 범죄 문제, 환경 문제 등 여러 가지 문제가 발생하고 있습니다.

12 살기 좋은 촌락과 도시의 모습을 만들 때는 ㉡→㉠→

ⓒ →ⓔ의 순서로 합니다.

13 사람들이 오고 가거나 물건, 문화, 기술 등을 서로 주고
받는 것을 교류라고 합니다.

14 교류는 사람들이 물건, 문화, 기술 등을 서로 주고받는
것을 말합니다.

15 지역마다 생산물, 기술, 문화 등이 다르기 때문에 교류
가 이루어집니다.

16 도시 사람들은 고구마 캐기, 인절미 만들기 체험을 하며
농촌 생활을 체험할 수 있습니다.

17 여가 활동을 통해 도시 사람들은 도시에서는 접하기 어
려운 깨끗한 자연을 즐길 수 있습니다.

18 촌락 사람들은 의료 시설을 이용하거나 공연 관람, 장보
기 등을 하려고 도시로 갑니다. ⑤는 도시 농업에 대한
설명입니다.

19 농수산물 직거래 장터에서 도시 사람들은 싱싱한 농수
산물을 싸게 구매할 수 있고, 촌락 사람들은 더 비싼 값
에 농수산물을 팔 수 있습니다.

20 촌락과 도시에 사는 사람들이 서로 돕고 교류하며 의지
하는 것을 상호 의존이라고 합니다.

서술형 평가

1 ⑵ 농촌에서는 농업(벼농사, 밭농사, 비닐하우스 등), 어
촌에서는 어업(고기잡이, 양식업, 수산물 채취, 소규모
농사 등), 산지촌에서는 임업(숲에서 목재 얻기, 나물이
나 버섯, 약초 캐기 등) 등을 주로 합니다.

상	촌락의 종류와 특징을 설명할 수 있습니다.
중	촌락의 종류와 특징에 대해 일부 잘못 알고 있습니다.
하	촌락의 종류와 특징에 대해 설명하지 못합니다.

2 촌락에서는 자연환경과 특산물을 활용해 지역 축제를
열어 소득을 올리고, 도시 사람들은 촌락의 축제에 참여
해 지역의 전통문화를 체험하는 등의 경험을 합니다.

상	촌락과 도시의 사람들이 어떻게 도움을 주고받는지 설명할 수 있습니다.
중	어떻게 도움을 주고받는지 정확하게 설명하지 못합니다.
하	어떻게 도움을 주고받는지 설명하지 못합니다.

1 ③ **2** 선택 **3** ⑴ ○ ⑵ ○ ⑶ × **4** ⑤ **5** ⓛ **6** ③,
④ **7** ⑩ 생활에 필요한 것을 만드는 활동이다. **8** ⑤
9 ③, ⑤ **10** ⑩ 판매원에게 궁금한 점을 물어볼 수 있으
며, 물건을 직접 비교할 수 있다. **11** ⑤ **12** ③ **13** 경
제적 교류 **14** ① **15** ⑩ 다른 지역의 경제 소식 등 여러
가지 유용한 정보를 주고받을 수 있다. **16** ③ **17** ①, ③
18 ⑤ **19** ③ **20** ⑴ ○

서술형 평가

1 ⑩ 잘못된 선택은 돈이나 자원을 낭비하지만, 현명한
선택은 돈과 자원을 절약해 큰 만족감을 얻을 수 있
다. **2** ⑴ 문화 ⑵ ⑩ 문화, 기술, 운동 경기 등과 함께
더욱 활발히 이루어지기도 한다.

풀이

1 사람들은 살아가는 데 필요하거나 원하는 것을 얻으려
고 경제 활동을 합니다.

2 선택의 문제는 경제 활동을 하는 모든 사람에게 발생하
며, 무엇을 선택하는지는 사람에 따라 다를 수 있습니다.

3 선택할 때에는 여러 가지 상황을 신중하게 생각해야 현
명한 선택을 할 수 있습니다.

5 ⓛ 휴대 전화는 모양이 예쁘고 빠른 속도로 인터넷과 게
임을 할 수 있습니다.

6 생산한 것을 쓰고 서비스를 이용하는 것을 소비라고 합니다.

7 건물 짓기, 과자 만들기, 자동차 만들기 등은 자연에서
얻은 자원을 이용해 생활에 필요한 것을 만드는 생산 활
동입니다.

11 대형 할인점에는 다양한 상품이 어디에서 왔는지 여러
가지 방법으로 표기되어 있습니다.

12 상품에 부착된 품질 인증 표시를 통해 주변의 상품이 어
디에서 왔는지 알 수 있습니다.

14 사는 곳의 자연환경과 생산 기술, 자원 등이 다르기 때
문에 경제적 교류가 발생합니다.

17 ②, ④는 대중 매체를 이용해 상품을 구매했을 때의 단
점이고, ⑤는 대형 시장을 이용한 경제적 교류를 할 때
의 장점입니다.

18 제시된 자료는 촌락과 도시의 생산물에 따른 경제적 교류를 나타냅니다. ⑤는 다양한 문화 활동과 함께하는 경제적 교류에 대한 설명입니다.

서술형 평가

1 선택할 때에는 여러 가지 상황을 신중하게 생각해야 현명한 선택을 할 수 있습니다.

상	현명한 선택이 필요한 까닭과 고려해야 할 점을 알고 있습니다.
중	현명한 선택이 필요한 까닭을 일부 설명할 수 있습니다.
하	현명한 선택이 필요한 까닭을 설명하지 못합니다.

2 (1) 제시된 사례는 다양한 문화 활동과 함께하는 경제적 교류를 하는 방법입니다.
(2) 경주 · 포항 · 울산 지역이 동맹을 맺고 경제와 문화 분야에서 다양한 교류가 이루어지고 있습니다.

상	지역의 다양한 경제적 교류를 설명할 수 있습니다.
중	지역의 다양한 경제적 교류 방법을 일부 알고 있습니다.
하	지역의 다양한 경제적 교류를 설명하지 못합니다.

나회 ③ 회   92~95쪽

1 건우   2 ④   3 ㉠ 저출산 ㉡ 고령화   4 ㉮ 14세 이하 인구는 점점 줄어들고, 65세 이상 인구는 더욱 증가할 것이다.   5 ①, ③, ⑤   6 (1) × (2) ○ (3) ○   7 정보화   8 ① 9 ②   10 ①, ③   11 ㉡ ○   12 ㉮ 우리의 소중한 문화를 잘 지키고 발전시켜야 한다.   13 문화   14 ⑤   15 ㉡ 16 ①   17 ②   18 (2) ○   19 ②, ④   20 ㉮ 사람의 피부색은 다양하기 때문이다.

서술형 평가

1 (1) ㉠ 저출산 ㉡ 고령화 (2) ㉠ ㉮ 걱정없이 아이를 낳아 키울 수 있도록 다양한 지원이 필요하다. ㉡ ㉮ 노인들이 사회 활동을 할 수 있도록 지원해야 한다.   2 (1) ㉡ (2) ㉮ 다른 문화도 우리 문화처럼 존중한다. 서로의 문화를 소개하고 이해하도록 노력한다. 한쪽으로 치우치지 않는 생각을 하도록 노력한다.

풀이

1 오늘날 학생 수가 줄어들고, 지식과 정보를 활용할 수 있는 기술이 발달하면서 교실의 모습이 달라졌습니다.

2 사회가 변화하면서 샌드위치, 쌀국수 등 다양한 나라의 음식을 파는 가게가 많이 생겨났습니다.

3 저출산은 태어나는 아이의 수가 줄어드는 현상이고, 고령화는 전체 인구에서 노인이 차지하는 비율이 높아지는 현상을 말합니다.

4 저출산·고령화 사회가 되면서 14세 이하 인구는 점점 줄어들고 65세 이상 인구는 더욱 증가할 것 같습니다.

5 저출산으로 가족의 구성원 수가 줄어들고 있으며 가족의 형태가 변하고 있습니다. ④는 고령화로 변화하는 일상생활의 모습입니다.

6 저출산·고령화에 대비하기 위해서는 노인들을 위한 복지 제도를 늘려야 합니다.

7 오늘날 정보화 사회가 되면서 사람들의 생활 모습이 빠르게 변화하고 있습니다.

8 학교 누리집 이용, 디지털 교과서 사용, 도서 대출 프로그램 이용, 기상 정보 시스템 등은 학교에서 정보화 지식을 활용하는 모습입니다.

9 정보화 사회의 문제점을 해결하기 위해 다른 사람의 저작물을 소중하게 생각합니다.

10 세계화란 교통·통신이 발달하면서 세계 여러 나라들이 다양한 분야에서 교류하고 가까워지는 것을 말합니다.

11 ㉠은 세계 여러 나라의 다양한 문화를 접할 수 있는 세계화가 우리 생활에 미친 긍정적인 영향입니다.

12 세계화의 문제점을 해결하기 위해 다른 문화의 좋은 점을 본받고 존중합니다.

13 문화는 사람들이 지닌 공통의 생활 방식으로, 사람들의 옷차림, 먹는 음식, 사는 집 등이 포함됩니다.

14 몽골에서는 이동을 쉽게 하기 위해서 나무와 천으로 만든 집(게르)에서 생활합니다.

15 ㉠은 음식을 먹는 방법이 다르다는 이유로 부당한 대우를 받고 있는 모습입니다.

16 편견이란 공정하지 못하고 한쪽으로 치우친 의견이나 생각을 말합니다.

17 편견과 차별을 없애기 위해 다른 문화도 우리 문화처럼

존중해야 하고, 상대방의 입장에서 생각합니다.

18 편견과 차별을 없애는 학급 규칙을 만들 때에는 모두의
의견을 모아서 함께할 운동종목을 정해야 합니다.

19 편견과 차별을 없애기 위해 상대방을 배려하고 존중하
는 마음을 갖습니다.

20 사람의 피부색은 다양하기 때문에 크레파스 색의 이름
을 '살색'이라고 표현하는 것은 피부색이 다른 사람에게
는 차별 행위입니다.

서술형 평가

1 (1) 저출산이란 태어나는 아이의 수가 줄어드는 현상이고,
고령화란 노인 인구가 계속 늘어나는 현상입니다.

(2) 이밖에도 저출산에 대비하기 위해 아이를 안전하게 키
울 수 있는 시설과 서비스를 마련하고, 고령화에 대비
하기 위해 노인들을 위한 복지 제도를 늘려야 합니다.

상	저출산, 고령화에 대비하기 위해서 어떻게 해야 하는지 설명할 수 있습니다.
중	저출산, 고령화에 대비하기 위해서 어떻게 해야 하는지 정확히 알지 못합니다.
하	저출산, 고령화에 대비하기 위해서 어떻게 해야 하는지 설명하지 못합니다.

2 (1) 옷차림이 다르다는 이유로 부당한 대우를 받고 있는
모습입니다.

(2) 편견과 차별이 지속되면 사회의 발전이 늦어지므로
편견과 차별을 없애기 위해 노력해야 합니다.

상	일상생활에서의 편견과 차별에 대해 설명할 수 있습니다.
중	일상생활에서의 편견과 차별을 정확하게 설명하지 못합니다.
하	일상생활에서의 편견과 차별에 대해 설명하지 못합니다.

과학 1 회   100~103쪽

1 나팔꽃 2 ③ 3 ⑤ 4 ① 5 (1) 나무 (2) 풀 6
① 7 예 뿌리, 줄기, 잎이 있다. 잎은 초록색이다. 8
④ 9 ① 10 잎자루 11 예 잎자루는 많은 공기를
저장하고 있다. 12 적응 13 ⑤ 14 ⑤ 15 ①, ②
16 ⑤ 17 ③ 18 ④ 19 ⑤ 20 ④

탐구 서술형 평가

1 예 잎의 개수가 한 개인가? 잎의 가장자리가 톱니
모양인가? 2 ㉠ 물속에 잠겨서 사는 식물 ㉡ 물에
떠서 사는 식물 ㉢ 잎이 물에 떠 있는 식물 ㉣ 잎이
물 위로 높이 자라는 식물 3 예 식물의 줄기가 단
단하다.

풀이

3 소나무와 강아지풀은 잎의 전체적인 모양이 길쭉하고,
단풍나무와 은행나무는 잎의 전체적인 모양이 길쭉하지
않습니다.

4 '잎이 예쁘다'는 사람마다 분류 기준이 다르기 때문에 분
류 기준으로 적합하지 않습니다.

5 (1)은 떡갈나무이고, (2)는 민들레입니다.

6 소나무는 여러해살이 식물입니다.

7 필요한 양분을 스스로 만드는 것도 풀과 나무의 공통점
입니다.

8 ①은 잎이 물 위로 높이 자라는 식물, ②, ⑤는 물에 떠서
사는 식물, ③은 잎이 물에 떠 있는 식물의 특징입니다.

다시 한 번 확인해요!

물속에 잠겨서 사는 식물

• 뿌리, 줄기, 잎이 물속에 잠겨 있는 식물입니다.

• 검정말, 나사말, 물수세미, 무질경이 등이 있습니다.

• 꽃이 피는 시기에 꽃대가 물 위로 나와 꽃이 피기도 합니다.

10 부레옥잠의 잎자루를 칼로 자르면 잎자루 단면에 많은
공기주머니가 보입니다.

11 부레옥잠은 잎자루에 있는 공기주머니의 공기 때문에
물에 떠서 살 수 있습니다.

13 사막은 낮에는 덥고 밤에는 춥습니다.

14 선인장의 줄기를 가로로 잘라서 자른 면에 화장지를 붙여 보면 물기가 많이 묻어 나오고, 자른 면은 미끄럽고 촉촉합니다.

15 ④와 ⑤는 사막에 사는 회전초의 특징입니다.

16 도꼬마리 열매와 찍찍이 테이프는 끝이 갈고리 모양입니다.

17 물이 부족한 지역에서는 느릅나무 잎의 생김새를 활용해 빗물 저장 장치를 만들었습니다.

19 솔방울은 젖은 상태에서는 오므라들고, 건조한 상태에서는 벌어지는 특징이 있습니다.

20 식물의 특징을 활용하여 생활용품을 설계할 때는 식물의 특징이 잘 나타나게 해야 합니다.

탐구 서술형 평가

1 잎의 끝 모양이 뾰족한가?, 잎의 전체적인 모양이 길쭉한가? 등으로도 분류 기준을 정할 수 있습니다. 식물의 생김새에 따라 다양한 분류 기준을 정할 수 있습니다.

상	식물의 잎을 분류할 수 있는 기준을 두 가지 바르게 서술하였습니다.
중	식물의 잎을 분류할 수 있는 기준을 한 가지만 바르게 서술하였습니다.
하	식물의 잎을 분류할 수 있는 기준을 두 가지 모두 서술하지 못했습니다.

2 강이나 연못은 물이 풍부해서 식물이 살기 좋고, 물속이나 물 위에서 식물이 물에 잘 썩지 않는 특징이 있습니다.

상	각 식물이 사는 곳을 바르게 서술하였습니다.
중	각 식물이 사는 곳을 세 개만 바르게 서술하였습니다.
하	각 식물이 사는 곳을 한 개만 서술하거나 모두 서술하지 못했습니다.

3 부들과 창포는 잎이 물 위로 높이 자라는 식물로 뿌리는 물속이나 물가의 땅에 있고 줄기가 단단합니다.

상	두 식물이 환경에 적응한 특징을 바르게 서술하였습니다.
중	두 식물이 환경에 적응한 특징을 서술하였지만 충분하지 않습니다.
하	두 식물이 환경에 적응한 특징을 서술하지 못했습니다.

 과학 2 회

1 ② 2 ㉠ 3 얼음이 녹아 물이 된다. 4 (1) 고체 (2) 액체 (3) 기체 5 ⑤ 6 ① 7 ㉡, ㉣ 8 (1) ㉠, ㉡, ㉣ (2) ㉢, ㉤ 9 ㉡ 10 증발 11 ③ 12 수증기 13 (1)-㉡ (2)-㉠ 14 공기 중 15 공기 중의 수증기가 물이 되어 차가운 컵 표면에 맺혔기 때문이다. 16 ① 17 ② 18 수증기 19 ③ 20 ①

탐구 서술형 평가

1 손바닥의 얼음은 시간이 지나면 녹아서 물이 되고 손에 묻은 물은 공기 중으로 사라진다. 2 ㉠은 물이 얼면 부피가 늘어나 나타나는 현상이고, ㉡은 얼음이 녹으면 부피가 줄어들어 나타나는 현상이다. 3 공기 중의 수증기가 물이 되어 차가운 컵 표면에 맺혔기 때문이다.

풀이

4 물은 고체인 얼음, 액체인 물, 기체인 수증기의 세 가지 상태로 있습니다.

5 물이 얼어 얼음이 되면 부피가 늘어나 물의 높이가 높아집니다.

6 물이 얼어 얼음이 되면 물의 높이가 높아지는 변화를 통해 부피가 늘어났다는 것을 알 수 있습니다.

7 얼음이 녹아 물이 되면 부피는 줄어들지만 무게는 변하지 않습니다.

9 식품 건조기에 넣은 사과 조각은 표면의 물이 수증기로 변해 공기 중으로 흩어져 크기가 작고 건조하며, 맛이 답니다.

11 물이 끓으면 물의 높이가 빠르게 낮아집니다.

13 물이 증발할 때와 끓을 때 물이 수증기로 상태가 변해 공기 중으로 흩어지는 공통점이 있습니다.

14 풀잎에 맺힌 물방울은 공기 중에 있던 수증기가 응결한 것입니다.

15 공기 중에 있던 물이 컵 표면에 달라붙어 무게가 늘어납니다.

16 응결은 기체인 수증기가 액체인 물로 상태가 변하는 것입니다.

18 물이 수증기로 변하는 상태 변화를 이용한 경우입니다.

19 재료를 물에 충분히 담가 물이 계속 재료를 타고 올라가 도록 합니다.

20 가습기는 액체인 물이 기체인 수증기로 상태가 변하는 현상을 이용한 도구입니다.

다시 한 번 확인해요!

부직포 가습기
• 물을 잘 흡수하는 부직포를 접어 원하는 모양으로 자른 뒤 고무줄로 아랫부분을 느슨하게 감아 만듭니다.
• 부직포는 물을 잘 흡수해 공기 중으로 증발시키므로 효과 적인 가습기의 재료로 이용할 수 있습니다.

탐구 서술형 평가

1 물은 고체인 얼음, 액체인 물, 기체인 수증기로 서로 다른 상태로 변할 수 있습니다.

상	손바닥의 얼음이 녹아 물이 되고 물이 증발하는 과정을 바르게 서술하였습니다.
중	손바닥의 얼음이 물이 되는 과정은 썼지만 물이 증발하는 과정은 서술하지 못했습니다.
하	손바닥의 얼음이 녹아 물이 되고 물이 증발하는 과정을 모두 서술하지 못했습니다.

2 물이 얼면 부피가 늘어나고, 꽁꽁 언 튜브형 얼음과자 가 녹으면 튜브 안에 가득 찬 얼음과자의 부피가 줄어 듭니다.

상	물이 얼거나 얼음이 녹을 때의 부피 변화를 바르게 서술하였습니다.
중	물이 얼거나 얼음이 녹는 것을 썼지만 부피 변화와 관련하여 서술하지 못했습니다.
하	물이 얼거나 얼음이 녹을 때의 부피 변화를 서술하지 못했습니다.

3 공기 중에 있던 물이 컵 표면에 달라붙어 무게가 늘어났 습니다.

상	차가운 컵 표면에서 나타나는 변화를 무게 변화와 관련하여 바르게 서술하였습니다.
중	차가운 컵 표면에서 나타나는 변화를 썼지만 무게 변화와 관련하여 서술하지 못했습니다.
하	차가운 컵 표면에서 나타나는 변화를 무게 변화와 관련하여 서술하지 못했습니다.

1 그림자 2 공, 손전등 3 ㉠ 4 ① 5 꽃병에 빛이 통과하는 정도가 다르기 때문이다. 6 빛의 직진 7 ㉡ 8 손전등을 물체에 가깝게 한다. 9 ㉡ 10 ① 11 오른쪽 12 ㉡ 13 ④ 14 빛의 반사 15 ③, ④ 16 ⑤ 17 ② 18 예 자신의 옷과 얼굴을 본다. 19 ① 20 세 장

탐구 서술형 평가

1 (1) 흰 종이, 손전등, 물체 (2) 물체 뒤쪽 (3) 예 공에 손전등의 빛을 비춘다. 불을 켠 손전등과 흰 종이 사이에 공을 놓는다. 2 예 손전등을 동물 모양 종이에 가깝게 한다. 동물 모양 종이를 스크린에서 멀게 한다. 3 자동차의 뒷거울에 구급차 앞부분의 모습이 비춰 보일 때 좌우로 바꾸어 쓴 글자의 좌우가 다시 바뀌어 똑바로 보이기 때문이다.

4

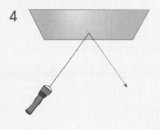

풀이

2 공에 손전등의 빛을 비추면 흰 종이에 공의 그림자가 생 깁니다.

4 빛이 나아가다가 투명한 물체를 만나면 연한 그림자가 생 기고, 불투명한 물체를 만나면 진한 그림자가 생깁니다.

5 유리로 만든 꽃병의 그림자는 연하고, 도자기로 만든 꽃 병의 그림자는 진합니다.

7 물체를 놓는 방향이 달라지면 그림자 모양도 달라집니다.

8 손전등과 물체 사이의 거리에 따라 그림자의 크기가 달 라집니다.

다시 한 번 확인해요!

물체와 스크린은 그대로 두었을 때 그림자의 크기 변화
• 손전등을 물체에 가깝게 할 때: 크기가 커집니다.
• 손전등을 물체에서 멀리할 때: 크기가 작아집니다.

9 ㉠과 같이 물체를 손전등에서 멀게 하면 그림자의 크기

는 작아집니다.

11 거울에 비친 물체의 모습은 좌우가 바뀌어 보입니다.

14 거울은 빛의 반사를 이용해 물체의 모습을 비추는 도구입니다.

16 거울 두 개를 마주 보게 세워 두고 그 사이에 물체를 놓으면 거울에 비친 물체의 모습을 여러 개 볼 수 있습니다.

20 세 장의 거울로 밑면이 삼각형인 기둥을 만들고 색종이 조각을 넣어 만든 만화경입니다.

탐구 서술형 평가

1 손전등─물체─스크린(흰 종이)의 순서가 될 때 그림자가 생깁니다.

상	(1), (2), (3) 모두 바르게 서술하였습니다.
중	(1), (2), (3) 중 두 가지만 바르게 서술하였습니다.
하	(1), (2), (3) 모두 서술하지 못했습니다.

2 손전등과 물체를 그대로 두었을 때 스크린을 물체에서 멀게 해도 그림자의 크기가 커집니다.

상	그림자의 크기를 크게 하는 방법 두 가지를 바르게 서술하였습니다.
중	그림자의 크기를 크게 하는 방법 중 한 가지만 바르게 서술하였습니다.
하	그림자의 크기를 크게 하는 방법 두 가지를 모두 서술하지 못했습니다.

3 거울에 비친 물체는 좌우가 바뀌어 보입니다.

상	구급차의 앞부분에 글자를 좌우로 바꾸어 쓴 까닭을 바르게 서술하였습니다.
중	구급차의 앞부분에 글자를 좌우로 바꾸어 쓴 까닭을 서술하였지만 충분하지 않습니다.
하	구급차의 앞부분에 글자를 좌우로 바꾸어 쓴 까닭을 서술하지 못했습니다.

4 손전등의 빛이 거울에 부딪치면 거울에서 빛의 방향이 바뀝니다.

상	손전등의 빛을 거울에 비췄을 때 손전등의 빛이 나아가는 모습을 바르게 나타냈습니다.
중	손전등의 빛을 거울에 비췄을 때 손전등의 빛이 나아가는 모습을 나타냈지만 충분하지 않습니다.
하	손전등의 빛을 거울에 비췄을 때 손전등의 빛이 나아가는 모습을 나타내지 못했습니다.

과학 4회

118~121쪽

1 ① 　 2 분화구 　 3 ⓒ 　 4 (1)─ⓒ (2)─① (3)─ⓒ 　 5 화산 암석 조각 　 6 화성암 　 7 (1) ⓒ (2) 알갱이의 크기가 작다 　 8 (1) ⓒ (2) ① 　 9 현무암 　 10 ① 　 11 예 비행기 엔진을 망가뜨려 항공기 운항을 어렵게 한다. 　 12 ⑤ 　 13 ⓒ 　 14 (1) 땅 (2) 지구 내부에서 작용하는 힘 　 15 규모 　 16 ⑤ 　 17 (1) ○ (2) × (3) × 　 18 ②, ④ 　 19 ④ 　 20 ③

탐구 서술형 평가

1 ㉠ 바다 한가운데 종 모양으로 솟아 있다. ㉡ 산꼭대기에 호수가 있다. ㉢ 높이가 높고 뾰족하다. 산꼭대기에 분화구가 있다. 　 2 현무암은 마그마가 지표 가까이에서 빠르게 식어서 알갱이의 크기가 작고, 화강암은 마그마가 땅속 깊은 곳에서 서서히 식어서 알갱이의 크기가 크다. 　 3 (1) ⓒ → ⓒ → ㉠ (2) 규모의 숫자가 클수록 강한 지진이기 때문이다.

풀이

2 화산은 꼭대기에 분화구가 있고, 분화구에 물이 고여 있는 것도 있습니다.

3 후지산은 높이가 뾰족하고 산꼭대기에 분화구가 있습니다.

5 화산 분출 모형실험에서 나오는 연기는 실제 화산에서 나오는 화산 가스와 같고, 알루미늄 포일 밖으로 흘러나오는 마시멜로는 용암이 흐르는 것과 같습니다.

7 현무암은 맨눈으로 구별하기 어려울 정도로 알갱이의 크기가 작습니다.

다시 한 번 확인해요!

현무암과 화강암의 알갱이 크기
- 현무암: 지표면 가까이에서 빠르게 식어서 만들어지기 때문에 알갱이의 크기가 작습니다.
- 화강암: 땅속 깊은 곳에서 서서히 식어서 만들어지기 때문에 알갱이의 크기가 큽니다.

8 현무암은 마그마가 지표 가까이에서 식어서 만들어지고, 화강암은 땅속 깊은 곳에서 식어서 만들어집니다.

9 화강암으로는 석굴암이나 불국사의 돌계단 등을 만들었습니다.

10 ⓛ, ⓒ, ⓐ은 화산 활동이 우리 생활에 주는 이로움입니다.

11 화산재로 인해 물이 오염되고, 호흡기 질병 및 날씨의 변화가 나타납니다.

12 지진은 땅이 지구 내부에서 작용하는 힘을 받아 끊어지면서 발생합니다.

13 지진 발생 모형실험에서 우드록이 끊어질 때의 손의 떨림은 실제 자연 현상에서 지진을 나타냅니다.

14 양손으로 우드록을 수평 방향으로 밀 때, 우드록에 조금 힘을 주면 우드록이 휘어지기 시작하고 계속 힘을 주면 우드록이 끊어집니다.

15 지진의 세기는 규모로 나타냅니다.

19 지진이 발생했을 때 승강기는 이용하지 않고, 계단을 이용해 건물 밖으로 대피합니다.

20 우드록에 건물 모형을 고정하고 용수철을 연결해 바닥에서 충격을 흡수하도록 만들었습니다.

탐구 서술형 평가

1 화산은 크기와 생김새가 다양하고, 산꼭대기에 분화구가 있는 것도 있으며 물이 고여 있는 것도 있습니다.

상	각 화산의 특징을 모두 바르게 서술하였습니다.
중	각 화산의 특징 중 두 가지만 바르게 서술하였습니다.
하	각 화산의 특징을 모두 서술하지 못했습니다.

2 현무암은 색깔이 어둡고 구멍이 있는 것도 있고, 화강암은 색깔이 밝고 여러 가지 색이 포함되어 있습니다.

상	현무암과 화강암의 알갱이 크기가 다른 까닭을 바르게 서술하였습니다.
중	현무암과 화강암의 알갱이 크기가 다른 까닭을 서술하였지만 충분하지 않습니다.
하	현무암과 화강암의 알갱이 크기가 다른 까닭을 서술하지 못했습니다.

3 규모가 큰 지진이 발생하면 사람이 다치고 건물과 도로가 무너지는 등 인명 및 재산 피해가 생깁니다.

상	지진의 세기 순서와 그렇게 생각한 까닭을 모두 바르게 서술하였습니다.
중	지진의 세기 순서는 바르게 서술했지만 그 까닭은 서술하지 못했습니다.
하	지진의 세기 순서와 그렇게 생각한 까닭을 모두 서술하지 못했습니다.

1	오전	플라스틱 컵 안쪽에 작은 물방울이 맺혀 있다.
	오후	물방울의 크기가 커지면서 밑으로 흘러내리기도 한다.

2 증발 3 ㉠ 4 예 물은 상태가 변하면서 여러 곳을 끊임없이 이동한다. 5 ㉠ 수증기 ㉡ 응결 6 ② 7 ①, ⑤ 8 (1) ○ (2) × 9 물 10 ① 11 ④ 12 ①, ② 13 (1) ○ (2) × (3) × 14 ㉠ 15 ⑤ 16 ③ 17 ④ 18 ① 19 ③ 20 ②

탐구 서술형 평가

1 예 물은 순환하지만 지구 전체 물의 양은 변하지 않는다. 2 ㉠ 흐르는 물이 만든 다양한 지형은 관광 자원으로 이용한다. ㉡ 농작물을 키운다. ㉢ 생명을 유지시킨다. ㉣ 공장에서 물건을 만들 때 물을 이용한다. 3 (1) 물이 충분하다. (2) 물이 부족할 수 있다. (3) 물이 부족하다. (4) 물이 많이 부족하다.

풀이

2 만든 실내 정원은 물을 주지 않아도 6개월 정도 살 수 있습니다.

3 ㉡의 강, ㉢의 땅속, ㉣의 식물 뿌리에서는 액체 상태인 물입니다.

5 물의 상태가 변하면서 육지, 바다, 공기 중, 생명체 등 여러 곳을 끊임없이 돌고 도는 과정을 설명한 것입니다.

7 플라스틱 컵 안의 얼음이 녹아서 물이 되면 이 물은 증발하고, 지퍼 백 안의 수증기는 지퍼 백 밖의 차가운 공기 때문에 응결 현상이 일어납니다.

8 지구에서 물은 순환하지만 지구 전체 물의 양은 변하지 않습니다.

10 물이 떨어지는 높이 차이를 이용해 전기를 만드는 데 물을 이용하는 모습입니다.

12 물은 식물이나 동물의 몸속을 순환하면서 생명을 유지시켜 주고, 땅속에 스며들어 나무와 풀을 자라게 합니다.

14 나라별 물 부족 현황을 나타낸 지도를 보면 이용할 수 있는 물이 풍부한 곳도 있고 심각하게 부족한 곳도 있습니다. ㉠은 물이 많이 부족한 나라입니다.

16 ①, ④는 오염된 물을 정화해 물을 모으는 장치입니다. 빗물 저금통을 이용해 빗물을 모아 화단에 물을 줄 수 있습니다.

> **다시 한 번 확인해요!**
>
> **빗물 저금통**
> 빗물 저금통은 건물 옥상에서 배수관으로 내려가는 빗물이 모이도록 연결 관으로 물길을 만든 것입니다. 이렇게 모아진 빗물은 텃밭에 물을 주거나 화장실 변기에 연결해서 쓰기도 합니다.

19 와카워터 그물망에 수증기가 응결하여 맺힌 물방울을 아래에 놓은 그릇에 모으는 장치입니다.

20 안전을 생각하고 효과적으로 물을 꺼내어 쓸 수 있는 방법을 생각해야 합니다.

탐구 서술형 평가

1 물은 상태가 변하면서 끊임없이 돌고 돌지만, 실험 전후의 무게가 같다는 것을 통해 물의 전체 양은 변하지 않는다는 사실을 알 수 있습니다.

상	지구에서의 물의 순환 과정의 특징을 바르게 서술하였습니다.
중	지구에서의 물의 순환 과정의 특징을 서술하였지만 충분하지 않습니다.
하	지구에서의 물의 순환 과정의 특징을 서술하지 못했습니다.

2 우리 생활에서 물을 이용하는 경우입니다.

상	물이 이용되는 경우 네 가지를 바르게 서술하였습니다.
중	물이 이용되는 경우 네 가지 중 세 가지만 바르게 서술하였습니다.
하	물이 이용되는 경우 네 가지 중 한 가지만 바르게 서술하거나 모두 서술하지 못했습니다.

3 이용할 수 있는 물이 풍부한 곳이 있는가 하면 심각하게 부족한 곳도 있습니다.

상	나라별 물 부족 현황에서 각 색깔이 의미하는 것을 모두 바르게 서술하였습니다.
중	나라별 물 부족 현황에서 각 색깔이 의미하는 것 중 세 가지만 바르게 서술하였습니다.
하	나라별 물 부족 현황에서 각 색깔이 의미하는 것 중 한 가지만 바르게 서술하거나 모두 서술하지 못했습니다.

마무리 평가

국어 1회 129~132쪽

1 ③, ④, ⑤ **2** 예 영화 제목이나 광고지, 예고편 따위를 보고 내용을 미리 상상한다. **3** ② **4** 예 축하하는 마음 **5** ① **6** 예 "그래, 다른 친구부터 하고 나서 할게." **7** ② **8** ①, ⑤ **9** 반대 **10** ①, ②, ③ **11** ④ **12** ⑤ **13** ② **14** ② **15** (1) 나 (2) 가 (3) 다 **16** ① **17** ④ **18** ③ **19** 용 **20** ③

풀이

1 등장인물의 표정, 몸짓, 말투에서 성격을 짐작하며 만화 영화를 감상할 수 있습니다.

2 제목, 광고지, 예고편 따위를 보고 내용을 미리 상상할 수 있습니다.

3 글쓴이가 전하려는 마음은 고마운 마음입니다.

4 상을 받은 일을 축하해 줘야 합니다.

> **다시 한 번 확인해요!**
>
> **그림을 보고 전하려는 마음 떠올리기**
>
>
> 미안한 마음
>
>
> 축하하는 마음
>
>
> 위로하는 마음
>
>
> 그리운 마음

5 거북이는 토끼를 놀렸고, 거친 말을 했습니다.

6 다른 사람과 대화할 때에는 상대방의 이야기를 끝까지 다 듣고 나서 자신의 이야기를 하는 것이 예의 바른 행동입니다.

7 사라가 버스 앞자리에 앉았는데 그 일로 경찰서에 잡혀 갔습니다.

8 「사라, 버스를 타다」에서 장소의 변화와 각 장소에서 일어난 일을 정리한 표입니다.

9 글쓴이는 댐을 건설하는 것에 반대하는 의견을 제시하고 있습니다.

10 자신의 의견을 분명하게 제시하는 것이 무엇보다 중요합니다.

11 훈민정음을 만든 인물은 '세종 대왕'입니다.

12 김만덕이 한 훌륭한 일은 전 재산을 들여 굶어 죽는 제주도 사람들을 살린 것입니다.

13 굶주리는 제주도 사람들에게 자신의 전 재산을 내놓은 것으로 보아, 김만덕은 자신이 가진 것을 나누고 베푸는 삶을 살았습니다.

14 동지에는 팥죽을 먹습니다.

15 독서 감상문에는 책을 읽은 동기, 책 내용, 책을 읽고 생각하거나 느낀 점 등을 씁니다.

16 "나라면 당나귀를 메고 갈 텐데."라고 하였습니다.

17 아버지와 아이는 다른 의견을 들을 때마다 생각 없이 행동을 바꾸었기 때문에 당나귀를 잃었습니다.

18 다른 사람의 의견을 받아들이기 전에 그 의견이 적절한지 판단해 보라는 교훈을 주는 이야기입니다.

19 망둥 할멈은 아부를 잘하는 성격일 것입니다.

20 넙적 가자미는 마음이 넓은 성격이 아닙니다.

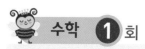

수학 ❶ 회   133~135쪽

1 (위에서부터) $1\frac{3}{8}$, $\frac{5}{8}$ 2 $4\frac{1}{5}$ 3 $<$ 4 예)

$\frac{4}{5}$ kg씩 3봉지에 담은 밀가루는 $\frac{4}{5}+\frac{4}{5}+\frac{4}{5}=\frac{12}{5}$

$=2\frac{2}{5}$ (kg)이므로 밀가루는 $5-2\frac{2}{5}=4\frac{5}{5}-2\frac{2}{5}=$

$2\frac{3}{5}$ (kg) 남습니다. ; $2\frac{3}{5}$ kg   5 나, 라   6 130°

7 ②, ⑤   8 ㉠ 5.061 ㉡ 오 점 영육일   9 ㉢   10 (1)
㉡ (2) ㉠ (3) ㉢   11 ㉠   12 직선 다, 직선 마   13 직선
다, 직선 마   14 예) 정삼각형은 세 변의 길이가 모두 같
으므로 (철사의 길이)=12×3=36 (cm)입니다. 마름
모는 네 변의 길이가 모두 같으므로 (한 변의 길
이)=36÷4=9 (cm)입니다. ; 9 cm   15 ㉠ 시각 ㉡
기온   16 ③   17 풀이 참조   18 가, 다   19 72 cm
20 7개

풀이

1
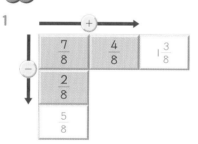

$\frac{7}{8}+\frac{4}{8}=\frac{7+4}{8}=\frac{11}{8}=1\frac{3}{8}$

$\frac{7}{8}-\frac{2}{8}=\frac{7-2}{8}=\frac{5}{8}$

2 $\frac{13}{5}=2\frac{3}{5}$, $\frac{9}{5}=1\frac{4}{5}$이므로,

$1\frac{3}{5}<\frac{9}{5}<2\frac{1}{5}<\frac{13}{5}$

$\frac{13}{5}+1\frac{3}{5}=2\frac{3}{5}+1\frac{3}{5}=3+\frac{6}{5}=3+1\frac{1}{5}=4\frac{1}{5}$

3 $5\frac{4}{9}-1\frac{7}{9}=4\frac{13}{9}-1\frac{7}{9}=3\frac{6}{9}$

$7\frac{1}{9}-\frac{29}{9}=\frac{64}{9}-\frac{29}{9}=\frac{35}{9}=3\frac{8}{9}$

5 세 변의 길이가 모두 같은 삼각형은 나와 라입니다.

6 (각 ㄱㄴㄷ)+(각 ㄱㄷㄴ)=180°−80°=100°이므로
(각 ㄱㄴㄷ)=100÷2=50°입니다.
따라서 ㉠=180°−50°=130°

7 나머지 한 각의 크기는 180°−50°−80°=50°입니다.
삼각형의 세 각이 50°, 80°, 50°이므로, 이 삼각형은
이등변삼각형이고 예각삼각형입니다.

9 ㉠5.01 ㉡0.051 ㉢5.1
➜ ㉢>㉠>㉡

11 정사각형은 네 변의 길이가 모두 같으므로 마름모라고
할 수 있습니다.

12 직선 가와 만나서 이루는 각이 직각인 직선을 찾으면 직
선 다와 직선 마입니다.

13 한 직선에 수직인 두 직선은 서로 평행합니다.

16 기온의 변화가 1℃ 단위로 나타나고 있으므로 세로 눈
금 한 칸은 1℃로 나타내는 것이 좋습니다.

17 예   어느 도시의 기온

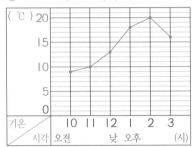

18 선분으로만 둘러싸인 도형을 찾으면 가와 다입니다.

19 변이 8개인 정다각형이므로 정팔각형입니다. 따라서
모든 변의 길이의 합은 9×8=72 (cm)입니다.

20 가는 0개, 나는 2개, 다는 5개이므로 모두 7개입니다.

다시 한 번 확인해요!

여러 가지 다각형의 대각선
• 삼각형: 모든 꼭짓점이 이웃하고 있기 때문에 대각선을
  그을 수 없습니다.
• 정사각형: 두 대각선의 길이가 같고 서로 수직으로 만납
  니다.
• 오각형: 한 꼭짓점에서 그을 수 있는 대각선의 수가 2개
  이고 꼭짓점의 수가 5개입니다. 이때 한 꼭짓점에서 그은
  대각선이 두 번씩 겹치므로 10개의 절반이 5개입니다.
• 마름모: 두 대각선의 길이가 같지 않지만 서로 수직으로
  만납니다.

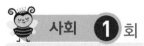 **사회 1 회**   136~138쪽

1 ④ **2** ③ **3** 예 쓰레기를 분리배출할 수 있는 시설
을 만들고, 이를 지키지 않을 경우 과태료를 내게 한다.
4 정빈 **5** ①, ② **6** ②, ④ **7** ② **8** 희소성 **9** ㉡,
㉢ **10** ③ **11** ② **12** 예 경제적 이익을 얻을 수 있
기 때문이다. **13** ② **14** ①, ② **15** ③ **16** 예 인
터넷이나 휴대 전화로 대화할 때도 예의를 지킨다.
17 문화 **18** ② **19** ③ **20** ①

풀이

1 농촌, 어촌, 산지촌처럼 자연환경을 주로 이용하여 살아가
는 지역을 촌락이라고 합니다. ④는 도시의 모습입니다.

2 세종특별자치시는 처음부터 계획하여 만들어진 도시입니다.

3 쓰레기 문제를 해결하고자 정부는 쓰레기를 분리배출할
수 있는 시설을 곳곳에 만들고, 쓰레기를 함부로 버리는
사람에게 과태료를 부과합니다.

4 사람들이 오고 가거나 물건, 문화, 기술 등을 서로 주고
받는 것을 교류라고 합니다.

5 촌락 사람들은 의료 시설을 이용하거나 공연 관람, 백화
점이나 대형 상점가 등을 이용하려고 도시로 갑니다.

6 도시에 사는 사람들은 촌락에 사는 사람들과 농수산물 직거래
장터, 여가 생활을 통한 교류, 지역 축제를 통한 교류, 자매결
연이나 봉사를 통한 교류 등 다양한 교류를 하며 살아갑니다.

7 사람이 쓸 수 있는 돈이나 자원은 한정되어 있으므로 원하는 것
을 모두 가질 수는 없기 때문에 선택의 문제에 부딪치게 됩니다.

8 사람이 쓸 수 있는 돈이나 자원은 한정되어 있으므로 원
하는 것을 모두 가질 수는 없기 때문에 선택의 문제에
부딪치며, 경제 활동에서 선택의 문제가 일어나는 이유
는 바로 희소성 때문입니다.

9 ㉠, ㉣은 생활을 편리하고 즐겁게 해 주는 활동이고, ㉢,
㉥은 생활에 필요한 것을 만드는 활동입니다.

다시 한 번 확인해요!

생산과 소비의 관계
• 생산하지 않으면 소비를 할 수 없습니다.
• 소비를 하지 않으면 생산할 필요가 없습니다.
• 물건을 사고팔 때처럼 생산 활동과 소비 활동이 함께 이루
  어질 때도 있습니다.

10 인터넷 검색으로 정보를 찾으면 여러 제품의 가격을 비교해 볼 수 있습니다.

11 지역 간의 경제적 교류는 지역을 발전시키고 서로 좋은 영향을 미칠 수 있습니다.

12 재준이가 살고 있는 지역은 포도를 해마다 생산하고, 영희가 살고 있는 지역은 포도를 가공해 상품을 개발하면서 서로에게 경제적 이익을 주고 있습니다.

13 대형 시장을 이용한 경제적 교류에는 전통 시장, 대형 할인점, 도소매 시장 등이 있습니다. ①, ③, ④는 대중 매체를 이용한 경제적 교류입니다.

14 저출산 문제를 해결하기 위해서는 어린이집이나 보육비 지원 등 아이를 낳고 기를 수 있도록 제도와 지원을 마련합니다.

15 고령화는 노인 인구가 계속 늘어나는 현상을 말하며, 고령화에 대비하기 위해 노인들이 사회 활동을 할 수 있도록 지원해야 합니다.

16 정보화 사회의 문제를 해결하기 위해서는 자신의 잘못된 행동이 다른 사람에게 심각한 피해를 줄 수 있다는 것을 알고 바르게 행동하는 태도가 필요합니다.

17 세계화는 우리 생활에 긍정적인 영향을 미치기도 하지만 우리의 전통문화가 점점 사라지고 있는 부정적인 영향을 미치기도 합니다.

18 문화는 사람들이 가지고 있는 공통의 생활방식으로, 사람들이 오랜 시간을 함께 생활하면서 만들어지고 전해져 내려온 것입니다.

19 장애가 있다는 이유로 부당한 대우를 받고 있는 모습입니다.

20 편견과 차별을 없애기 위해 나와 다른 문화도 이해합니다.

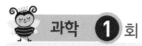

과학 ① 회 139~141쪽

1 해바라기   **2** ②   **3** ①   **4 예** 선인장은 굵은 줄기에 물을 저장하고 있다.   **5** 고체, 액체   **6** ④   **7** 식품 건조기   **8** (1)-ⓛ (2)-㉠   **9** ④   **10** ㉠   **11** 빛이 직진하기 때문이다.   **12** ㉠   **13** ③   **14** ②   **15** (1) 화산 암석 조각 (2) 용암 (3) 화산 가스   **16** (1) ㉠ (2) ⓛ   **17** 지진   **18** ②   **19** ④   **20** ①, ②

풀이

1 해바라기는 우리 주변에서 쉽게 볼 수 있습니다.

> **다시 한 번 확인해요!**
>
> **해바라기**
> • 2 m 정도까지 자라는 식물로, 8~9월에 노란색의 꽃이 핍니다.
> • 거친 털이 있고 씨가 익으면 무거워져 고개를 숙입니다.
> • 씨를 먹거나 기름을 짜서 씁니다.

2 밤나무와 떡갈나무입니다. 나무는 모두 여러해살이 식물입니다.

3 잎이 물 위로 높이 자라는 식물의 특징입니다. 연꽃, 부들, 창포, 갈대, 줄 등이 있습니다.

4 선인장의 줄기를 자른 면에 화장지를 붙여 보면 물기가 묻어나옵니다.

5 고체인 고드름은 햇볕을 받으면 고드름이 녹아 액체인 물이 됩니다.

6 물이 얼면 부피는 늘어나 물의 높이가 높아지지만 무게는 변하지 않습니다.

7 식품 건조기에 넣은 사과 조각이 지퍼 백에 넣은 사과보다 건조합니다.

8 (1)은 얼음과 얼음을 물로 붙여 가며 아름다운 작품을 만드는 것이고, (2)는 수증기로 음식을 찌는 것입니다.

9 손전등-물체-스크린의 순서가 되어야 그림자가 생깁니다.

10 도자기 컵과 같이 불투명한 물체는 빛이 물체를 통과하지 못해 진한 그림자가 생기고, 유리컵과 같이 투명한 물체는 빛이 대부분 물체를 통과해 연한 그림자가 생깁니다.

11 직진하는 빛이 물체를 통과하지 못하면 물체 모양과 비슷한 그림자가 생깁니다.

12 손전등을 물체에 가깝게 하면 그림자의 크기가 커지고, 손전등을 물체에서 멀게 하면 그림자의 크기가 작아집니다.

13 빛이 나아가다가 거울에 부딪치면 방향이 바뀌는 성질을 빛의 반사라고 합니다.

14 화산이 아닌 산은 마그마가 분출하지 않아 분화구가 없고, 화산은 땅속의 마그마가 분출하여 생긴 지형으로 분화구를 볼 수 있습니다.

15 화산이 분출할 때 나오는 물질을 화산 분출물이라고 합니다. 화산 가스에는 여러 가지 물질이 섞여 있으며 대부분 수증기입니다. 화산 암석 조각의 크기는 매우 다양합니다.

다시 한 번 확인해요!

화산 분출물

• 화산 가스: 대부분은 수증기입니다. 이산화 탄소, 아황산 가스, 적은 양의 수소, 황화 수소, 일산화 탄소, 유황, 염소 등이 포함되어 있습니다.

• 용암: 분출한 마그마에서 가스 성분이 빠져나가고 남은 것을 말합니다. 용암은 식어서 굳으면 암석이 됩니다.

• 화산재: 고체 화산 분출물 중 지름이 2 mm 이하인 것으로, 운행 중인 비행기의 엔진 고장을 일으키고, 쌓이면 농작물에 피해를 입힙니다.

• 화산 암석 조각: 화산재보다 크기가 크며 고체 상태입니다.

16 현무암은 지표에서 빠르게 식어서 알갱이의 크기가 작고, 화강암은 땅속 깊은 곳에서 서서히 식어서 알갱이의 크기가 큽니다.

17 우드록이 끊어질 때 손에 전달되는 떨림은 땅이 끊어질 때 흔들리는 떨림과 같습니다.

18 플라스틱 컵 안의 얼음은 녹아서 물이 되고 물의 양은 점점 줄어듭니다. 물의 순환 실험을 통해 지구에서의 물의 순환 과정을 알 수 있습니다.

19 물은 끊임없이 이동하면서 생명체에게 필요한 영양분을 주고 생태계의 건강을 지켜 줍니다.

20 자연환경의 원인으로 물이 부족한 경우를 나타낸 것으로 강수량이 적고 증발량이 많아 이용할 수 있는 물의 양이 부족한 경우입니다.

국어 2회

142~145쪽

1 ①, ②, ③ 2 ⑤ 3 ② 4 (2) ○ 5 예 고맙습니다.
6 ② 7 ② 8 (1) 예 댐을 건설하는 것에 반대한다. (2) 예 상수리에 댐을 건설해야 한다. 9 ① 10 ②, ③, ④
11 (1) 주시경 (2) 헬렌 켈러 12 ⑤ 13 ❶ 14 ①
15 예 포기하지 않고 끝까지 노력하는 모습의 이야기
16 ② 17 한 분야의 책만 읽으면 시력이 나빠집니다.
18 예 한 가지 문제만 생각해 다양한 사고를 할 수 없다. 19 ③ 20 (2) ○

풀이

1 제목, 광고지, 예고편, 따위를 보고 내용을 미리 상상할 수 있습니다.

2 부끄러운 마음을 나타낸 표현입니다.

3 같이 달려 주고 응원해 준 친구들의 따뜻한 마음을 잊지 않겠다고 하였습니다.

4 웃어른께 "수고하셨어요."라고 말씀드리는 것은 예절에 어긋납니다.

다시 한 번 확인해요!

대화 예절을 지키며 대화하기

• "수고하십시오.", "수고하셨어요."로 인사하는 경우: 동료나 아래 직원에게 하는 인사로는 적절하지만 윗사람에게 하는 인사로는 적절하지 않습니다. "수고하십시오."는 힘을 들이고 애를 쓰라는 의미입니다.

• "내가 할게요."로 말하는 경우: 어른 앞에서는 '제가'로 자신을 낮추어 표현해야 예절에 맞습니다.

5 마음을 직접적으로 표현해야 합니다.

6 웃어른과 대화할 때 사용하는 높임말을 씁니다.

7 이야기의 구성 요소는 '인물, 사건, 배경'입니다.

8 글 가와 나는 댐을 건설하는 것에 대해 서로 다른 의견을 제시하였습니다.

9 두 글은 모두 상수리에 댐 건설을 해야 되는지에 대한 의견을 나타낸 편지입니다.

10 글 가 의 글쓴이는 만강의 자연 환경과 마을을 보호해야 한다고 생각합니다.

11 주시경은 국어학을 중흥하는 데 선구적인 역할을 하였습니다.

주시경(1876~1914)
　개화기의 국어학자로, 우리말의 문법을 최초로 정립하였습니다. 『국문문법』, 『대한국어문법』, 『국어문전음학』 등은 우리말과 한글을 이론적으로 체계화하였고, 국어에서의 독특한 음운학적 본질을 찾아내는 업적을 남겼습니다.

12 헬렌 켈러가 장애를 넘어서는 과정을 정리해 봅니다.

헬렌 켈러(1880~1968)
　태어난 지 19개월 되었을 때 심한 병에 걸려 청각과 시각을 잃었습니다. 미국 시각장애인 기금의 모금운동을 벌이고 시각장애인을 위한 제도 마련을 위해 정치인들을 설득하는 등 자신의 일생을 장애인들을 위해 바쳤습니다.

13 헬렌은 처음으로 낱말과 사물과의 관계를 알고 배우고 싶다는 뜨거운 마음이 생겼습니다.

14 책을 읽고 느낀 감동을 간단한 말로 표현하려고 시 형식으로 썼습니다.

15 등수가 중요한 줄 알았는데 그 보다 더 중요한 것이 있다는 것을 알았다는 내용일 것입니다.

16 가 와 나 모두 '바람직한 독서 방법'에 대한 자신의 의견을 쓴 글입니다.

17 두 번째 뒷받침 내용은 개인적인 경험일 뿐입니다.

18 글 나 의 의견을 따랐을 때는 한 분야의 책만 읽게 됩니다. 바람직한 독서 방법은 자신이 좋아하는 책만 읽는 것이라고 하였습니다.

19 아이는 지하 주차장으로 차를 가지러 간 아빠를 기다렸습니다.

20 아빠는 자신이 차를 어디에 두었는지 몰라 한참 찾았다는 사실을 아이에게 들키고 싶지 않아 재미있는 이야기를 꾸며 낸 것입니다.

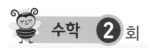

수학 2 회

146~148쪽

1 ㉠ $1\frac{6}{13}$ ㉡ $\frac{3}{13}$　2 ㉣　3 $4\frac{4}{5}$ cm　4 (1) 22 cm
(2) 18 cm　5 예 삼각형 ㄱㄴㄷ은 정삼각형이므로 (각 ㄱㄷㄴ)=60°입니다. 따라서 (각 ㄱㄷㄹ)=180°−60°=120°입니다. 삼각형 ㄱㄷㄹ은 이등변삼각형이므로 (각 ㄷㄱㄹ)+(각 ㄷㄹㄱ)=180°−120°=60°, (각 ㄷㄹㄱ)=60°÷2=30°입니다. ; 30°
6 풀이 참조　7 풀이 참조　8 0　9 강아지　10 ③
11 1개　12 나, 가, 다　13 ②, ③　14 ㉢　15 예 몸무게의 변화가 가장 큰 때는 2살과 3살 사이입니다. 2살의 몸무게는 7 kg, 3살의 몸무게는 12 kg이므로 몸무게는 12−7=5 (kg)이 늘었습니다. ; 5 kg　16 (나)
17 풀이 참조　18 ②, ④　19 ㉣　20 풀이 참조

풀이

1 ㉠ 합: $\frac{8}{13}+\frac{11}{13}=\frac{19}{13}=1\frac{6}{13}$

　㉡ 차: $\frac{11}{13}-\frac{8}{13}=\frac{3}{13}$

2 ㉠ $2\frac{3}{5}$ ㉡ $2\frac{2}{5}$ ㉢ $3\frac{2}{5}$ ㉣ $2\frac{4}{5}$ 이므로 계산 결과가 3에 가장 가까운 식은 ㉣입니다.

3 변 ㄴㄷ의 길이를 □ cm라고 하면
$4\frac{4}{5}+2\frac{4}{5}+□=12\frac{1}{5}$, $7\frac{3}{5}+□=12\frac{1}{5}$,
$□=12\frac{1}{5}-7\frac{3}{5}=4\frac{3}{5}$ (cm)입니다.

따라서 길이가 가장 긴 변은 변 ㄱㄴ이고 그 길이는 $4\frac{4}{5}$ cm입니다.

4 (1) $8+6+8=22$ (cm)
(2) $6×3=18$ (cm)

6 예

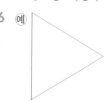

각도기로 선분의 양 끝에서 60°인 각을 그려 삼각형을 완성합니다.

7

	예각삼각형	직각삼각형	둔각삼각형
이등변삼각형	가, 라	다	바
세 변의 길이가 모두 다른 삼각형	마	사	나

8 3.62의 $\frac{1}{100}$인 수는 0.0362이므로 소수 첫째 자리 숫자는 0입니다.

9 2150 g=2.150 kg입니다. 2.05<2.15이므로 더 무거운 동물은 강아지입니다.

10 ① 5.2 ② 5.8 ③ 3.82 ④ 4.09 ⑤ 5.58

11

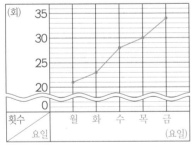

한 직선에 수직인 직선은 수없이 많이 그을 수 있지만 한 점을 지나고 한 직선에 수직인 직선은 오직 1개만 그을 수 있습니다.

12 평행선 사이의 거리는
가: 8 cm, 나: 12 cm, 다: 7 cm입니다.

13 마름모는 마주 보는 각의 크기가 같습니다.

14 조사하는 동안 몸무게는 17-7=10 (kg) 늘었습니다.

16 (가)는 막대그래프, (나)는 꺾은선그래프로 나타내기에 알맞습니다.

17 예   경민이의 윗몸 일으키기 횟수

18 변의 길이가 모두 같고 각의 크기가 모두 같은 다각형은 ②, ④입니다.

19 ㉠ 정삼각형은 대각선을 그을 수 없습니다.

20 예

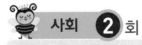

사회 **2** 회   149~151쪽

1 ⑤ **2** ① **3** ㉡ **4** ② **5** 예 깨끗한 자연환경에서 여유로운 생활을 체험하기 위해서이다. **6** ⑤ **7** ⑤ **8** ① **9** ④ **10** ㉡ ○ **11** ④ **12** 예 사는 곳의 자연환경과 생산 기술, 자원 등이 다르기 때문에 발생한다. **13** 상호 **14** ② **15** ⑤ **16** ⑤ **17** 세계화 **18** (2) ○ (3) ○ **19** ② **20** 예 상대방의 입장에서 생각한다.

풀이

1 농촌, 어촌, 산지촌처럼 자연환경을 주로 이용하여 살아가는 지역을 촌락이라고 합니다.

2 제시된 그림은 직접 찾아가서 현장을 조사하는 모습입니다.

3 ㉠은 낮은 집들이 모여 있고, 작은 항구와 고기잡이 배들이 많습니다.

4 촌락과 도시는 사람들이 마을을 이루며 살고 있고, 자연환경과 더불어 살아간다는 공통점이 있습니다.

5 도시 사람들은 자연환경을 이용한 여가 활동을 통해 도시에서 접하기 어려운 깨끗한 자연을 즐길 수 있습니다.

다시 한 번 확인해요!

지역 축제를 통한 교류

- 축제 기간에 많은 사람이 모여서 경제 활동을 더욱 활발하게 만들 수 있습니다.
- 다양한 놀이 문화나 체험 활동을 즐길 수 있습니다.
- 자기 고장의 자랑거리를 널리 알릴 수 있습니다.
- 도시에서 접하기 어려운 새로운 경험을 할 수 있습니다.

6 기업이나 학교에서는 촌락의 마을과 자매결연을 하여 일손 돕기 봉사 활동을 하기도 합니다.

7 촌락과 도시의 사람들은 서로 돕고 교류하며 상호 의존하고 있습니다.

8 우리는 생활 속에서 여러 가지 크고 작은 선택을 합니다. ①은 선택의 문제로 고민하는 모습이 아닙니다.

9 물건을 살 때는 최종적으로 가격, 환경, 품질 등을 고려해서 현명한 선택을 해야 합니다.

10 ㉠은 자동차 만들기는 생활에 필요한 것을 만드는 활동입

니다.

11 물건의 정보를 얻는 방법에는 인터넷 검색하기, 신문 광고 보기, 광고지 보기, 텔레비전 광고 보기, 상점 방문하기, 주변 사람들의 경험 듣기 등이 있습니다.

12 개인, 지역, 국가 간의 경제적 교류는 사는 곳의 자연환경, 생산 기술, 자원 등이 다르기 때문에 발생합니다.

13 대중 매체를 이용해 물건을 구매하는 방법에는 인터넷, 스마트폰, 홈 쇼핑 등이 있습니다.

14 내가 살고 있는 지역의 자연환경, 발달한 산업 및 상품, 특산물을 참고해 우리 지역을 대표하는 상품의 광고지를 만듭니다.

15 제시된 그래프를 보고 2035년 이후에는 14세 이하 인구는 계속 줄어들고 65세 이상 인구는 더욱 증가할 것으로 예상할 수 있습니다.

16 정보화 사회에서는 누구나 쉽게 정보와 지식을 빠르게 얻을 수 있습니다.

17 세계 여러 나라가 서로 가까워지면서 정치, 경제, 문화 등 다양한 분야에서 교류하며 영향을 주고받는 것을 세계화라고 합니다.

18 문화는 서로 비슷한 모습을 가지고 있기도 하지만 다른 모습을 가지고 있기도 합니다.

19 편견이나 차별의 뜻이 담긴 말을 바꾸고 사람들이 새롭게 바뀐 말을 사용할 수 있도록 알려 줍니다.

다시 한 번 확인해요!

일상생활에서 나타나는 편견과 차별
• 둘 이상의 대상에 어떤 기준에 따라 구별하는 행위를 말합니다.
• 성별, 인종, 나이, 신분, 국적, 출신, 외모, 종교, 장애 등의 이유로 특정한 사람을 우대하거나 배제 또는 불리하게 대우하고, 정치적·사회적·경제적으로 평등권을 침해하는 것을 의미합니다.

20 편견과 차별을 없애기 위해 한쪽으로 치우치지 않는 생각을 하도록 노력합니다.

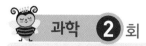

1 ⑤   2 (1) 풀 (2) 나무 (3) 풀 (4) 나무   3 ⑤   4 열매 끝이 갈고리 모양이어서 동물의 털이나 사람의 옷에 잘 붙는 성질을 활용하였다.   5 물이 얼 때   6 ①   7 ④   8 수증기   9 ⑤   10 ㉡   11 ④   12 독도는 우리 땅   13 ①   14 마그마   15 ㉠ 화산 가스 ㉡ 용암 ㉢ 화산 암석 조각   16 ①   17 규모   18 모든 층의 버튼을 눌러 가장 먼저 열리는 층에서 내린다.   19 ⑤   20 ③

풀이

1 단풍나무와 토끼풀은 잎의 가장자리가 톱니 모양이고, 강아지풀과 은행나무는 잎의 가장자리가 톱니 모양이 아닙니다.

2 풀과 나무는 뿌리, 줄기, 잎이 있고, 잎이 초록색인 공통점이 있습니다.

3 부레옥잠의 잎자루를 물속에서 누르면 공기 방울이 위로 올라갑니다.

4 도꼬마리 열매와 찍찍이 테이프는 끝이 갈고리 모양입니다.

5 물이 얼어 얼음이 되면 부피가 늘어납니다.

6 식품 건조기에 넣은 과일 조각이 마르고 크기가 작아지는 것은 증발 현상 때문입니다. ①은 끓음 현상입니다.

7 물 표면에서만 액체인 물이 기체인 수증기로 변하는 것은 증발 현상입니다.

8 공기 중에 있던 수증기가 응결해 물로 변해서 컵 표면에 달라붙었기 때문입니다.

9 ①, ②, ③, ④는 물이 얼음으로 변하는 현상을 이용한 예이고, ⑤는 물이 수증기로 변하는 현상을 이용한 예입니다.

다시 한 번 확인해요!

물의 상태 변화를 이용한 예

물이 얼음으로 상태가 변화된 예	물이 수증기로 상태가 변화된 예
• 얼음과자를 만들 때 • 물을 얼려 붙여 얼음 작품을 만들 때 • 스키장에서 인공 눈을 만들 때 • 이글루를 만들 때	• 가습기를 이용할 때 • 음식을 찔 때 • 스팀다리미로 옷의 주름을 펼 때 • 스팀 청소기로 바닥을 닦을 때

10 물체에 빛을 비추면서 물체의 뒤쪽에 흰 종이와 같은 스크린을 대면 그림자를 볼 수 있습니다.

11 ㄱ자 모양 블록을 놓는 방법에 따라 다양한 모양의 그림자를 만들 수 있습니다.

12 거울에 비친 글자는 좌우가 바뀌어 보입니다.

13 빛이 나아가다가 거울에 부딪치면 거울에서 빛의 방향이 바뀌는 성질을 빛의 반사라고 합니다.

14 화산은 땅속 깊은 곳에서 암석이 녹은 마그마가 지표면으로 분출하여 만들어진 지형입니다.

15 화산 분출 모형실험에서 나오는 연기는 실제 화산에서 나오는 화산 가스와 같고, 알루미늄 포일 밖으로 흘러나오는 마시멜로는 용암이 흐르는 것과 같으며, 알루미늄 포일 밖에서 굳은 마시멜로는 화산 암석 조각과 같습니다.

16 ①은 화산이 주는 피해입니다.

17 지진의 세기는 규모로 나타냅니다. 숫자가 클수록 강한 지진입니다.

다시 한 번 확인해요!

지진의 규모에 따른 영향

규모	영향
1.0~2.9	극소수의 민감한 사람만이 느낌.
3.0~3.9	건물 위에 있는 소수의 사람만이 느낌. 정지하고 있는 차가 약간 흔들림.
4.0~4.9	그릇, 창문 등이 흔들림. 그릇과 창문이 깨지기도 함.
5.0~5.9	건물 벽에 균열이 생기기도 함. 모든 사람들이 놀라서 뛰쳐나옴.
6.0~6.9	특수 설계된 건축물에 약간의 피해 발생. 심한 공포를 느낌. 지하 송수관이 파괴되며, 도움 없이는 걸을 수 없음.
7.0 이상	대부분의 건축물이 기초와 함께 부서짐. 남아 있는 건축물이 거의 없으며 지표면에 균열이 생김. 전면적인 파괴 상황. 지표면에 파동이 보임.

18 지진이 발생했을 때는 승강기를 이용하지 않습니다.

19 물은 순환하지만 지구 전체 물의 양은 변하지 않습니다.

20 아프리카와 같이 비가 적게 내리고 물이 빨리 증발되는 지역에서도 물 부족 현상이 나타납니다.

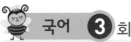 국어 **3** 회　　　155~158쪽

1 구름이　2 오늘이　3 아들(필립)　4 ③　5 ㉠
6 ①　7 ④　8 예 나는 그 별명 싫은데, 내 이름으로 불러 줄래?　9 ⑤　10 ④　11 ②　12 ①　13 (2) ◯
14 (1) 예 산초기름을 발라 준 고양이의 다친 다리를 맡았던 사람이 목홧값을 물어내야 한다. (2) 예 고양이가 성한 다리로 도망쳤으니 성한 다리를 맡았던 세 사람이 목홧값을 물어내야 한다.　15 예 불이 붙은 고양이가 광으로 도망칠 때는 성한 다리로 도망쳤기 때문이다.
16 ②, ④　17 (1) 거중기 (2) 암행어사 (3)『목민심서』
18 ③　19 ⑤　20 ②

풀이

1 ❺를 살펴봅니다.

2 원천강으로 돌아간 인물은 '오늘이'입니다.

다시 한 번 확인해요!

「오늘이」에 나오는 등장인물의 고민과 해결

인물	고민	사건과 해결
오늘이	원천강으로 가야 하는데 가는 길을 모른다.	매일이, 연꽃나무, 구름이, 이무기를 만나 원천강으로 가게 된다.
연꽃나무	꽃봉오리를 많이 가지고 있는데, 이상하게도 하나만 꽃이 핀 까닭을 알고 싶다.	연꽃이 꺾어지자마자 송이송이 다른 꽃들이 피기 시작했다.
이무기	여의주를 많이 가졌는데도 용이 되지 못한 까닭을 모른다.	위험에 빠진 오늘이를 구하려고 품고 있던 여의주를 모두 버려 마침내 용이 되었다.
매일이	행복이 무엇인지 알고 싶다.	책에서 벗어나 구름이와 행복을 만든다.

3 '내 아들 필립아.'라고 한 부분을 보면 편지를 받을 사람이 아들(필립)이라는 것을 알 수 있습니다.

4 좋은 사람이 되려면 진실하고 깨끗해야 한다고 하였습니다.

5 '힘써야 한다.' 등의 표현을 사용하여 좋은 사람이 되

기 위해 힘쓰기를 당부하고 있습니다.

6 이사 와서 이웃에게 인사하려고 붙였습니다.

7 '올림'은 아랫사람이 윗사람에게 편지를 쓸 때 씁니다.

8 상대가 한 말에 자신의 기분이 상했다면 어떻게 말하는 것이 좋을지 대화 예절을 지키며 생각해 써 봅니다.

9 친구들은 신유네 집에 들어가면서 신유 어머니께 인사를 제대로 하지 않았습니다.

10 어른께 고마운 일이 있을 때에는 '고맙습니다.' 또는 '감사합니다.' 라고 말합니다.

다시 한 번 확인해요!

일상생활에서 주의해야 할 대화 예절

- 친구 집에 놀러 갔거나 친구의 부모님을 봤을 때: 인사를 잘하고 소란스럽게 떠들지 않습니다.
- 어른께서 준비해 주신 음식을 먹거나 고마운 일이 있을 때: "고맙습니다."라고 말합니다.

11 '언제'에 해당하는 것을 시간적 배경, '어디에서'에 해당하는 것을 공간적 배경이라고 합니다.

12 '상점, 점포, 점방' 등이 있습니다.

13 아픈 다리를 맡았던 목화 장수는 광에 불이 난 것은 순전히 성한 세 다리 때문이라고 하였습니다.

14 성한 다리를 맡았던 목화 장수 세 사람과 아픈 다리를 맡았던 목화 장수의 의견이 서로 다릅니다.

15 고양이의 아픈 다리를 맡았던 사람의 의견과 그 까닭을 참고하여 써 봅니다.

16 본받고 싶은 인물을 소개할 때에는 본받고 싶은 까닭, 인물이 살았던 시대 상황, 인물이 한 일을 중심으로 말하면 좋습니다.

17 지방 관리가 어떤 마음가짐으로 일해야 하는지를 담은 책을 펴냈습니다.

18 인물의 가치관을 알아보려면 인물의 말이나 행동, 생각을 주의 깊게 살펴보아야 합니다.

19 둘은 당나귀에서 내려서 아버지는 당나귀의 앞발을, 아이는 뒷발을 각각 어깨에 올렸습니다.

20 "다른 사람의 말만 듣다가 결국 귀한 당나귀를 잃고 말았구나!"가 그 내용으로, 아버지와 아이는 다른 사람의 의견을 판단하지 않고 무조건 받아들였습니다.

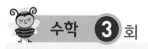

수학 ③ 회 159~161쪽

1 ㉢ 2 $2\frac{4}{7}$ 3 철사, $\frac{2}{4}$ m 4 21 cm 5 130°
6 둔각삼각형 7 ㉡, ㉣ 8 504 9 > 10 ⑩ 1370 g=1.37 kg이므로 (완이의 몸무게)=31.3-1.37=29.93 (kg)입니다. 따라서 (두 사람의 몸무게의 합)=31.3+29.93=61.23 (kg)입니다. ; 61.23 kg 11 풀이 참조 12 4개 13 ①, ②, ⑤
14 ②, ⑤ 15 풀이 참조 16 ⑩ 40 kg 17 ⑩ (철사의 길이)=9×5=45 (cm)이므로 정삼각형의 한 변의 길이는 45÷3=15 (cm)입니다. ; 15 cm 18 ①, ⑤
19 직각삼각형 20 풀이 참조

풀이

1 ㉠ $\frac{2}{9}+\frac{3}{9}=\frac{2+3}{9}=\frac{5}{9}$

㉡ $\frac{8}{9}-\frac{3}{9}=\frac{8-3}{9}=\frac{5}{9}$

㉢ $1-\frac{5}{9}=\frac{9}{9}-\frac{5}{9}=\frac{9-5}{9}=\frac{4}{9}$

㉣ $\frac{4}{9}+\frac{1}{9}=\frac{4+1}{9}=\frac{5}{9}$

2 $5\frac{2}{7}+3\frac{6}{7}=\square+6\frac{4}{7}$, $9\frac{1}{7}=\square+6\frac{4}{7}$,

$\square=9\frac{1}{7}-6\frac{4}{7}=8\frac{8}{7}-6\frac{4}{7}=2\frac{4}{7}$

3 $\frac{15}{4}=3\frac{3}{4}$이므로 $4\frac{1}{4}>3\frac{3}{4}$

따라서 철사를 $4\frac{1}{4}-\frac{15}{4}=\frac{17}{4}-\frac{15}{4}=\frac{2}{4}$ (m) 더 많이 사용하였습니다.

4 정삼각형은 세 변의 길이가 같으므로 필요한 철사의 길이는 7×3=21 (cm)입니다.

5 삼각형 ㄱㄴㄷ은 이등변삼각형이므로 (각 ㄱㄷㄴ)=25°입니다.
따라서 (각 ㄴㄱㄷ)=180°-25°-25°=130°입니다.

6 $\square=180°-35°-50°=95°$
한 각이 둔각이므로 둔각삼각형입니다.

7 숫자 5가 나타내는 수는
㉠ 0.5 ㉡ 0.05 ㉢ 0.005 ㉣ 0.05

8 어떤 수는 0.504의 100배인 수이므로 50.4입니다. 따라서 50.4의 10배인 수는 504입니다.

9 4.68−2.27=2.41 ⊃ 0.18+2.16=2.34

11 (예)

평행선을
긋는 방법
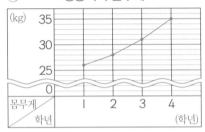

12 사다리꼴은 가, 나, 다, 마로 모두 4개 만들어집니다.

13 네 변의 길이가 모두 같으므로 마름모입니다. 마름모는 마주 보는 두 쌍의 변이 평행하므로 평행사변형이고 사다리꼴입니다.

14 꺾은선그래프는 시간에 따른 연속적 변화를 나타내기에 좋습니다.

15 (예)   성종이의 몸무게

16 1~2학년에 2 kg, 2~3학년에 3 kg, 3~4학년에 4 kg 늘었으므로 5 kg 정도 늘 것 같습니다.

18 이웃하는 꼭짓점이 없는 도형은 ①, ⑤입니다.

②   ③   ④

다시 한 번 확인해요!

여러 가지 사각형의 대각선
• 평행사변형: 두 대각선의 길이가 항상 같지는 않습니다.
• 마름모: 두 대각선이 서로 수직으로 만납니다.
• 직사각형: 두 대각선의 길이가 같습니다.
• 정사각형: 두 대각선의 길이가 같고 서로 수직으로 만납니다.

19 마름모는 두 대각선이 서로 수직으로 만나므로 만들어지는 삼각형은 직각삼각형입니다.

20 (예)

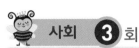 **사회 3회**   162~164쪽

1 ⑤ **2** ① **3** 고령화 **4** ㉠, ㉡, ㉢ **5** (예) 농수산물 직거래 장터에서 싱싱한 농수산물을 싸게 구매할 수 있다. **6** ③ **7** ④ **8** (예) 현명한 선택은 돈과 자원을 절약하며 자신에게 만족감을 주기 때문이다. **9** ㉠ 생산 ㉡ 소비 **10** ⑤ **11** ③ **12** ③ **13** ㉠ 시장 ㉡ 교통 **14** (예) 오늘날에 학생 수가 줄어들고 있기 때문이다. **15** ② **16** ③, ⑤ **17** ③ **18** ㉡ ○ **19** (예) 자신이 잘하는 운동 경기에 남녀 구분 없이 참여할 수 있어야 한다. **20** ④

풀이

1 촌락은 자연환경의 영향을 많이 받기 때문에 계절이나 날씨에 따라 생활 모습이 달라집니다.

다시 한 번 확인해요!

촌락에서 날씨를 중요하게 여기는 까닭
• 농촌
  가뭄, 홍수 등으로 기르는 농작물이 큰 피해를 입을 수 있기 때문에
• 어촌
  – 태풍이나 높은 파도 등은 어촌 사람들과 배의 안전을 위험하게 하기 때문에
  – 강풍으로 양식장이 큰 피해를 입을 수 있기 때문에
• 산지촌
  폭우, 태풍 등으로 인해 산사태가 발생할 수 있기 때문에

2 도시에는 버스나 지하철과 같은 교통 수단이 발달했습니다.

3 고령화 현상으로 촌락의 노인 인구가 빠르게 늘었습니다.

4 지역마다 생산물, 기술, 문화 등이 다르기 때문에 교류가 이루어집니다.

5 농수산물 직거래 장터에서 도시 사람들은 믿을 수 있는 싱싱한 농수산물을 싼 값으로 살 수 있습니다.

6 도시 사람들이 축제에 참여하는 동안 촌락에 있는 식당이나 상점, 숙박 시설을 많이 이용하기 때문에 촌락의 경제에 도움을 줍니다.

7 현명한 선택을 하기 위해 여행을 떠나기 전에 미리 숙소의 가격, 거리, 시설 등을 자세히 알아보고 비교합니다.

8 잘못된 선택은 돈이나 자원을 낭비하지만, 현명한 선택을 하면 돈과 자원을 절약해 큰 만족감을 얻을 수 있습니다.

9 생활에 필요한 것을 만들거나 사람들이 필요한 것을 제공하는 것을 생산이라고 하고, 생산한 것을 쓰는 것을 소비라고 합니다.

10 현명한 소비 생활을 하기 위해 꼭 필요한 곳에만 돈을 사용하고, 물건을 고를 때에는 알맞은 선택 기준을 세웁니다.

11 품질 인증 표시 확인하기, 대형 할인점의 광고지 확인하기, 누리집에서 상품 소개 검색하기, 통계 자료 분석하기, 상품 정보 확인하기, QR 코드 스캔하기 등을 통해 주변의 상품이 어디에서 왔는지 조사합니다.

12 오렌지의 원산지는 미국입니다.

13 옛날에는 시장에서 경제적 교류를 했지만, 오늘날에는 교통과 통신의 발달로 다양한 장소에서 경제적 교류를 하고 있습니다.

14 오늘날에는 학생 수가 줄어들고 지식과 정보를 활용할 수 있는 기술이 발달했기 때문에 교실 모습이 달라졌습니다.

15 출산비 지원은 아이를 낳고 키우는 데 도움이 되는 제도로 저출산과 관련이 있습니다.

16 정보화 사회에서는 누구나 쉽게 정보와 지식을 빠르게 얻을 수 있고, 새로운 정보와 지식이 만들어지고 공유됩니다.

17 세계화란 교통·통신 수단이 발달하면서 세계 여러 나라들이 다양한 분야에서 교류하고 가까워지는 것을 말합니다.

18 더운 지역에 사는 사람들은 천으로 된 긴 옷을 입습니다. ㉠은 추운 지역에 사는 사람들은 털옷을 입습니다.

19 이밖에도 학급 경기에서 자기 자신이 원하는 운동 종목에 참여할 수 있어야 하고, 모두의 의견을 모아서 함께 할 운동종목을 정해야 합니다.

20 편견과 차별이 없는 세상을 위한 사회의 노력과 사람들이 힘을 합칠 때 더 큰 효과를 낼 수 있습니다.

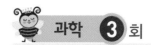

1 ㉢　2 ②　3 ㉠　4 ⑤　5 물이 얼어 부피가 늘어났기 때문이다.　6 ㉠ 증발 ㉡ 끓음　7 응결　8 ④　9 그림자는 두 개가 생긴다.　10 ⑤　11 ③　12 ㉠　13 빛의 반사　14 ②　15 ④　16 ②　17 ㉡　18 ㉙ 책상 아래로 들어가 머리와 몸을 보호하고, 책상 다리를 꼭 잡는다.　19 증발　20 ㉠ 수증기 ㉡ 물

풀이

1 잎맥은 나란한 모양이나 그물 모양이 있습니다. 외떡잎식물은 나란한 잎맥이고, 쌍떡잎식물은 그물 모양의 잎맥입니다.

다시 한 번 확인해요!

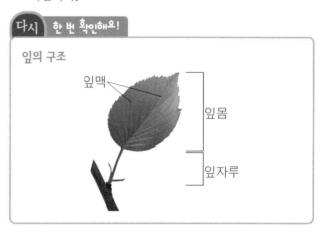

잎의 구조

잎맥
잎몸
잎자루

2 들이나 산에서는 풀과 나무가 삽니다. 풀은 대부분 한해살이 식물이지만 나무는 모두 여러해살이 식물입니다. 강아지풀, 민들레, 명아주, 토끼풀 등은 풀이고, 떡갈나무, 밤나무, 소나무 등은 나무입니다.

3 ㉡은 물에 떠서 사는 식물, ㉢은 잎이 물에 떠 있는 식물, ㉣은 잎이 물 위로 높이 자라는 식물입니다. 물수세미, 나사말, 검정말 등은 물속에 잠겨서 사는 식물입니다.

4 끈끈이주걱의 특징을 활용하여 옷걸이에서 옷이 떨어지지 않게 한 생활용품입니다.

5 물이 얼어 얼음이 되면 부피가 늘어납니다.

6 증발은 물의 양이 매우 천천히 줄어들고, 끓음은 증발할 때보다 물의 양이 빠르게 줄어듭니다.

7 차가운 플라스틱 컵 표면에서는 공기 중의 수증기가 응결해 물로 변해서 컵 표면에 달라붙어서 물방울이 맺힌 것을 볼 수 있습니다.

8 ㉠ 부분은 물을 잘 흡수하고 증발이 잘 되는 재료를 이

용합니다.

9 두 개의 그림자가 서로 다른 위치에 생깁니다.

10 빛이 나아가다가 불투명한 물체를 만나면 빛이 통과하지 못해 진한 그림자가 생기고, 투명한 물체를 만나면 빛이 투명한 물체를 대부분 통과해 연한 그림자가 생깁니다.

11 물체를 놓은 방향이 달라지면 그림자의 모양도 달라집니다.

12 손전등을 물체에 가깝게 하면 그림자의 크기는 커지고, 손전등을 물체에서 멀게 하면 그림자의 크기는 작아집니다.

13 만화경은 거울로 밑면이 삼각형인 기둥을 만들고 색종이 조각을 넣어 만든 것으로 빛을 반사하는 성질을 이용해 여러 가지 모양의 무늬를 볼 수 있습니다.

14 ① 후지산은 일본의 화산입니다. ③과 ④는 미국의 킬라우에아산, ⑤는 인도네시아 시나붕산의 특징입니다.

15 현무암은 알갱이의 크기가 작고, 색깔이 어두우며 구멍이 있는 것도 있습니다. ①, ②, ③, ⑤는 화강암의 특징입니다.

16 지진은 지구 내부에서 작용하는 힘을 오랜 시간 동안 받아 일어납니다.

17 최근 우리나라도 규모 5.0 이상의 지진이 여러 차례 발생하고 있어 지진에 안전한 지역이 아닙니다.

18 지진이 발생했을 때는 승강기를 이용하지 않고, 승강기 안에 있을 때는 모든 층의 버튼을 눌러 가장 먼저 열리는 층에서 내리고, 계단을 이용하여 대피합니다.

다시 한 번 확인해요!

학교에서 지진이 발생했을 대 대처하는 방법
• 지진으로 흔들릴 때: 책상 아래로 들어가 머리와 몸을 보호하고, 책상 다리를 꼭 잡습니다.
• 흔들림이 멈추었을 때: 머리를 보호하며 선생님의 지시에 따라 넓은 장소로 신속하게 이동합니다.

19 실내 정원은 주위의 온도가 낮거나 아침, 저녁으로 추울 때는 플라스틱 컵 안쪽 벽에 물방울이 맺히고, 햇볕이 잘 비추는 시간에는 플라스틱 컵 안쪽 벽에 있던 물방울이 줄어듭니다.

20 물은 상태를 바꾸면서 여러 곳을 이동합니다.

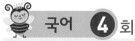
국어 **4**회 168~171쪽

1 ② 2 ⓐ 선과 지아의 사이가 나빠져 힘들어하는 내용 3 ⓐ 마음을 전하고 싶은 일을 떠올린다. 4 (1) 선생님 (2) 고마운 5 ④ 6 ④ 7 이희정 8 ③ 9 ① 10 ② 11 ③, ⑤ 12 (2) ○ 13 ③ 14 ⑤ 15 ③ 16 ⑤ 17 ④ 18 ② 19 (1) 망둥 할멈 (2) 꼴뚜기 20 ⓐ 울먹이는 목소리를 말한다.

풀이

1 지아는 친했던 선을 따돌리는 보라 편에 서서 선을 외면했습니다.

2 영화 뒷부분은 개학식을 하고 나서 일어난 일로, 장면 ❹, ❺의 내용을 쓸 수 있습니다.

3 '글에서 전하려는 마음을 생각한다, 마음을 잘 나타낼 수 있는 표현을 사용한다, 글을 읽는 사람의 마음이 어떠할지 짐작하며 쓴다.' 등입니다.

다시 한 번 확인해요!

마음을 전하는 글을 쓰는 방법
• 마음을 전하고 싶은 일을 떠올립니다.
• 글에서 전하려는 마음을 생각합니다.
• 마음을 잘 나타낼 수 있는 표현을 사용합니다.
• 읽는 사람의 마음이 어떠할지 짐작하며 씁니다.

4 지우가 체험학습 때 도자기 만드는 것을 도와주신 선생님께 고마운 마음을 전하려고 쓴 편지입니다.

5 지우는 선생님을 따라서 다시 해 보았더니 그릇 모양이 잘 만들어졌다고 하였습니다.

6 사회자가 친구들과 사이좋게 지내려면 실천해야 할 일이 무엇인지 발표해 달라고 한 것으로 보아 알 수 있습니다.

7 이희정은 "고운 말을 사용하자."는 의견을 발표하면서 나쁜 말을 주고받으면 사이가 안 좋아진다는 근거를 들었습니다.

8 강찬우는 이희정의 발표가 다 끝나지도 않았는데 중간에 끼어들어 말하였습니다.

9 사라는 겁내지 않고 당당히 맞서고 있습니다.

10 실제로 있는 일같이 생각하도록 이야기를 자연스럽게 꾸며 씁니다.

11 의견에 알맞은 까닭을 들어야 합니다.

12 김만덕은 자신의 사업이 크게 번창한 일을 자기의 능력 때문이라고 거만해하지 않고 하늘에 감사하였습니다.

13 헬렌은 부모님도 안 계시고 가난한 아이인 토미를 학교에 데려와 교육받게 해 주고 싶었습니다.

14 장애를 지닌 어린이를 돕는 일에 나섰습니다.

15 책을 읽게 된 계기가 나타나 있습니다.

16 새롭게 알거나 생각한 점, 책을 읽고 느낀 점을 씁니다. 제목은 책 제목이 드러나게, 생각한 점이 드러나게, 형식이 돋보이게 붙일 수 있습니다.

17 한 가지 의견을 제시해야 합니다.

18 꿈풀이를 다 듣고 난 뒤 멸치 대왕은 화가 났다고 하였습니다.

19 글 [나]의 마지막 부분을 살펴봅니다.

20 멸치 대왕에게 세게 뺨을 맞고 나서 한 말이므로 울먹이는 목소리가 어울립니다.

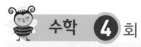

수학 **4** 회 172~174쪽

1 (1) ㉢ (2) ㉠ (3) ㉡ 2 $6\frac{5}{12}$ 3 (1) $7\frac{1}{8}$ (2) $2\frac{5}{9}$

4 10 cm 5 예 (오늘 공부한 시간)$=1\frac{3}{5}-\frac{4}{5}=\frac{4}{5}$

(시간)이므로 (어제와 오늘 공부한 시간)$=1\frac{3}{5}+\frac{4}{5}$

$=2\frac{2}{5}$(시간)입니다. ; $2\frac{2}{5}$시간 6 20 7 2개

8 1.1, 1.01, 0.9, 0.11, 0.09 9 9.54 10 풀이 참조 11 선분 ㄱㅁ 12 예 삼각형 ㄹㄷㅁ은 이등변삼각형이므로 (각 ㄹㄷㅁ)+(각 ㄹㅁㄷ)=180°-40°=140°, (각 ㄹㄷㅁ)=140°÷2=70°입니다. (각 ㄹㄷㄴ)=180°-70°=110°이고 평행사변형에서 마주 보는 각의 크기는 같으므로 (각 ㄴㄱㄹ)=(각 ㄹㄷㄴ)=110°입니다. ; 110° 13 (왼쪽에서부터) 5, 90 14 ㉡, ㉣ 15 200권 16 17800권 17 ㉢, ㉣ 18 라 19 ②, ③ 20 풀이 참조

풀이

1 $\frac{5}{8}+\frac{4}{8}=\frac{9}{8}=1\frac{1}{8}$, $1-\frac{5}{8}=\frac{8}{8}-\frac{5}{8}=\frac{3}{8}$,

$\frac{7}{8}-\frac{2}{8}=\frac{5}{8}$

2 어떤 대분수를 □라고 하면, $□-4\frac{8}{12}=1\frac{9}{12}$,

$□=1\frac{9}{12}+4\frac{8}{12}=5\frac{17}{12}=6\frac{5}{12}$입니다.

3 (1) $4\frac{5}{8}+2\frac{4}{8}=6+\frac{9}{8}=6+1\frac{1}{8}=7\frac{1}{8}$

(2) $7\frac{1}{9}-4\frac{5}{9}=6\frac{10}{9}-4\frac{5}{9}=2\frac{5}{9}$

4 정삼각형은 세 변의 길이가 같으므로
(한 변의 길이)=30÷3=10 (cm)입니다.

6

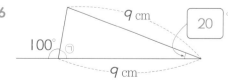

㉠=180°-100°=80°, 삼각형은 이등변삼각형이므로
□=180°-80°-80°=20°

7 이등변삼각형은 나, 다, 마, 바이고, 그중 예각삼각형은 나, 마입니다.

8 자연수, 소수 첫째 자리의 수, 소수 둘째 자리의 수 순서로 수를 비교합니다.

9 1이 6개, 0.1이 7개, 0.01이 9개인 수는 6.79이므로 6.79+2.75=9.54입니다.

10

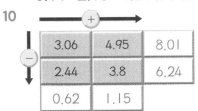

3.06+4.95=8.01 2.44+3.8=6.24
3.06−2.44=0.62 4.95−3.8=1.15

11 변 ㄴㄷ과 수직인 선분을 찾으면 선분 ㄱㅁ입니다.

13

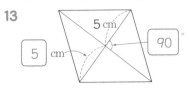

마름모는 마주 보는 꼭짓점끼리 이은 선분이 서로 수직으로 만나고 서로를 이등분합니다.

14 ㉠ 사다리꼴은 서로 평행한 변이 한 쌍인 경우도 있으므로 평행사변형이라고 할 수 없습니다. ㉢ 평행사변형은 이웃하는 두 변의 길이가 항상 같은 것은 아닙니다.

15 세로 눈금 5칸이 1000권을 나타내므로 세로 눈금 한 칸은 1000÷5=200(권)을 나타냅니다.

16 세로 눈금 한 칸이 200권이므로 8월의 동화책 판매량은 17800권입니다.

18 가, 나, 다는 변의 수가 5개인 오각형입니다. 라는 변의 수가 6개이므로 육각형입니다.

19

20 예

 모양 조각에 한 대각선을 그으면,  모양 조각 2개가 됩니다.

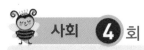

사회 4 회

175~177쪽

1 ②, ⑤ **2** ② **3** ④ **4** 혜나 **5** ①, ③ **6** ②
7 (1) ◯ (2) ✕ (3) ◯ **8** ④ **9** 예 물건을 살 때는 최종적으로 필요성, 가격, 환경, 품질 등을 고려해서 현명한 선택을 해야 한다. **10** ② **11** ⑤ **12** ① **13** 예 지역의 특산물을 소개하거나 지역을 홍보해 경제적 이익을 얻을 수 있다. **14** ① **15** ④ **16** ② **17** (2) ◯ (3) ◯ **18** ㉠ 편견 ㉡ 차별 **19** ㉢, ㉣, ㉤ **20** ②

풀이

1 제시된 사진에서는 바다, 등대, 낮은 산, 밭, 비닐하우스, 풍력 발전소 등을 볼 수 있습니다.

2 도시의 모습을 조사하는 방법에는 다양한 지도로 찾기, 인터넷으로 관련 자료 수집하기, 신문이나 방송 프로그램 찾아보기, 지역을 잘 아는 분께 여쭤보기, 직접 찾아가기 등이 있습니다.

3 촌락과 도시의 공통점과 차이점을 알아보려면 교통 시설을 이용하는 모습, 발달한 산업의 모습, 사람들이 사는 집의 모양, 땅을 이용하는 방법 등을 비교해 봅니다.

4 젊은 사람들이 없어서 힘든 것은 촌락이 가지고 있는 문제입니다.

5 촌락 사람들은 도시 사람들과 교류를 하기 위해 농촌 체험 마을, 어촌 체험 마을 등을 운영하고, 지역의 특성을 살린 축제를 열어 도시 사람들이 즐길 수 있게 합니다.

6 촌락 사람들은 의료 시설을 이용하거나 공연 관람, 장보기 등을 하려고 도시로 갑니다.

7 촌락과 도시에 사는 사람들은 서로 부족한 것들을 채워 주면서 상호 의존하고 있습니다.

8 희소성은 사람들이 원하는 것은 많으나, 그것을 모두 가질 수 없는 상태를 말합니다.

9 현명한 선택을 하기 위해서는 필요성, 가격, 환경, 품질 등을 미리 꼼꼼하게 따져 보고 자신에게 가장 알맞은 것을 골라야 합니다.

다시 한 번 확인해요!

선택의 문제가 일어나는 이유
• 돈이 부족하기 때문입니다.
• 시간이 부족하기 때문입니다.
• 내가 하고 싶은 것과 다른 사람이 하고 싶은 것이 겹치기 때문입니다.

10 벼농사 짓기와 물고기 잡기는 생활에 필요한 것을 자연에서 얻는 활동입니다. ①, ④는 생활을 편리하고 즐겁게 해 주는 활동, ③은 생활에 필요한 것을 만드는 활동, ⑤는 소비 활동입니다.

11 현명한 소비 생활을 하기 위해 계획을 세워 꼭 필요한 곳에만 돈을 쓰고, 물건을 사기 전에 필요한 정보를 찾아 활용합니다.

12 상품에 부착된 QR 코드를 스캔하면 상품의 원산지를 조사할 수 있습니다.

13 직거래 장터를 통해 특산물을 널리 홍보하고 많이 판매하여 경제적 이익을 얻을 수 있습니다.

14 우리 지역을 대표하는 상품을 다양한 방법으로 소개할 수 있습니다.

15 인터넷으로 정보를 쉽게 얻게 되면서 버스 도착 시간을 실시간으로 안내해 주는 전광판이 생겼습니다.

16 저출산이란 태어나는 아이의 수가 줄어드는 현상을 말합니다.

다시 한 번 확인해요!

우리나라 인구의 변화
• 저출산·고령화로 가족 구성원의 수가 줄어들고 있습니다.
• 14세 이하 인구는 점점 줄어들고 있으며, 65세 이상 인구는 점점 증가하고 있습니다.
• 2035년 이후에는 14세 이하 인구는 계속 줄어들고 65세 이상 인구는 더욱 증가할 것 같습니다.

17 세계화로 다른 나라의 물건을 쉽게 살 수 있고 다양한 문화를 접할 수 있는 긍정적인 영향이 있는 반면에 우리의 전통이 사라지고 서로의 문화를 이해하지 못해 문제가 생기고 있습니다.

18 편견은 한쪽으로 치우친 생각이고, 차별은 둘 이상의 대상을 차이를 두어서 구별하는 것입니다.

19 편견과 차별을 없애기 위해 노력하는 기관에는 국가 인권 위원회, 무지개 청소년 센터, 다문화 가족 지원 포털 다누리 등이 있습니다.

20 서로를 이해하고 존중하는 것을 바탕으로 하는 규칙을 만들어야 합니다.

1 ④　2 ④　3 잎자루　4 ①　5 (1) ㉠ (2) ㉡　6 13 g
7 ①　8 ②　9 ④, ⑤　10 (1) ㉡ (2) ㉠　11 빛이 직진하기 때문이다.　12 ④　13 ㉠　14 ①　15 ㉠
16 땅이 지구 내부에서 작용하는 힘을 오랫동안 받으면 휘어지거나 끊어진다.　17 네팔　18 물의 순환　19 ③　20 ①

풀이

1 잎을 분류하는 기준에는 전체적인 모양, 개수, 가장자리 모양 등이 있습니다. 소나무와 강아지풀은 잎의 전체적인 모양이 길쭉하고, 단풍나무의 끝 모양은 뾰족하며, 은행나무는 부채 모양입니다.

2 개구리밥은 강이나 연못에서 사는 식물입니다.

3 부레옥잠의 잎자루를 칼로 자르면 잎자루 단면에 많은 공기주머니가 보입니다. 식물의 생김새와 생활 방식은 그 식물이 사는 곳의 환경에 따라 다릅니다. 물가에 사는 부레옥잠은 물에 떠서 사는 부레옥잠보다 잎자루의 모양이 더 홀쭉합니다.

다시 한 번 확인해요!

부레옥잠의 잎자루
• 부레옥잠의 잎자루를 가로로 자른 모습입니다.
• 부레옥잠 잎자루의 단면에는 많은 공기주머니가 보입니다. 특히 가로 단면에는 둥근 공기구멍이 가득 차 있습니다.

4 선인장과 바오바브나무는 물이 적고 햇빛이 강한 사막에서 사는 식물로 줄기가 굵어서 물을 많이 저장할 수 있습니다.

5 솔방울은 건조한 상태에서는 벌어지고, 젖은 상태에서는 오므라드는 특징이 있습니다.

6 물이 얼면 부피는 늘어나지만 무게는 변하지 않기 때문에 무게는 그대로 13 g입니다.

7 빨래를 말리고 머리카락을 말리는 것은 액체인 물이 표면에서 기체인 수증기로 상태가 변하는 현상을 이용한 예입니다.

8 ②는 증발 현상이고, ④는 물이 증발할 때와 끓을 때의 공통점입니다. 물을 계속 가열하였을 때 생기는 기포는

물이 기체는 수증기로 변한 것입니다.

다시 한 번 확인해요!

물이 끓으면 물의 높이가 변하는 까닭
• 물을 가열할 때 처음에는 표면의 물이 천천히 증발합니다.
• 물을 계속 가열하면 물속에서 기포가 많이 생기는데 이 기포는 물이 수증기로 변한 것입니다. 이렇게 물이 수증기로 변해 공기 중으로 흩어지기 때문에 물을 끓이면 물의 양이 줄어듭니다.

9 공기 중에 있던 수증기가 컵 표면에 달라붙어 무게가 늘어났습니다. 차가운 컵 표면에 생긴 물방울은 공기 중에 있던 수증기가 변한 것으로 응결 현상입니다.

10 불투명한 물체는 빛이 물체를 통과하지 못해 진한 그림자가 생기고, 투명한 물체는 빛이 대부분 물체를 통과해 연한 그림자가 생깁니다.

11 직진하는 빛이 물체를 통과하지 못하기 때문에 물체 모양과 비슷한 그림자가 물체의 뒤쪽에 있는 스크린에 생깁니다.

12 손전등을 물체에 가깝게 하면 그림자의 크기가 커지고, 손

전등을 물체에서 멀게 하면 그림자의 크기가 작아집니다.

13 거울은 빛의 반사를 이용해 물체의 모습을 비추는 도구이며, 빛이 나아가다가 거울에 부딪치면 빛의 방향이 바뀝니다.

14 화산은 용암이나 화산재가 쌓여 주변 지형보다 높습니다.

15 ㉠은 화강암, ㉡은 현무암입니다. 현무암은 제주도의 돌담, 맷돌, 돌하르방에서 볼 수 있습니다.

16 지진은 지표의 약한 부분이나 지하 동굴의 함몰, 화산 활동에 의해 발생하기도 합니다.

17 지진의 세기는 규모로 나타내고, 규모의 숫자가 클수록 강한 지진입니다.

18 물은 끊임없이 순환하지만 지구 전체 물의 양은 변하지 않습니다.

19 흐르는 물은 지표면의 모양을 변화시켜 물이 만든 다양한 지형을 관광 자원으로 이용하게 해 줍니다.

20 공기 중의 수증기가 응결하면 물방울이 된다는 것을 이용하여 그물망에 맺힌 물방울을 아래에 놓인 그릇에 모읍니다.

교학사가 자신 있게 만들었습니다.

초등교재 시리즈

www.kyohak.co.kr

연산 + 문장 드릴수학

연산과 문장을 한 권으로 배우는 교재
▶ 1~6학년(총 24권)

강추수학 개념완성

개념이 쉬워지는 초등 수학 첫 기본 개념서
▶ 1~6학년

또바기와 모도리의 야무진 한글 (전 4권)

한글 공부와 받아쓰기 편으로 구성된 한글 실력 향상 교재
▶ 7~10세

또바기와 모도리의 야무진 수학 (전 10권)

초등 수학의 기초 개념을 난이도에 따라 단계별로 구성
▶ 유치~초1

표준 수학 특강

개념을 익히고 실력을 다지는 기본서
▶ 1~6학년(학기용)

전과목 단원평가 총정리

수시평가와 단원평가, 학업 성취도 평가 대비 문제집
▶ 1~6학년(학기용)

단원평가 시리즈

국어, 수학, 사회, 과학 단원평가와 시험 대비용 100점 예상문제로 구성
▶ 3~6학년(학기용)

단원평가
총정리

정답과 풀이